本研究属于国家社科基金教育学"十三五"规划国家一般
学前教育价值取向的变迁研究"（BHA190139）的阶段性

幼儿教师职业韧性的影响因素研究

周艳芳◎著

中国原子能出版社
China Atomic Energy Press

图书在版编目（CIP）数据

幼儿教师职业韧性的影响因素研究 / 周艳芳著.—
北京：中国原子能出版社，2021.6
ISBN 978-7-5221-1396-8

Ⅰ．①幼… Ⅱ．①周… Ⅲ．①幼教人员—职业道德—
影响因素—研究Ⅳ．①G615

中国版本图书馆CIP数据核字（2021）第 101425 号

幼儿教师职业韧性的影响因素研究

出版发行	中国原子能出版社（北京市海淀区阜成路 43 号　100048）	
责任编辑	王齐飞	
责任印制	潘玉玲	
印　　刷	天津中印联印务有限公司	
印　　销	全国新华书店	
开　　本	710mm×1000mm　1/16	
字　　数	219 千字	
印　　张	14.5	
版　　次	2021 年 6 月第 1 版　2021 年 6 月第 1 次印刷	
书　　号	ISBN 978-7-5221-1396-8	
定　　价	49.00元	

网　　址：http://www.aep.com.cn　　E-mail：atomep123@126.com
发行电话：010-68452845　　　　　版权所有　侵权必究

前　言

本书内容是对中国幼儿园教师职业韧性影响因素的研究。

职场中的人，不可避免地会遇到各种各样备受压力的情况，幼儿教师作为幼儿园职场中员工，同样会经历重大或琐碎的压力事件。本书中研究的幼儿教师职业韧性是指幼儿园教师工作过程中在社交关系、教学效能感、社会支持、情绪智力等方面遭遇困难、压力、挫折甚至陷入困境时，能够尝试采用多种方式或方法，去克服困难解决问题、应对压力舒缓情绪、恢复正常工作状态的能力。本书试图从心理学的角度对幼儿教师职业韧性的影响因素进行研究。

本书共分为七章：第一章概述了幼儿教师职业韧性的研究背景、研究意义、研究目的和本研究中出现的一些术语定义；第二章梳理了幼儿教师职业韧性研究历史进程和幼儿教师职业韧性的先行理论研究，并对研究进行了述评；第三章对研究设计进行了具体的描述，提出了本研究的研究问题与假设，理清了影响幼儿园教师前因变量之间的关系；第四章是研究方法的描述，详细地介绍了研究对象的构成，研究工具的选择与信效度验证，介绍了研究的程序和数据分析的方法；第五章呈现用SPSS20.0和Mplus 8.3两种统计软件研究的数据结果，用描述的方法实施频度分析得出幼儿教师职业韧性与相关变量的整体状况，用单因素方差分析和独立样本t-test分析得出幼儿教师职业韧性在一般特征上的差异分析，用结构方程模型的分析方法对幼儿教师职业韧性的影响因素假设模型进行了验证，得出幼儿教师职业韧性与前因变量之间的关系；第六章对研究的结果进行了分析与讨论；第七章总结了研究的基本结论，并对幼儿教师职业韧性的培养提出了具有实践意义的建议。

本书在撰写的过程中参考和借鉴了诸多专家、学者的前沿研究与文献资料，在此向相关的作者表示诚挚的谢意！由于自身水平有限，书中存在的错漏之处，恳请各方专家、学者，各界同仁批评指正！

周艳芳

2021年4月23日

目　录

摘　要

随着中国国家层面对学前教育的重视，幼儿教师队伍虽在不断地壮大，但整个群体也面临着巨大的压力与挑战。在此背景下，关注幼儿教师的职业韧性具有重要的实践意义。这有利于幼儿教师更好地适应学前教育瞬息万变的教学环境和教学要求，从而采取积极的行为方式应对幼儿园各项工作。本书对幼儿教师职业韧性进行理论探索和实证研究，为幼儿教师提高自身的职业韧性水平和学校环境管理的有效干预提供实证依据。

为了解中国幼儿教师职业韧性的状况，考察影响幼儿教师职业韧性的因素，并从学校环境与个体两个不同层面探讨这些影响因素对幼儿教师职业韧性的作用过程，采用问卷法对幼儿教师职业韧性的人口学变量一般特征、影响因素、中介效应进行理论建构和量化验证。具体采用问卷调查法、数据统计法和逻辑分析法。采取随机整群抽样，选取中国浙江省8个地区的幼儿教师3127人作为研究样本，最终获得2880份有效数据。研究结果如下：

结果一：幼儿教师职业韧性在一般特征上的差异

幼儿教师职业韧性在教龄、职称、承担工作、工作时间、加班次数、婚姻状况、孩子个数、园所性质、园所在地和单位用工性质上有显著性差异，但在学历、专业背景、原生家庭是否离异、园所级别和园所行政级别上没有显著性差异。在下位因素上，情绪智力在学历、专业背景和园所级别，教学效能感在原生家庭是否离异，社会支持在园所行政级别上均存在显著差别。

结果二：幼儿教师职业韧性与前因变量之间的关系

（1）幼儿教师职业韧性与自我效能感、工作热情、职业认同、变革型园长领导行为、交易型园长领导行为、学校人际信任、工作压力都有显著的相关。

（2）在控制教龄、学历、专业背景、职称、承担工作、工作时间、加班次数、婚姻、孩子、原生家庭是否离异、园所性质、园所级别、单用工性质、园所在地等人口学变量的影响后，自我效能感、工作热情、职业认同、园长变革型领导行为、园长交易型领导行为与工作压力对幼儿教师职业韧性的影响显著，而人际信任对幼儿教师职业韧性的影响不显著。其中，工作热情、园长变革型领导行为、职业认同与自我效能感对幼儿教师职业韧性的影响是正向的，而工作压力与园长交易型领导行为对幼儿教师职业韧性的影响是负向的。

结果三：影响因素对幼儿教师职业韧性的中介作用过程

在教师个体层面，自我效能通过职业认同和工作热情的单独中介作用，以及职业认同—工作热情的链式中介作用对幼儿教师职业韧性产生影响。在学校层面，园长变革型领导行为部分通过工作压力的中介作用，进而影响幼儿教师职业韧性，而园长交易型领导行为完全通过工作压力的中介作用，进而影响幼儿教师职业韧性。

最后，基于研究结果，提出改善幼儿教师职业韧性的七种途径。一，提升幼儿教师专业素养，做好个人职业规划；二，降低幼儿教师工作强度，提供宽松工作环境；三，关注幼儿教师社会环境，给予最大社会支持；四，增强幼儿教师自我效能，发展提升职业韧性；五，提高幼儿教师职业认同，激发职业工作热情；六，转变园长领导行为，适当降低教师工作压力；七，将教师韧性教育纳入教师教育的培训内容。

关键词：幼儿教师，职业韧性，特征，影响因素；中介效应

1　绪论

1.1　研究背景

　　中国在2010年出台了《国家中长期教育改革和发展规划纲要（2010—2020年）》，提出要在全国范围内普及学前教育，要将发展学前教育工作作为重中之重，发展至2020年时，全国范围内要普及学前一年教育，并且学前两年教育的发展要形成一定的规模，对于一些发达城市、生活条件好的地区，要能够普及学前三年教育[①]；同年，中国政府推出了《国务院关于当前发展学前教育的若干意见》，其中明确指出：必须要将学前教育工作作为政府工作的重点。在2012年，中国出台了一系列关于教育教学制度改革、学前教育建设方面的文件，如《幼儿园教师专业标准》《关于深化教师教育改革的意见》等。在2017年，中共中央全面深化改革领导小组审议通过了《全面深化新时代教师队伍建设改革的意见》，旨在增强中国师资队伍的建设、提高我国教师的教育教学水平。在2020年，中国教育部起草《中华人民共和国学前教育法草案（征求意见稿）》。国家的这些政策以及文件把我国的学前教育事业推向了一个新的高度。而建设一支高素质的幼教师资队伍，是保证学前教育事业健康、快速发展，顺利实现发展目标的关键。

　　目前，社会进入快速多变和转型发展的时代，人们的工作、生活和学习的节奏越来越快，压力已经成为现代社会中人们所使用的高频词之一，这不仅反映了人们对自身心理状态的关注，更说明了压力的确已经成为现实生活中每个人不可逃避的问题。随着社会竞争日趋激烈和现代社会对人才要求的不断提高，美国作家Ernest Miller Hemingway（欧内斯特·海明威）（Ernest Hemingway）在其代表作

---

① 　国家中长期教育改革和发展规划纲要（2010-2020 年）.

《永别了，武器》中，有这样一番描述，"世界要征服每个人，然而有些人却在被征服的地方变得更坚强。"著名作家Helen Keller用自己顽强的意志生动地诠释了海明威的观点。在心理学领域，理解哪些因素促使人们屈服于压力之下是主要的研究课题，而面对逆境与压力，人们如何成功应对，同样值得我们关注[1]。在当前世界各国综合国力快速发展、教育改革不断深化、人才竞争日趋激烈的时代，人们越来越意识到高素质的人才队伍是经济发展和综合国力提升的重要基础，而人才的培养离不开高素质的教师。美国卡内基教育与发展论坛发表的《国家的准备：面向世纪的教师》中明确提出，"国家的成功取决于更高质量的教育，而教育成功的关键在于高素质的教师。"美国教育咨询委员会提出，"高素质的教师队伍是推进学校教育改革的核心因素"。幼儿园教育在人的一生素质教育中起着奠基的作用。在幼儿园课程改革和幼儿园工作开展中幼儿教师的素质起着至关重要的作用，是实施素质教育的关键因素之一。在当今经济发展日新月异的时代，面对平凡的教学岗位，有些幼儿教师心浮气躁；而有的教师则能够正视工作压力和工作挑战，表现出较强的职业韧性，在工作岗位上兢兢业业，实现自己的人生价值。研究幼儿教师职业韧性，探索职业韧性的影响因素与发展机制，对幼儿园教师立足工作岗位，正确地面对工作中的压力与挑战具有现实意义。因此，提高幼儿园教师的职业韧性是当前幼儿园教育研究中的现实课题。

随着中国学前教育的快速发展，幼儿教师的队伍也随之迅速壮大，幼儿教师的状态影响着亿万幼儿的健康成长，其心理状态也日益引起社会和学者们的关注。现在的幼儿教师除了要完成最基本的保教工作外，还要协调好幼儿园、家庭、社会和家长等多方面的关系，工作繁杂、工作时间长，可以说幼儿教师生活在一个挫折刺激源较多的环境之中，这就需要幼儿教师具有较强的职业韧性，即使在挫折、逆境中也能保持一个较好的心理状态，并迅速摆脱其对心理的消极影响，从而保证学前教育工作的顺利进行。

---

① Waller Margaret.(2001).Resilience in Ecosystemic Context:Evolution of the Concept.American Journal of Orthopsychiatry,71(3):290-298.

1.1.1 幼儿园教师工作压力大

（1）校园幼儿安全责任压力大

幼儿园《纲要》指出：幼儿园必须把保护幼儿的生命和促进幼儿的健康放在工作的首位。因此，幼儿园的安全工作一直以来都是摆在幼儿园教育工作的首要位置，幼儿园也因此制定了更严格的防护措施和保卫制度。作为一名幼儿园老师，面临着巨大的心理压力，这么多的孩子交到幼儿教师的手中，如果稍有闪失，幼儿园将无法和家长交代。加之现在多为独生子女，家长对幼儿园的要求越来越高，容不得幼儿园在孩子的安全问题上出半点差错，否则轻则吵闹，重则上法院、打官司、要赔偿，导致幼儿园对安全管理高度重视，一般对安全事故采取"一票否决"的办法。在一日活动的每个环节，老师都是绷紧自己的神经，生怕哪个环节出现安全差错。可是在各种活动中，面对一班那么多的孩子，很多安全问题都是防不胜防的。近几年在各省市发生了多起歹徒进入幼儿园行凶的案件，大家的心揪得更紧了，幼儿园的安全防范意识更强了。由于幼儿园本身的特点，围墙一般都是栅栏，总体比较低矮，如果真有坏人想溜进幼儿园干坏事的话，翻越围墙进入幼儿园将是一件轻而易举的事。为了起到更有效的防护，有些幼儿园安装了多个摄像头，在班级带班的幼儿教师，还需根据自己的班级情况，制定班级突发事件的应急预案，在教室中准备哨子和锣鼓，并把哨子随时挂在身上，以备紧急之需。这种"警钟长鸣"的安全思想包袱成了压在幼儿教师的心理上的大山，沉重而无奈。

（2）教学工作内容繁杂

现在普遍的幼儿教师职业感受是"起得比鸡还早，下班比狗还晚，挣钱比民工都少，看上去比谁都好，五年后比谁都老！孩子睡觉、吃饭、大小便的时候我们是保姆；上课的时候我们是动物老师，像演员扮演各种兔子、老虎、小蜗牛；筹备操作材料和环境布置时的时变身木工、美工、裁缝师；为了应付上层教育管理机构的检查，又化身'作家'紧急编写学校材料"。

幼儿园教师除了上好课外还要写很多的文字资料：制定班级计划、总结、书写教案，撰写观察记录和活动反思，写教育笔记和心得，准备教具和玩具，撰写听课笔记和教学效果分析、家长会活动记录、安全活动记录，制作教学课件，写论文、总结，写家园联系手册等。为了完成这么多的工作，有的教师不得不利用业余时间加班加点，在家做幼儿园的工作那是常有的事。这些烦琐的案头工作同样会压得老师喘不过气来。

（3）比赛任务多，学习任务多

每学期，上级管理部门都要求幼儿园要举行人人一堂公开课，评职称必须送教下乡、幼儿园教研活动、家长开放日等活动，参加活动的老师就要投入大量的时间和精力去做准备。此外，经常的比赛活动一个接一个，幼儿绘画比赛、教师演讲比赛、看图讲述比赛，课件制作比赛、区角玩具制作比赛等，所有这些，都在教师的精神上产生巨大的压力。比赛时那种紧张的程度是每个比赛老师都能切身体验到的，曾经听到幼儿园一个刚参加完比赛的老师说："就是死，也不要去参加什么比赛了。"虽然这是一句玩笑话，但从中不难看出幼儿教师所受到的精神压力是如此的巨大。

根据上级的规定，幼儿教师每年必须参加一定时间的业务学习，而学习的时间只能安排在休息日或节假日中。另外，教师还必须取得各种相关的证书，如，教师资格证、普通话合格证、继续教育证、教育技术等级证、学历证等。幼儿教师的双休日、寒暑假的休息时间基本很难保证。

1.1.2 幼儿园教师面临新的机遇与挑战

随着中国国民经济的快速发展，逐步实现从粗放型经济发展模式向集约型经济发展模式的转变，社会也越来越需要各种类型的创新型人才。学前教育是基础教育的重要组成部分，是人才培养的基础阶段，教育质量直接影响儿童的成长与成才。学前教育随着社会的发展，提出了对幼儿教师的专业化要求。在此历史背景下，幼儿教师专业标准应运而生。《幼儿园教师专业标准（试行）》[2012]1号文件，在基本理念中提出了"幼儿为本、师德为先、能力为重、终身学习"，基本内容从专业理念与师德、专业知识、专业能力三个维度十四个领域的62个基本内容的要求中对幼儿教师专业化发展进行了详细的阐述。《幼儿园教师专业标准

（试行）》的颁布给幼儿园教师带来了新的挑战。这对幼儿园教师提出了专业化的要求，新时期的幼儿园教师要在生理、心理、专业、能力与师德等多方面具备一定的职业韧性，如此才能胜任幼儿园教学任务和其他幼儿园具体工作。

1.1.3　幼儿园教育需要职业韧性较强的教师

教师是教育改革成败、教育质量提高和高素质人才培养的关键因素。"德高为师身正为范"，有好的教师，才有好的教育。古人高度重视教师的素质，把教师当作世人之楷模，视君王为天下人之"父"，师与君相类比。孟子认为，"天降下民，作之君，作之师"（《孟子梁惠王下》）。荀子将君师与天地、先祖并列，作为礼之三本，认为"天地者，生之本也；先祖者，类之本也；君师者，治之本也。"将天、地、君、亲、师并列，作为道德礼仪的标准。儒家认为教师使人掌握修己治人之"道"。《礼记中庸》说："修道之谓教"，而师则是"道"的载体，教师本身的人品、风范、修养即是"道"的精神的体现。教师还掌握着有关"道"的知识、理论或行"道"的本领、技能。教师的任务，以传道为首位，授业、解惑只有具备高素质的教师才能完成，扬雄在《法言学行》中说："师者人之模范也"。《哥林多前书》中也有类似的论述，"在教导神的话语中，教师是代理者，圣灵是真理的教师"。由此可见，西方人把教师看作真理的代言人，把教师的素质看作是最高真理的典范。

从幼儿园教育实践的角度看，儿童的健康成长离不开幼儿园教师的积极引导和耐心培育。首先，教师对幼儿人格的发展具有指导定向作用，教师既是学校教育宗旨的履行者，又是幼儿的言传身教者。在教育过程中，师德基于教师自身的质量和个人修为，从人格特征中表露出来，要求教师做到"为人师表"、"以身作则"。这既是师德的规范，又是教师良好人格品行特征的体现。在幼儿园活动中，幼儿教师的行为表现具有极强的影响力，它直接影响幼儿对活动的认同和活动投入，甚至影响幼儿对幼儿园生活的兴趣；因为在幼儿园一日活动的各个环节中，幼儿教师时刻渗透着对幼儿的生理、心理健康教育，幼儿园教师的言谈举止体现了自身的世界观与人格魅力，可以直接地影响幼儿的健康成长。若教师的职业韧性较低，不能很好地处理生活和工作中遇到的困难，在与幼儿的交往中表现出颓废、不满甚至反社会行为，那么将会危害幼儿的健康成长。相反，职业认同感高、职业韧性强的教师，正向影响幼儿的心理健康水平，促进幼儿心理和行为适应正常学习和生活环境的变化，符合社会规范和道德标准。更重要的是可以塑造广大幼儿良好的人格和培养优秀的个性心理素质，使其内心世界丰富、精神生活充实、各种潜能得以发挥、人生价值能够正确体现。

1.1.4　关注教师职业韧性发展彰显生命关怀

长期以来，中国幼儿园教师教育的重点主要放在教师的专业知识、教学技能的培养，更多地关注幼儿教师的专业发展，强调教师的社会价值与工具价值，对幼儿教师的生存状态、心理素质的关注较少。而心理素质是决定幼儿教师能否胜任幼儿园教学工作的重要条件之一，具备较强韧性的教师不仅能够完成幼儿园教学任务，而且对幼儿积极心理质量的培养起着重要作用。关注幼儿教师心理素质发展是教育人性化的具体表现，彰显生命关怀。首先，增强教师职业韧性具有人性关怀的意义，它是以教师个体心理健康为宗旨，以生命关怀为特征的实践活动。从幼儿教师的现实生存状态出发，帮助广大幼儿教师提高职业韧性，应对工作中的压力与变化，有利于幼儿园教育目标的实现，彰显教师个体生命的独特与绚烂。生命是一个整体概念，包括自然生命和精神生命，生命成长不只是自然生命生长的过程，更重要的是促进个体精神的升华，而良好的心理素质正是精神成长的核心内涵。其次，幼儿教师职业韧性的培养是一种基于人性，弘扬人性的活动，更多关注的是教师"人性"的发展，从而促进教师生命成长，关注教师的心理健康，达到心理资本的提升。由此看来，关注幼儿教师职业韧性的发展是直接指向教师精神成长的活动，符合教师生命内在需求和成长规律，具有充实生命的价值。生命是一切教育的基础，提高幼儿教师职业韧性是为了幼儿教师的生命质量而进行的活动，是学校教育的基础和核心。因此，关注教师职业韧性的发展是挖掘教师生命力量，实现生命意义的实践活动。

职业韧性研究是当前职业心理学研究中的热点课题，其研究领域主要是企

业员工职业韧性的理论与应用研究。另外，针对医务人员、教育工作者职业韧性的研究也有少量报告。总体来看，有关教师职业韧性的研究相对较少，其研究对象主要有幼儿园教师和中小学教师。韩国的幼儿园教师韧性的研究在2010年前后开始出现，通过深入面谈的质性研究（박은혜，전샛별，2010；이진화，유준호，김은희，2010）[①]与量化分析研究（권수현，2010[②]；권수현，이승연，2011[③]；이재영，2012[④]；황해익，강현미 등，2014[⑤]；황해익，탁정화 등，2014[⑥]；황해익 등，2013[⑦]）正在持续发表。比起国际上教师职业韧性研究，中国有关教师职业韧性研究相对更少，且内容只是探讨该研究的意义和可行性，尚缺乏深入、系统地理论研究与实证研究。

职业韧性是幼儿教师职业适应和职业坚持必须具备的能力和素质。面对充满压力与挑战的幼儿园教育，职业韧性是幼儿教师胜任工作的必要保障，也是幼儿园教育工作开展的重要条件。对幼儿园教师的韧性的研究可以帮助他们正确应对工作压力，工作适应力更强，实现百分之百的投入。一些学者指出，没有职业能力较强的教师，就没有儿童的健康成长与发展。"教师的素质是推行新课标的前提，也是全面推进素质教育的关键环节"。"没有教师生命质量的提升，就很难有

① 이진화，유준호，김은희 (2010). 유치원 교사의 어려움과 회복력 (resilience) 에 대한 탐색. 유아교육・보육행정연구，14(2)，139-164.

② 권수현 (2010). 유치원 교사의 회복탄력성 분석. 이화여자대학교 대학원 석사학위논문.

③ 권수현，이승연 (2011). 유치원 교사가 인식하는 역할갈등 및 역할갈등이 역할수행에 미치는 영향 분석 : 회복탄력성 상・하 집단을 중심으로. 유아교육연구，31(2)，311-331.

④ 이재영 (2012). 유아교육기관 교사의 회복탄력성，지각된 사회적 지지와 조직몰입 간의 관계. 대구 가톨릭대학교 대학원 박사학위논문.

⑤ 황해익，강현미，탁정화 (2014). 유아교사의 정서지능과 낙관성의 관계에서 회복탄력성의 매개효과. 유아교육연구，34(2)，323-346.

⑥ 황해익，탁정화，강현미 (2014). 보육교사의 회복탄력성 인식수준에 따른 소진과 자아존중감의 관계. 열린유아교육연구，19(4)，31-52.

⑦ 황해익，탁정화，홍성희 (2013). 유치원 교사의 회복탄력성，교사효능감 및 직무만족도가 행복감에 미치는 영향. 유아교육학논집，17(3)，411-432.

高质量的教育；没有教师的主动发展，就很难有学生的主动发展；没有教师的教育创造，就很难有学生的创造精神"。幼儿教师职业韧性研究可以帮助幼儿教师增强自身的职业韧性水平，使其能够正确应对工作压力，减少工作不良适应状态，实现积极的工作认知和工作投入。

1.2 研究意义

幼儿阶段是儿童习惯培养和性格形成的关键阶段，这一阶段的教师担负着生活知识技能和培育幼儿人生价值观的职责和使命。在幼儿园教育工作情境中，职业韧性较强的幼儿教师在面临工作压力和挑战时，积极主动，能够正视自己和自己的工作，采取积极的应对方式，表现出良好的工作状态。因此，研究幼儿教师职业韧性具备一定的理论意义和现实价值。

1.2.1 理论意义

本研究的理论意义在于系统地研究幼儿园教师积极的职业应对能力，形成幼儿教师职业韧性理论框架，丰富职业韧性研究。

职业韧性研究是当前职业心理学研究中的热点课题，其研究领域主要是企业员工职业韧性的理论与应用研究，另外，针对医务人员、教育工作者职业韧性的研究也有少量报告。总体来看，有关教师职业韧性的研究相对较少，其研究对象主要有幼儿园教师和中小学教师。比起国际上教师职业韧性研究，中国有关教师职业韧性研究相对较少，且内容只是探讨该研究的意义和可行性，尚缺乏深入、系统的理论研究与实证研究。本研究以幼儿园教师为研究对象，在借鉴前人研究成果的基础上，采用量化研究方法，提出幼儿教师职业韧性理论框架，在此基础上寻求实证支撑，进一步验证幼儿园教师职业韧性的理论框架，从而实现对幼儿园教师职业韧性结构的初步确定，发现其形成机制，为幼儿园教师管理提供理论借鉴，丰富职业韧性研究。

1.2.2 实践意义

学校管理主体运用现代科学方法，对教师人力进行合理甄选、培训、组织和使用，不断地对教师进行心理和行为激励诱导，使教师人尽其才，激发教师潜能，促进学校和教师持续发展[①]。在人类的任何生产和生活实践中，作为实践活动开展的"人"永远是主体，因为个体是一切社会关系的总和，是实践活动的第一要素。幼儿教师不仅应该具备专业知识和专业技能，而且应该具备综合的职业素质，其中包括较高的职业韧性水平，唯有如此才能在复杂的幼儿园教育工作中表现出较好的工作状态。学校管理主体，利用合理方法，对教师进行培训和使用，不断对幼儿教师进行素质教育，不断提高他们的工作能力，使他们持续发展自己的总体素质。要重点关注教师的资质与素质，这就更加要求增强幼儿教师的基本技术、基本技能，提高整体素质，而且应该具有综合的职业修养和素质，使教师在面对各种压力与挑战时，表现出完美的工作状态。

以往的研究表明，韧性不是天才独有的特质，也不像某种心理高峰体验那样不可企及，每个人天生就具有一定的韧性潜能，个体的职业韧性可以通过多种途径挖掘和提高。研究幼儿园教师的职业韧性可以发现个体在面临困境时如何调整自我的心理压力，为幼儿教师职前教育和职后培训提供理论依据。本研究的现实意义在于指导幼儿园教师提高自身的职业韧性，为幼儿园教师提高自身的职业韧性提供理论借鉴，为提高教师的人力资源的合理运用提供理论参考。

1.3 研究目的

通过对研究理论意义和现实价值的分析，本研究的目的有以下三个方面。

（1）描述幼儿园教师职业韧性的现状特征；

（2）探索幼儿园教师职业韧性的影响因素（个人因素、学校因素），以期解释其职业韧性的形成机理；

---

① 胡永新 .(2008). 教师人力资源管理 . 浙江大学出版社 (07):09.

（3）提出增强幼儿园教师职业韧性的对策与建议。

1.4 术语定义

根据研究目的，对研究中涉及的关键变量进行相关的定义。

1.4.1 幼儿教师职业韧性

幼儿教师职业韧性是指幼儿园教师工作过程中在社交关系、教学效能感、社会支持、情绪智力等方面遭遇困难、压力、挫折甚至陷入困境时，能够尝试采用多种方式或方法，去克服困难解决问题、应对压力舒缓情绪、恢复正常工作状态的能力。

1.4.2 一般自我效能感

Shere[1]、Chen[2]、Schwarzer[3]等个性心理学者认为，自我效能感既可以看作是状态的，也可以看作是特质的，存在着一般自我效能感。一般自我效能感作为一种稳定的个性特质，是个体应对、处理新的或困难情境的一种总体性自信程度。

1.4.3 职业认同

职业认同是指个体的一种状态，这种状态表现为个体拥有了良好的自身经验，可以处理好社会需求跟自身之间的平衡，并且能在工作生活中主动并有目的的接纳自我。幼儿教师职业认同是幼儿教师基于自身经验，在工作的过程中认清

---

[1] Sherer M,Maddux J E, Mercandante B. Prentice-Dunn, S, J a- cobs B, Rogers R W. (1982)The self-efficacy scale: Constructionand validation. Psychological Reports,51:663-671.

[2] ChenG, Gully S M,Whiteman J,Kilcullen R N. (2000).Examination of relationships among trait-like individual differences, state-like individual differences, and learning performance. Journal of Applied Psychology, 85（6）:835-847.

[3] Schwarzer R, Babler J,Kwiatek P, Schroder K, Jianxin Zh.(1997). The assessment of optimistic self-beliefs: Comparison of the German ,Spanish, and Chinese version of the general self-efficacy scale. Applied Psychology: AnInternational Review,46（1）:69-88.

自己的角色、定位，以及对技能的认知，从而能积极热情地投身到工作中的一种状态。

1.4.4 工作热情

工作热情是一种正向积极的行为和情绪，可以体现在个体对待工作的态度和具体的行为中，工作热情越高的个体在工作中越积极和投入，并且有较高的自我效能感，在工作中一般能获得较高的质量和较好的效果。由于工作热情和工作投入、工作积极性以及自我效能感是相互交织的，所以要将工作热情界定清楚就得先弄清这三者的概念及关系。

1.4.5 园长领导行为

（1）变革型领导行为

变革型领导行为是引导园长以人格和道德的方式对待员工，抛开单纯的奖励层面，激发员工的动机，照顾到成就水平的需求能够得到满足等，从而提升员工追求更高的理想；园长说服员工们追求组织的发展，而不是追求个人利益，创造新的任务，追求不断挑战的姿态的领导力，包括变革引领，尊重教师，率先垂范的概念。

（2）交易型领导行为

园长的交易型领导行为是通过领导者与员工之间的互动产生的过程，明确指出领导者在员工中的作用，它被定义为领导者的行为特征，当他们不能让员工很好地完成这个角色时，他们会自己介入，或者当他们完成了理想的成果时，他们会提供相应的奖励，这个概念包含了状况补偿、例外管理。

1.4.6 工作压力

本研究认同工作压力产生过程的互动型取向，采用中国黄淑嫆（2004）对幼儿教师工作压力的定义，是指幼儿教师在工作环境中，与人、物、事的互动过程中，其产生的心理或生理上的不适或紧张状态程度。

1.4.7 人际信任

人际信任是一个人对他人的言语、行动和决定有信心并愿意在此基础上采取行动的程度。

2 文献述评

2.1 幼儿教师职业韧性内涵

随着积极心理学的兴起，人们从专注于部分人群病态心理问题的研究，转向发现人类积极的心理品质，韧性研究是其中典型的代表。近年来，随着人们越来越多地关注个体积极心理品质的塑造，职业韧性已经成为教育学、心理学和管理学关注的热门课题（Luthar, S. S. Cicchetti, D. & Becker, B. 2000）[①]。虽然人们一直以来自觉或不自觉的对其关注，如提倡坚韧不拔、顽强不屈、百折不挠等，用它来应对困境，实现良好的生存状态。但是，真正对其研究发生于20世纪70年代的美国。韧性研究的奠基人之一，Rutter（1987）认为，"研究为什么和怎样使个体生活得有自尊和充满希望，要比仅仅关注那些使个人放弃希望的原因更富有意义"[②]。

幼儿教师作为个体存在，必然具有个人心理韧性的特点，作为社会上的一种职业，必然具有职业韧性的特点，同时作为教师这样一种身份存在，必然具有了教师职业韧性的特点。所以要理清幼儿教师职业韧性概念，首先从英语"career"与"resilience"这两个单词的词源考证开始，再按韧性—职业韧性—教师职业韧性—幼儿教师职业韧性这样的脉络开始阐述。

---

① Luthar, S. S., Cicchetti, D., & Becker, B. (2000). The Construct of Resilience: A Critical Evaluation and Guidelines for Future Work. Child Development, 71(3), 543−562.

② Rutter,M.(1987).Psychological resilience and protective mechanism. American Journal of Orthopsychiat, 57(3), 316−331.

2.1.1 "career"与"resilience"的词源考证

"career"一词在英语中与"occupation、vocation、profession、work"等词义相近。它最早的词源来自拉丁文carraria（马车道），与法语中的"carrière"（赛马场）最为接近（Raymond Henry Williams, 2005）[1]。Career在16世纪时的意思为"骑马奔驰""赛马场"，后被引申为"快速、持续的活动"。到17、18世纪，其含义指急促而放纵的活动。到19世纪中叶以后，主要指职业本身或职业发展，是今天career指职业、生涯之意的发端。从20世纪以后，career与occupation、profession、work等词义基本相近。《英汉大词典》（上海译文出版社，2007）中对career做了详细解释：①职业谋生之道、生涯；②成功、成就；③全速、迅速前进；④进程；⑤跑道，（赛马场的）跑道；⑥奔驰、猛冲；⑦动词，猛冲、迅速前进；⑧形容词，终身从事职业的。从career一词衍变的过程，结合现在表达的含义，本研究认为用"职业"表述较为恰当，意指个人因生活或其他目的所从事的工作。

"resilience"为名词，在《科林斯英语词典》（Collins English Dictionary）中，被定义为"迅速从打击、疾病、困难、压力等逆境中恢复的能力"（Dictionary, C., 2008）[2]。其同义词为"resiliency"，词根为"resile"，Resile源自拉丁语"resilire"，意为"跳回、弹回"（Hoad, 1996）[3]。心理学家把处于逆境中个体积极适应与发展的能力用"resilience"进行描述。《新英汉词典》中"resilience"的释义有：①跳回，回弹性，回能，弹能；②（活力、精神的）恢复力，韧性；迅速恢复愉快心情（新英汉词典，1992）[4]。西方学者用"resilience"表示人们具备承受压力、突破困境的坚强心理素质。中国大陆一些学者将其译为"弹性""韧性""恢复力"，中国台湾地区学者把它译为"韧性"（朱森楠，2003）[5]。本研究在参考各种译法的

---

[1] Raymond Henry Williams.(2005) 关键词：文化与社会的词汇 . 刘建基译 . 北京：生活·读书·新知三联书店， 37-3.

[2] 科林斯英语词典 . 商务印书馆 .2008:1356.

[3] Hoad, T. F.（1996).Oxford concise Dictionary of English Etymology.Oxford University Press:400.

[4] 高永伟 .(2009). 新英汉词典 . 上海译文出版社 .

[5] 朱森楠 .(2003). 青少年复原力的概念 . [DB/OL].http://www.bsjh.hcc.edu.tw/guid3.htm 2003-2-27.

基础上，结合中国的文化语境，将"resilience"译为"韧性"，认为"韧性"较为适合中国的文化语境，意指困境下个体表现出坚韧顽强的心理素质或心理能力。career resilience在汉语中的翻译也存在不一致的现象，中国台湾地区学者将其译为"生涯韧性"（叶欣怡，2005；陈贞妤，2006）[1][2]、职场韧性（陈宜娜，2009）[3]等。中国大陆学者将其译为"职业弹性"（李霞，2010）[4]。考虑到"career resilience"的原意，同时结合汉语语境，在本研究中将其译为"职业韧性"，表示个体在职业环境中积极适应、顽强持久、坚忍不拔的职业能力。

2.1.2 韧性

在研究之前，我们先了解什么是韧性。以便于能更加清楚明了地去阐述文中所涉及的问题。韧性（resilience或resiliency）本是物理学中的一个概念，原意指物体或材料在塑性变形和断裂过程中吸收能量的能力。

在汉语中，汉语词典韧性的释义主要有两种：①物体柔软而结实，不易折断破裂的性质；②指顽强持久的精神、坚韧不拔的意志（汉语大辞典，2009）[5]。《说文》的解释是，"韧、柔而固也。柔软结实而不易折断，如坚韧、韧性"。《篇海类编·人事类·韦部》："韧，坚柔难断也（汉语大辞典，2009）。"

20世纪70年代，美国心理学家Murphy, L.B.（1974）等将其引入儿童心理发展研究中，对丧失母爱儿童的研究和对精神分裂症儿童的研究，由此拉开了心理学领域对韧性进行研究的序幕[6]。这一时期的研究成果是前期20年纵向研究的结果

① 叶欣抬.(2005).回任人员的生涯复原力、组织承诺以及工作满意度指关系研究.大同大学.
② 陈贞妤.(2007).派遣员工生涯阻碍与生涯复原力对其工作满意度影响之研究.国立高雄应用科技大学,(06):54.
③ 陳宜娜(2010).幼教师职场复原力与职业倦怠之相关研究.树德科技大學兒童與家庭服務研究所,高雄市.
④ 李霞.(2010).管理者的职业弹性研究——以积极心理学为视角.暨南大学.
⑤ 汉语大字典（七）.(1990).湖北辞书出版社.
⑥ Murphy, L. B. (1974). Coping, vulnerability, and resilience in childhood. Coping and adaptation, 69-100.

（McMahon & Luthar, 2006)[1]。但当其他国家引入这个概念时，却出现了翻译上的困难。在西班牙语和法语中就没有专门的对应词语，同样，如何将这个术语翻译成中文也引起了不少争论。美国心理学会把韧性定义为个人面对生活逆境、创伤、悲剧、威胁或其他生活重大压力时的良好适应，它意味着面对生活压力和挫折的"反弹能力"。韧性这个心理学概念，一方面折射出人作为物理和生物实体存在的基本属性，另一方面又凸显出人作为社会和精神实体存在的独有特性。

虽经30多年的探索，心理学中的韧性还是一个发展中的概念，学者从各自不同的角度提出了韧性的定义（表2-1），到目前为止，如何界定韧性的概念难以形成共识，基本上可以分为三类：能力说、结果说和过程说。

表2-1　有关韧性的界定

研究者	关于韧性的描述
Rutter（1990）	个体在逆境中积极心理因素与危害因素相互作用的动力过程
Garmezy（1993）	以减弱生活中不良事件的消极影响
Margalit（1993）	威胁情境下恢复或保持个人状态平衡的能力
Wagnild（1993）	个体在危险状态下内在力量和外在保护因素的反应过程
Deveson（1996）	个体调节压力消极作用和提高适应程度的人格特征
Connor（1998）	个体面临困境，完成艰难任务的心理能力
Luthar, Cicchetti, & Becker（2000）	韧性可以被描述为在重大逆境中包含积极适应的动态过程
Humphgreys（2001）	个人能力、压力忍受性、变化的接受程度和坚强信念的有机集合
Turner（2002）	在逆境后个体得到成功恢复或发展的能力
Dyer（2003）	面对逆境能够恢复和保持良好适应状态的能力
Richardson（2004）	弹性的质量是个体能够良好恢复、具备自我感觉、决心和积极的生活态度成功应对压力，促使个体健康发展和幸福生活的心理过程
Rutter（2007）	个体在不良生活境况下获得积极结果的现象
（李新民、陈蜜桃，2008）	复原力被视为一种从挫折重重中产生的积极应对，在逆境中反弹的重要个人资产

---

[1] McMahon, T. J., & Luthar, S. S. (2006). Patterns and correlates of substance use among affluent, suburban high school students. Journal of Clinical Child and Adolescent Psychology, 35(1), 72–89.

研究者	关于韧性的描述
Mansfield,Beltman,Price, & Mcconney（2012）	弹性个体拥有个人优势，包括特殊的特征、特质、资源或能力
Gu（2017）	弹性被理解为相对的、发展地和动态的，从而强调个体在具有挑战性的环境中积极的适应和发展

（1）能力说

能力说认为，韧性是个体特殊的能力或心理质量。它是个体应对逆境而保持良好生存状态的心理能力（Berkman LF, et al, 1993）[1]。Wolff, S.（1995）认为，韧性是促使逆境中的个体获得良好社会适应和健康发展的心理条件[2]，是个体在面对窘境时保持良好状态、成功恢复或获得更好发展的心理素质（Berkman LG, SeemanTE & Albert M,1993）[15]。Wagnild和Young（1993）把韧性定义为个体适应环境变化和压力的心理能力，是个体稳定的心理特征。还有学者把韧性看作是促使"个体承受高水平的破坏性变化，同时尽可能减少不良行为的能力"（Werner E.E, 1995）。

（2）结果说

结果说认为，韧性是个体面对困境时积极良好的适应结果，是个体处在当前的风险环境中表现出优于预想的发展结果，强调一种体验的结果而不是一种持久的心理特征（Smokowski, Reynolds & Bezruczko, 1999）[3]。Polk（1997）和Masten（2001）等学者认为，韧性是个体经过逆境后心理成长的结果，便于以后克服

---

[1] Berkman, L. F., Seeman, T. E., Albert, M., Blazer, D., Kahn, R., Mohs, R., ... & Rowe, J. (1993). High, usual and impaired functioning in community-dwelling older men and women: findings from the MacArthur Foundation Research Network on Successful Aging. Journal of clinical epidemiology, 46(10), 1129-1140.

[2] Wolff, S., & Wolff, S. (1995). The concept of resilience. Australian and New Zealand Journal of Psychiatry, 29(4), 565-574.

[3] Smokowski, P. R., Reynolds, A. J., & Bezruczko, N. (1999). Resilience and protective factors in adolescence: An autobiographical perspective from disadvantaged youth. Journal of school psychology, 37(4), 425-448.

困境。

（3）过程说

发展心理学家倾向于将韧性界定为在面对逆境和压力时个体表现出积极适应的动力过程（Campbell-Sills, Cohan & Stein, 2006）[1]。他们认为，困境中人们依赖韧性得以生存甚至获得更好发展，个体战胜逆境的过程是韧性与逆境中的压力源相互作用的过程，包括个体内在的保护性因素和感知到的外界保护性因素的有机结合，进而产生个体强大的心理动力。Rutter（2007）强调，韧性不是个人特质，人们可以在逆境出现时变得坚忍不拔，这种心理动力过程在不同情境下表现不同，这种观点得到了Gillespie等人研究的证实。

韧性是个体积极的心理现象，上述定义从不同的角度反映了韧性的特征。综合以上各种定义，不难发现：尽管不同研究者对韧性概念的界定存在差异，但总体上都包含两个必不可少的条件：①经历过或正在经历逆境或压力；②适应结果良好。什么样的人才具备韧性？这是韧性研究的逻辑起点，一般有三种观点：一种观点认为只有经历困境获得成功发展的人才有韧性，第二种观点认为在逆境中若个体具备保护自己的特征或拥有某些保护因素，则其具备韧性；第三种观点认为每个人的生活都布满荆棘，只要良好发展就具备韧性。本书采用第三种观点，认为个体具备一般的韧性特征，只是在不同的条件下表现水平各异。Bonnie和Benard等（1996）认为，人们具备与生俱来的韧性，但在社会实践中会形成某些特殊的韧性，这些韧性表现为社会能力、问题解决能力、自主性、目标感和对未来的信念等（Brown, D' Emidio-Caston & Benard, 2001）[2]。

韧性不仅是一个多层次概念，还是一个多维度概念（Ponomarov & Holcomb, 2009）[3]，是人们与环境之间互动的结果，具有动态系统的特点（Carpenter, Walker,

① Campbell-Sills, L., Cohan, S. L., & Stein, M. B. (2006). Relationship of resilience to personality, coping, and psychiatric symptoms in young adults. Behaviour research and therapy, 44(4), 585-599.

② Brown, J. H., D'Emidio-Caston, M., & Benard, B. (2001). Resilience education.Califbmia: Corwin Press.

③ Ponomarov, S. Y., & Holcomb, M. C. (2009). Understanding the concept of supply chain resilience. The international journal of logistics management, 20(1). 124-143.

Anderies & Abel, 2001）[①]，同时也是一个可度量的社会文化建构和范式（Patond, 2007）[②]。上述定义从不同的角度反映了韧性的特征，根据不同专业学科的偏重和趋向，韧性可分为三类：心理特质趋向、生活环境支持趋向和个体与社会环境互动趋向。因此，本研究认为：韧性主要是指个体在面对困境或困难时，以个体生理条件和已有知识经验为基础，通过主体与内外刺激的动态交互作用，不断将交互作用经验转化成稳定的、基本的、发展的内在品质所产生的恢复能量，使其在面对困难或逆境时能够适应压力的冲击，让心理和行为的有效应对的过程。

2.1.3 职业韧性

（1）职业韧性的源起

近年来国内一些学者把"career resilience"译为"职业韧性"。职业韧性是韧性研究的延伸与拓展，它已经成为当今组织行为学和职业心理学研究的热点课题。"职业"一词最早出现于中国先秦时代，与"官职"相联系，表示做官的品位。古汉语中对其解释有：①官事和士、农、工、商四民之常业；②职分应作之事；③指事业（罗竹风，1994）。职业韧性是个体灵活适应工作环境变化，成功克服职业生涯障碍的一种能力（李霞，2010）[③]。

在英语文献中用来表达克服职业生涯挫折与压力、战胜与应对职业逆境的词语除常见的career resilience外，还有occupational resiliency, job resiliency, professional resilience等。职业韧性的核心成分resilience本是心理学中的一个重要概念，指人的心理功能及其发展并未受到严重压力/逆境的损伤性影响的心理发展现象，它来源于20世纪前半叶对逆境中儿童的研究。20世纪70年代，儿童在生活中表现出的韧性得到了心理学家和精神医生的广泛关注。研究者开始关注那些导致儿童软弱的原因，以便对儿童实施有效的干预。大量纵向研究的结果表明，韧性儿童的个

---

① Carpenter, S., Walker, B., Anderies, J. M., & Abel, N. (2001). From metaphor to measurement: resilience of what to what?. Ecosystems, 4(8), 765−781.

② Patond. (2007).Measuring And Monitoring Resilience inAuck− land. Auckland: GNSScience.

③ 李霞 .(2010) 管理者的职业弹性研究—以积极心理学为视角 . 佛山：暨南大学出版社 .

性特征被确定为缓冲因素。此外，明确的自我概念和积极的自尊对加强适应能力也被认为是至关重要的。家庭的温暖和来自外部的支持都有助于促进儿童应对困境的技能并使他们得以保护。自此以后，虽然对韧性的研究进行了三十多年，关于韧性的定义、可操作及对主要韧性结构的测量却未达成共识。由于韧性在不同的领域的不平衡性，在描述韧性这一概念时就有必要描述其特定的标准。Luthar等人建议在对韧性进行研究时，使用情境指标来描述韧性，如"教育韧性""情绪韧性"或"行为韧性"来明确特定的层面。相应地，"职业韧性"应该作为一个更精确的术语用于表示在职业领域内的韧性构成。最早提到职业韧性（CR）的是London（1983），他将其定义为包括职业动机的三个领域之一（另外两个是职业认同和职业洞察力），职业韧性也被发现是职业承诺的一个维度（Mishra & McDonald, 2017）[1]。Carson和Bedeian（1994）建造了一个衡量职业承诺，确定三个域的多维构造：职业身份、职业规划和职业弹性。然而，一项研究比较 Carson和Bedeian的测量与 Noe 等人发现弹性测量这些工具并不相关，测量的是不同的概念（London & Noe, 1997）。这些早期的研究并不仅仅关注自我职业弹性，而是将自我职业弹性视为更广泛的职业构建的一个维度。然而，与此同时，从业者们开始探索这一职业韧性概念，特别是针对20世纪80年代末90年代初组织规模缩小和重组的特点（Collard, Epperheimer & Saign, 1996）。1998年，London发表《职业屏障：人们如何经历、克服和避免失败》谈论如何有效地应对职业障碍，职业韧性才引起了研究者的广泛重视。1994年,《哈佛商业评论》发表了《培养一支职业韧性强的员工队伍》标志着职业韧性实践阶段的到来。

（2）职业韧性的内涵

把career和resilience合在一起作为一个专业术语则最早由London于1983年在其论文《职业动机理论》中提出。在London的职业动机理论中，职业韧性是一种个人特质，其含义为"在不乐观的环境中个体对职业破裂的反抗"（李霞，谢晋宇

---

① Mishra, P., & McDonald, K. (2017). Career resilience: An integrated review of the empirical literature. Human Resource Development Review, 16, 207-234.

& 张伶，2011）[1]。职业韧性相对工作压力而提出，主要涵盖两个层面：一是从困境中韧性的能力，包括应对日常工作的困难与压力（例如工作绩效的压力、与同事间的冲突等），或是从重大的挫折（例如被降职或是失去工作）中重新站起来的毅力；另一方面，职业韧性隐含了更加积极的意义，即追求新的意义或迎接挑战的勇气（London & Noe, 1997）[2]。职业韧性水平高的个体具有以下特征：（1）能够对事情的发展变化进行有效应对，在结果不确定时会采取冒险行为；（2）能容忍不确定的外在环境，并对职业目标有着强烈的使命感；（3）具有更强的自主性，主动适应变化的环境（Liu, Y. C. 2004）[3]。一些实证研究表明，职业韧性对职业满意度、离职倾向、职业生涯成功、工作绩效、可雇佣性等诸多态度或行为变量有着积极的影响（李霞，张伶 & 谢晋宇，2011;李焕荣 & 洪美霞，2012; Clarke, M, 2008）[4][5][6]，这些研究展示了职业韧性研究的价值。自从London提出职业韧性的概念以来，西方学者对职业韧性的结构内容进行了深入研究。

职业韧性的对立面是职业脆性，职业脆性的含义是个体面对不乐观的工作条件（如获取职业目标受阻、不确定性、不良的同事或上司关系、解雇等）时心理脆弱程度（如焦虑不安，功能失调等）。后来他又将其含义扩充为一种个体适应变化的职业环境甚至是不乐观或恶劣的职业环境的能力（London & Noe,1997）。根据各位学者在界定职业韧性时的侧重点不同，可以把职业韧性的定义分为三种类型：结果性定义、品质性定义、过程性定义。结果性定义强调在遭遇职业逆境后

---

[1] 李霞，谢晋宇，张伶 .(2011). 职业韧性研究述评 . 心理科学进展 . 19(7)，1027–1036.

[2] London, M., & Noe, R. A. (1997). London's career motivation theory: An update on measurement and research. Journal of Career Assessment, 5(1), 61–80.

[3] Liu, Y. C. (2004). Relationships between career resilience and career beliefs of employees in Taiwan (Doctoral dissertation, Texas A&M University).

[4] 李霞，张伶，谢晋宇 .(2011). 职业弹性对工作绩效和职业满意度影响的实证研究 . 心理科学 (03)，680–685.

[5] 李焕荣，洪美霞 .(2012). 员工主动性人格与职业生涯成功的关系研究——对职业弹性中介作用的检验 . 中国人力资源开发 (04)，9–12+21.

[6] Clarke, M. (2008). Understanding and managing employability in changing career contexts. Journal of European Industrial Training, 32(4), 258–284.

最终取得的良好结果，不论导致良好结果的主要原因是个人的良好品质还是环境中的有力支持亦或是机遇，如"经受高强度的工作压力但仅体现低水平的职业衰竭"（Hively, 2003）。品质性定义则强调个人是否拥有某些特质或能力，只要拥有这些品质，不管最终是否超越职业逆境都认为是有职业韧性的，如"一种可从逆境、冲突、失败甚至积极的事件、进步或增加的责任中跳回或弹回的能力"（Youssef & Luthans, 2007）。过程性定义则强调个人应对职业逆境是一个过程，是个人与环境、保护性因素与危险因素相互作用的动态过程，环境的因素是动态的，而个人的应对方式和品质也是变化的，如"我相信职业韧性既不是一个稳定的状态也不是一种特质，而是一个过程"（Caverley, 2005）。由于对职业韧性的定义不同，在实证研究中对高韧性者或有韧性的操作性界定也就不同。就职业韧性的含义和研究内容来看，职业韧性应为韧性研究的一部分，是韧性概念下的一个子概念。职业韧性与一般心理韧性既有联系又有区别，二者之间应有中度的相关。就像班杜拉的自我效能感概念具有特定领域性一样，韧性也具有特定领域性，而职业韧性则是韧性研究中的一个特定领域。职业韧性虽然也由危险因素、良好结果、保护因素构成，但其具体的内涵和种类都与职业领域有关。

2.1.4 教师职业韧性

"教师韧性"概念最早是由澳大利亚教育心理学家奥斯瓦尔德（Oswld）在评估教师的韧性因素时提出，是在"韧性"研究的基础上发展而来的。Gray（2001）指出，如果教师希望胜任自己的工作岗位并获得职业成功，那么首先应该塑造其韧性。从目前国内外的研究现状来看，关于教师韧性的研究相对较少，尚处于起步阶段，研究对象主要包括幼儿园教师、中小学任课教师和学校管理者。研究内容主要有教师韧性的结构要素、行为特征及影响因素。主要采用质性研究方法，纵向地对教师的成长和发展过程中的韧性进行研究，量化研究相对较少。

自"教师职业韧性"进入学术视野后，教师职业韧性研究在美、英、澳等西方国家得到了不同程度的发展，并涌现出一批重要的研究者，如戴和顾青（Day & Gu）、百特曼（Beltman）、曼斯菲尔德（Mansfield）等。2006年，布鲁内蒂

（Brunetti）在《教学与教师教育》上发表文章，讨论教师职业韧性是如何帮助教师克服困难与挑战，并保持持续的工作动力的。从此开始，学界对于教师职业韧性的研究才开始慢慢增多。这一时期研究的显著特点是：教师职业韧性多维研究的开展。在研究内容上，主要是围绕教师职业韧性概念、结构维度与特征，以及培养等三大方面；在研究方法上，主要采用了实证主义的研究方法，包括定量研究、质性研究及混合研究；在研究视角上主要是心理学和社会学视角。

（1）心理学视角下的教师职业韧性

① 教师职业韧性特质说

该观点代表了教师职业韧性研究早期的一种认识，即把教师职业韧性看作是"一种在富有挑战性的情况下以及不断挫折中，能使教师保持对于教学和教学实践追求的品质。"代表人物是布鲁内蒂（Brunetti, G. J. 2006）[1]。

② 教师职业韧性能力说

以Oswald为代表，将教师职业韧性理解为"个体成功克服自身不足和环境压力源的能力，它使教师在面临可能的危险时能够'弹回'，并拥有幸福感"（Oswald, Johnson & Howard, 2003）[2]。

（2）社会学视角下的教师职业韧性

① 教师职业韧性过程说

这种观点认为，教师职业韧性是与情绪调节以及社会环境中的有效互动过程有关，这是一个在压力激发下形成的与环境中的事件相互作用的模式，是个体适应的过程，而非个体一系列固有的品质（Tait, M. 2008）[3]。该观点以泰特（Tait）和卡斯特罗（Castro）等人为代表。

---

[1] Brunetti, G. J. (2006). Resilience under fire: Perspectives on the work of experienced, inner city high school teachers in the United States. Teaching and teacher education, 22(7), 812−825.

[2] Oswald, M., Johnson, B., & Howard, S. (2003). Quantifying and evaluating resilience−promoting factors: Teachers' beliefs and perceived roles. Research in education, 70(1), 50−64.

[3] Tait, M. (2008). Resilience as a contributor to novice teacher success, commitment, and retention. Teacher Education Quarterly, 35(4), 57−75.

② 教师职业韧性结果说

代表人物是Beltman和Mansfield（2011）。他们认为，教师职业韧性是个体和环境保护因子和风险因子交互作用的结果（Beltman, S. Mansfield, C. & Price, A., 2011）[1]。另一些研究者认为，教师职业韧性与个人以及工作情境相关，是人际关系、领导支持，以及其自身认知和情感能力共同作用的结果Gu, Q. & Li, Q. 2013）[2]。

③ 教师职业韧性关系说

教师每日的专业生活充满了不确定和不可预设的环境和情况，Day和Gu（2014）认为，教师职业韧性不仅是一种能"弹回"或从经历或事件的创伤中恢复韧性的能力，而且是能够保持平衡的能力，并在其所教学的每日世界中保持责任感和能动性。教师职业韧性不是天生、固定的个体品质，而是受到教师所工作和生活的社会、文化及思想情境的形塑与培养。因此，教师职业韧性与特定情境相关、与教师角色相关，是一种"日常韧性"（Day, C. & Gu, Q. 2013）[3]。教师复原力，是教师在逆境中依靠自身特质、发挥个人能力、构建和使用个人社会支持网络、与社会充分互动，从而实现个人心理复原，甚至是复原力提升的过程（陈玉华，2014）[4]。早期研究者提出韧性作为教师个体的一种特质、适应能力或适应结果，目前趋于认同教师韧性不仅仅是教师在挑战环境下的一种适应能力或结果，更反映了教师在个性特征、专业道德与使命以及专业环境等多种因素动态发展过程中所体现出来的一种坚韧性（李琼，吴丹丹，张媛媛，2017）[5]。教师韧性意指

---

[1] Beltman, S., Mansfield, C., & Price, A. (2011). Thriving not just surviving: A review of research on teacher resilience. Educational research review, 6(3), 185–207.

[2] Gu, Q., & Li, Q. (2013). Sustaining resilience in times of change: Stories from Chinese teachers. Asia-Pacific Journal of Teacher Education, 41(3), 288–303.

[3] Day, C., & Gu, Q. (2013). Resilient teachers, resilient schools: Building and sustaining quality in testing times. London / New York:Routledge.

[4] 陈玉华. (2014). 教师复原力研究的现状. 全球教育展望，43(10), 71–82.

[5] 李琼，吴丹丹，张媛媛.教师韧性的核心特征：对小学教师质性研究的发现 [J].教师教育研究，2017,29(04):76–83.

教师在面对教育教学的压力、挑战或者逆境时所表现出来的坚韧性与积极适应的能力，从而保持对教学的持续热情与专业发展的动力（李琼，吴丹丹，张媛媛，2017）[37]。教师在面对教育教学的压力、挑战或逆境时所表现出来的一种动态的积极适应过程，其结果表现为教师应对挑战环境下持续的专业承诺、专业发展热情与成长动力（毛智辉，眭依凡，2018）①。

2.1.5　幼儿教师职业韧性

（1）幼儿教师职业韧性的内涵

由于幼儿园教师职业韧性的研究较少，相关研究基于教师职业韧性的研究开展，因此本研究基于教师职业韧性展开。对于教师职业韧性的解释，很多学者从教师心理韧性的角度予以解释，本研究为了区别教师在工作中及生活中体现出的心理韧性，特此用幼儿园教师职业韧性的概念予以限制。对于幼儿园教师职业韧性的界定，Sumsion（2004）将幼儿教师职业韧性理解为尽管处于复杂多变的教学环境中，教师的积极发展与维持个人和工作满意度的能力②。中国台湾地区学者陈宜娜（2010）认为，幼儿教师职业韧性是指幼儿教师在瞬息万变的幼儿教学环境中个体的竞争力和适应力③。幼儿教师自我韧性是指幼儿教师在面对教育教学的压力、挑战时所表现出来的坚韧性与积极适应能力。自我韧性较强的个体往往能主动做好迎接困难的准备，并通过有效使用自己的心理资源减少压力事件对他们的影响（Fredrickson B L，Cohn M A，Coffeyk A，2008）④。幼儿教师的恢复弹性是指在教育机构中克服任教困难、保持作为教师的个人专业满足的能力（권수현，

---

①　毛智辉，眭依凡.(2018).高校教师韧性发展的影响因素研究——基于扎根理论的探索性分析.江苏高教,(08):74-79.

②　Sumsion, J. (2004). Early childhood teachers' constructions of their resilience and thriving: A continuing investigation. International Journal of Early Years Education, 12(3), 275-290.

③　陳宜娜(2010).幼教師職場復原力與職業倦怠之相關研究.樹德科技大學兒童與家庭服務研究所,高雄市.

④　FREDRICKSON B L, COHN M A, COFFEYK A, et al.Open hearts build lives: Positive emotions，induced.

2015）[①]。

从上述定义中可以看出，幼儿教师韧性是教师在应对复杂多变教学环境中保持较好工作状态的综合能力，包括适应能力、应对能力、自我调节能力和专业能力等要素，学者们从不同的角度提出幼儿教师职业韧性的定义，但缺乏完整性和统一性。

虽然各学者对于幼儿教师职业韧性的概念界定不一，但从已有的研究看，本研究理解幼儿教师职业韧性有四个核心要点：

幼儿教师职业韧性——一是幼儿教师职业韧性是幼儿教师专业工作与生活中常态化的、在关系与互动中保持平衡的能力；二是其本质取决于个人特质与其外部环境之间的互动；三是幼儿教师职业韧性是一个多维度、相对的、动态的结构，并且是个体心理与社会建构的统一,四是幼儿教师个体其韧性的表现和表征方式有所不同。

本研究把幼儿教师职业韧性定义为：幼儿教师在其工作过程中出现的社交关系、教学效能感、社会支持、情绪智力等方面遭遇困难、压力、挫折甚至陷入困境时，能够尝试采用多种方式或方法，去克服困难解决问题、应对压力舒缓情绪、恢复正常工作状态的能力。

（2）幼儿教师职业韧性的结构要素

查阅目前相关的研究进展看，幼儿教师职业韧性的结构要素跟职业韧性、教师职业韧性的结构要素一脉相承。幼儿教师职业韧性的结构要素基本上涵盖人际交往能力、职业本身的应对能力、社会环境的应对能力和自身积极应对能力等。

①　职业韧性的结构要素

针对不同职业背景下的研究对象，研究者们得出的结果不尽相同，具有代表性的观点如下。

London（1983）提出职业韧性包括三个维度：自我效能感、冒险精神、依赖性，其中自我效能感包含个人的自尊、自主、适应性、内控性、成就需要、创

---

① 　권수현 (2015). 유아교사의 회복탄력성에 대한 고찰. 육아지원연구, 10(2),31–53.

造力、内在工作标准、发展目标等；冒险精神包括冒险趋势、惧怕失败、安全需要、对不确定事物的耐受性；依赖性包括职业依赖、需要管理支持和他人支持。London认为，人们不一定同时需要具备职业韧性的全部特征，各种特征也不需要都在较高的水平上。他在后来的研究中指出，职业韧性的主要因素包括自信、冒险精神和独立行动的能力。Rory R. Rickwood（2002）在研究企业员工职业韧性时提出，职业韧性包括接受改变能力、自我意识能力、角色转换能力和人际连接能力。Gillespie, B. M等人（2007）的研究发现，护士职业韧性的结构包括业务能力、合作、控制、自我效能感、希望和应对六个维度[①]。业务能力被定义为护士在应对特殊需要情况下运用理论和临床操作的能力（Tzeng, H. M, 2004）[②]。合作是指在多学科团队中协同工作的能力，能够理解与尊重别人，持有同样的工作目标（DiPalma, C, 2004）[③]。同伴支持是合作的一个方面。控制被定义为在纷繁复杂的工作环境中，人们识别情况并且采取合适行动的能力，在工作中保持控制可以减轻工作压力的影响。希望是指未来目标取向，相信可以通过合适的路径达到目标，并赋予行动（Snyder, C. R. & McCullough, M. E. 2000）[④]。研究表明，希望不仅与预防和勇敢面对压力的应对方式有关，而且与个人的目标控制感有关（Werner, 1993；Snyder, 2000）[⑤]。其他学者也证实（Horton, T. V. & Wallander, J. L, 2001；Kashdan, 2002；Kohli和Mather, 2003），希望是逆境和社会环境中个体的韧性因素之一。研究者在比较高危病人的护理护士与非高危病人的护理护士发现，前者具

---

① Gillespie, B. M., Chaboyer, W., Wallis, M., & Grimbeek, P. (2007). Resilience in the operating room: Developing and testing of a resilience model. Journal of advanced nursing, 59(4), 427–438.

② Tzeng, H. M. (2004). Nurses' self-assessment of their nursing competencies, job demands and job performance in the Taiwan hospital system. International journal of nursing studies, 41(5), 487–496.

③ DiPalma, C. (2004). Power at work: Navigating hierarchies, teamwork and webs. Journal of Medical Humanities, 25(4), 291–308.

④ Snyder, C. R., & McCullough, M. E. (2000). A positive psychology field of dreams: "If you build it, they will come…". Journal of social and clinical psychology, 19(1), 151–160.

⑤ Werner, E. E. (1993). Risk and resilience in individuals with learning disabilities: Lessons learned from the Kauai longitudinal study. Learning Disabilities Research & Practice, 8(1), 28–34.

有较高的希望。应对是指通过日常的认知和行为来管理个体的内在或外在压力的行为方式（Lazarus & Folknan, 1984）。有研究指出，以问题为重点的应对方式可以使人们获得更好地适应（Plaster, 2003）[1]，而不良的应对方式会使个体的工作适应性和工作绩效降低（Yamaguchi, 2002; Gillespie, 2003）。日本学者三岛知刚通过调查教育实习生实习前后的教学表现，发现实习生的韧性包括三个维度：人际稳定性、乐观自尊和自信。韧性与教学表现积极相关，高韧性的实习生其教学表现力较为明显（三岛知刚, 2007）[2]。Reivich & Shatte（2003）提出了恢复弹性的子因素——调节力、冲动控制力、乐观性、原因分析力、共情能力、自我效能感和积极挑战性。

崔树芸（2007）对中国台湾地区企业员工的研究表明，职业韧性高者可以成功应对工作上带来的挑战与压力，其中特质韧性包括勇气、决心、希望感、乐观、创造力、内控人格、积极自我调节能力、问题解决的能力及真实表达情绪等能力[3]。此外，适应能力是职业韧性的重要因素，明确的自我概念和积极的自我尊重可以增强适应能力，并提高个体的职业韧性（Masten, 2001）。李宗波（2010）的研究发现，中国企业员工职业生涯韧性的结构分为四个维度：职业目标感，持续学习、冒险倾向、自我效能感[4]。李霞（2009）研究得出，我国企业管理者的职业韧性包括职业主动性、职业愿景、学习能力、成就动机、心理韧性和灵活性6个维度[5]。

② 幼儿教师职业韧性的结构要素

韧性的心理结构可以用于解释为什么一些教师不仅能够适应教育教学，而且

---

[1] Plasters, C. L., Seagull, F. J., & Xiao, Y. (2003). Coordination challenges in operating-room management: an in-depth field study. In AMIA Annual Symposium Proceedings (Vol. 2003, p. 524). American Medical Informatics Association.

[2] 三岛知刚 . (2007). 教育实习生实习前后教学形象的改变—以韧性为视角 . 广岛大学大学院教育学研究科纪要 .(1):77-83.

[3] 崔树芸 . (2007) 中高龄退休后生涯复原力 . 咨商与辅导, (258):19-23.

[4] 李宗波 .(2010). 企业员工职业生涯韧性的实证研究（硕士学位论文, 河南大学）.

[5] 李霞 .(2010) 管理者的职业弹性研究—以积极心理学为视角 .佛山：暨南大学出版社 .

在工作压力下获得成功（Malcom, 2007）[1]。从目前的研究现状来看，教师韧性的结构与要素研究主要包括个体心理特质和积极的职业行为，但研究结果存在差异。

Bobek（2002）[2]利用12名中学教师的口述生活史和教师教学笔记，总结出教师的韧性包括：重要的人际关系、社会交往能力、处理问题的能力，领悟能力、希望与目标、自信、幽默和成就感。另有学者研究发现，教师韧性包括调整不利环境因素的能力和提高职业能力（Goedon.&Coscarelli, 1996）。Howard和Johnson（2004）[3]的研究发现，澳洲教育欠发达地区教师的韧性保护因子有：行政机构的作用、强有力的支持团体、成就感和专业能力。Brunetti（2006）[4]对美国工作12年以上且工作满意度较高的高中教师进行质性研究，发现这些教师韧性因子分别为：1）正确对待学生，包括喜欢与学生相处、积极看待学生学习与成长、得到学生的接纳、尊敬和信任；2）专业和个人的满足感，能在需要的环境中展现自己的专业特长、积极应对改变的工作环境；3）积极的支持系统，来自行政单位、同事以及学校在组织和执行上的支持。教师韧性的内在因素有：职业能力、教师的课堂实践能力（幽默感、期望、适应力、与学生的关系）、目标感（个人内在价值观）、放松与压力减轻策略。Janice H等人调查16名城市初中教师，通过教师的口述生活史总结发现，初中教师韧性包括：积极的个人价值观、坚定的职业目标、良好的同事关系、处理问题的能力、关注儿童发展、身边人的支持、积极创新的精神、乐观精神（Patterson, J. H. Collins, L. & Abbott, G. 2004）[5]。Henderson（2003）认为，教师韧性的要素包括目标与期望、支持或积极的联系、有意义的参与、应对能力、清晰的角色感。Giroux P（2007）在其博士论文《教师韧性：六个发展较好城镇初中教师的质性研究》中，总结出教师韧性包括四个因素：较强的支持群

[1] Malcom, L. A. C. (2007). Beginning teachers, resilience and retention. Texas State University.

[2] Bobek.(2002).B-Teacher resiliency: A key to career longevity.The Clearing House, (75):202-205.

[3] Howard, S., & Johnson, B. (2004). Resilient teachers: Resisting stress and burnout. Social Psychology of Education, 7(4), 399-420.

[4] Brunetti, G. J. (2006). Resilience under fire: Perspectives on the work of experienced, inner city high school teachers in the United States. Teaching and teacher education, 22(7), 812-825.

[5] Patterson, J. H., Collins, L., & Abbott, G. (2004). A Study of Teacher Resilience in Urban Schools. Journal of Instructional Psychology, 31(1).

体或行政支持、授权或内控性人格、热情与目标感、专业能力或成就感[1]。Dorman（2003）发现，教学效能感可以直接影响教师的个人成就[2]。Bobek（2002）也赞同该观点，他提出"教学效能感较强的教师更能够发展和保持自己的职业韧性"。

薛海珊（2010）认为，教师的韧性主要包括三种因素：个体因素、家庭因素和社会因素，其中个体因素包括教师的自尊、内部控制源、自我效能感、积极的归因、良好的人格；家庭因素包括家人的支持、家庭的凝聚力等；社会因素包括良好的人际关系、安全的学校氛围和领导的理念。此外，还包括采取教学措施及执行能力、积极看待自己和相信自我能力、沟通能力和教学热情等[3]。Jennifer和Sumsion（2004）认为幼儿教师韧性包括自主、希望、信任和较高的智商。

综上教师构成因素的先行研究，本书将幼儿教师的职业韧性构成要素分为社交关系、教学效能感、社会支持和情绪智力。社交关系涵盖教师与幼儿、教师与家长、教师与同事这三方面的关系；教学效能感涵盖工作计划能力、活动中各种突发情况的应对能力、自我学习提升能力；社会支持涵盖家长支持、同事支持、领导支持；情绪智力涵盖面对失败时的情绪、面对被同事否定时的情绪、面对额外任务时的情绪。

2.2 幼儿教师职业韧性的理论基础

2.2.1 Daryl Conner 的韧性理论

心理学家Conner是畅销书《管理变革的速度：韧性管理者如何成功和发达》的作者。Conner在各类经历变革的企业中做了近20年的咨询师、培训师和研究者，他提出的职业韧性结构有五种基本成分，即积极性、集中精力、灵活性、组织化

---

[1] Giroux, P. (2007). Resilient teachers: A qualitative study of six thriving educators in urban elementary schools. Western Michigan University. 11.

[2] Dorman,J.(2003).Testing a Model for Teacher burnout. Australian Journal of Educational & Developmental Psychology ,(3):35-47.

[3] 薛海珊 . (2010). 新时期的教师韧性的启示 . 黑龙江教育学院学报 .29 (1)：90.

和前瞻性。这五种基本成分又可细分为如下七种（Conner, 1993）。

积极性世界：个体对外部世界的观点是否积极。研究表明积极的人与消极的人在倾向上的差异在于前者关注环境中的积极因素，使其环境更为复杂而有挑战性。积极的人能从险象环生的情景中看到机会和希望。而那些主要关注消极因素的人则会陷入焦虑和抑郁的恶性循环中，看不到环境中隐含的价值和机会。乐观的精神很重要，它激励人们为扭转消极因素寻找途径，主动创立积极的环境。

积极性自我：对自己抱有积极的信念，相信自己是个有价值、有能力的人。人们需要一个牢固的根基，以此来面对生活中的不确定性和压力。这个根基可从对自己能力的现实评价和发展性的自我接纳中形成。当个体觉得自己能达到自己的目标时，个体会自信地采取行动，能经受失败的考验，不会因失败而失去价值感，觉得自己一无是处。这种信念还意味着个体相信自己能影响环境，掌控自己的生活，而不是相信外力在控制自己的命运。

集中精力：个体能否把精力专注于设定的目标。当目标或优先顺序清楚时，个体在遭受中断或挫折后更易回到正轨。研究者发现那些描述自己有强烈目的感的人，或说自己的生活有意义或目标的人，能更好地管理冲突情境：找出重要的问题，评价备择方案的价值，更有效地运用自身能量。没有目的和优先顺序的人，很多时候不能有效地运用资源。

思维灵活性：指思维的开放性、视角的多样性、对于矛盾和不确定性的青睐、彰显卓越的创造力和想象力。

社会灵活性：善用他人资源、与他人建立和维持亲密的关系、发展互惠的支持性友谊，表现出积极的社会适应性和应变能力。组织能力：组织能力使个体在混乱和模糊情境中找到秩序。这种能力要求个体有很高的处理信息的能力，能辨识有用和重要的信息，把掌握的信息进行逻辑化和结构化使之成为一个可行的具体的操作计划。

前瞻性：个体对未来环境和事物变化的预见和应对能力。

2.2.2 Patterson与Kelleher的韧性理论

Patterson与Kelleher的韧性模型属于典型的线性模型（图2-1）。该模型初始于"逆境的打击"，然后是"对逆境的解释"，接着个人通过"韧性能量"，以"获得韧性能量的活动"，达到"成功结果"，从而实现"对未来的逆境增加韧性能量"（Patterson & Kelleher, 2005）[①]。逆境指个人受到的挫折、危险与挑战；对逆境的解释受到个人经验和预期的影响；韧性能量是个人的一种心理特质，包括个人价值、个人效能感和个人能量；获得韧性能量的过程就是启动个人价值、发挥个人效能、投资个人能量的过程；成功的结果就是个人解决困境后的经验与感觉，并将这种经验与感觉运用到强化韧性能量中去。在此过程中，韧性能量为最核心的概念，获得韧性能量的行动也是重要环节（江志正，2008）[②]。

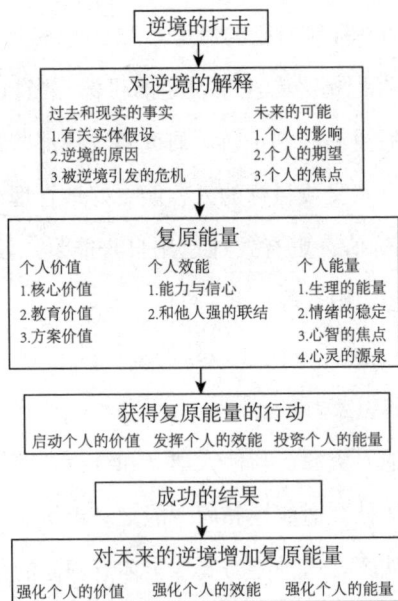

图2-1 Patterson 与 Kelleher 的韧性理论

---

① Patterson & Kelleher.(2005).Resilient school leaders — Strategies for turning adversity into achievement. Alex-andria，VA: Association for supervision and curriculum development,(11) :175.

② 江志正 .(2008). 学校领导者韧性的思考与实践 . 教育研究与发展期刊 :173-196.

2.2.3 Richardson的韧性过程理论

Richardson（2002）把韧性看作是一个从瓦解与重新整合的过程模型以及从有意识与无意识选择的角度来看待韧性。这个模型（图2-2）认为，个体在受到外界刺激时，如丧失、失业、工作压力等，会调动各种保护因素与危险刺激进行抗衡。如果刺激能量过大，抗衡就会失效，平衡受到破坏，此时，个体就会改变原有的认知模式，同时感受到恐惧、沮丧、失落等消极情绪。随后个体会有意识或无意识地重新整合，这种整合随个体的差异，会导致四种不同的结果：（1）达到更高水平的平衡状态，个体的韧性得到发展；（2）回复到初始平衡状态，个体韧性保持原来的强度；（3）伴随着丧失而建立起更低水平的平衡，这时个体不得已放弃生活中原有的动力、希望或者动机；（4）伴随着功能紊乱而出现的失衡状态，个体会产生消极的态度和情绪。由此可见，韧性是一种有意识选择的结果。

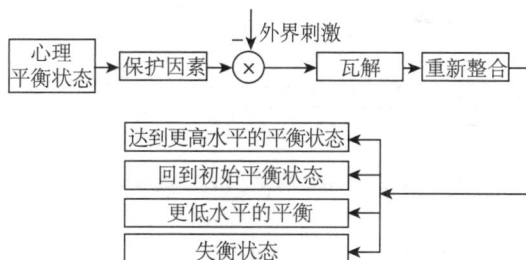

图2-2　Richardson的韧性过程模型

2.2.4 London 的职业动机理论

在London的理论中，职业动机是指引起并维持个体关于职业规划、行为及决策的力量，由职业韧性、洞察力和认同三个维度构成（London & Noe, 1997）。其中，职业认同为职业动机指定方向，职业洞察力起激发和唤醒作用，职业韧性则起维持作用。

London假设职业韧性由三个维度构成：自我效能感、冒险和依赖性。自我效能感维度包括的个人特征有自尊、自律、适应力、内控性、成就需要、主动性、创造性、内在工作标准和发展定向。冒险维度包含冒险倾向、失败恐惧、安全需要、不确定性和模糊性的容忍度。依赖性包括职业依赖性和对上司/同事的认可需要。London指出职业韧性的成分中可以再增加其他的成分，但是人们没有必要具有所有以上特征或在这三个维度上具备同样高的水平来保持韧性。职业韧性与环境和个体的职业决定和行为三者之间存在未来式关系和回溯式关系（图2-3）。环境中的正强化、组织的改变、鼓励自主性、对学习和技能开发的支持、建设性的绩效反馈、对创造力的支持、对品质的要求等因素会影响职业韧性的成长。不过他指出职业韧性在职业发展的过程中较不易发展，工作者应在进入成年期前培养其职业韧性，将有助于其职业成功。

→ 指未来式的关系(prospective relationships)，从情境条件至职业韧性，再从职业韧性至职业决定和行为。

→ 指回溯式的关系(retrospective relationships)，从对个人职业决定和行为的自我知觉回至职业韧性的感受，以及从职业动机与决定和行为的感受回至情境的知觉。

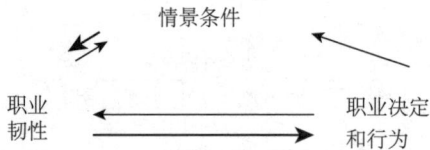

图2-3 London 的职业韧性理论模型（据 London & Noe, 1997 绘制）

2.2.5 Collard的职业韧性"车轮"理论

位于加利福尼亚州的职业行动中心（CAC）的研究者Collard提出的职业韧性模型是一个概念模型，她用车轮来表示这一概念的结构（Collard, Epperheimer, & Saign, 1996），见图2-4。在职业韧性车轮中，职业韧性（亦称为职业自我依赖）由3个核心成分、6个关键特征构成。6个关键特征为自我意识、价值驱动、终身学习、未来定向、关系网络和灵活性。自我意识指个体对自己的能力、特征、职业兴趣、优劣势有清晰的认识。价值驱动指个体有明确的价值追求；终身学习可使个体跟上本领域的发展；未来定向可使个体留意未来发展趋势以便及时调整职业发展计划；关系网络可使个体从中获得支持；灵活性则使个体快速适应变化。

图2-4　Collard 的职业韧性模型（Collard, Epperheimer, & Saign, 1996）

3个核心成分为职业规划的技能、技术/功能性技能、工作策略技能。职业规划的技能包含自我意识与价值驱动两个关键特征。它包括评估个体的职业兴趣、价值观、技能、风格，识别最佳的工作场所与工作方式。这一部分技能可帮助个体识别对自己有意义的、能带来满意的工作。技术/功能性技能包含终身学习与未来定向两个关键特征。它是个体所从事的领域或专业所需要的技能。专业知识和技能需要经常性更新以便能跟上变化，使个体有市场竞争力。工作策略技能包含关系网络与灵活性两个关键特征，如主动性、领导力、团队合作能力、沟通能力、问题解决技能和思考能力。

Collard是把职业韧性作为一种新的职业开发模式提出来的。这种新的职业开发模式于个人与组织都有利。它是新的雇佣心理合同"提高可雇佣性"发展的必然结果。为了实行职业韧性开发，组织也负有相应的责任。职业韧性尽管在个体幼年已经有所发展，但个人和组织仍然可以采取一系列的干预措施来提高员工的职业韧性。

2.2.6　Pulley的职业韧性理论

Pulley根据她的质性调查研究提出了一个职业韧性模型（Pulley, 1995），见图2-5。她根据对工作假定的变化程度和对自我假定的变化程度这两个维度，把个体对职业逆境的反应分成转换型、谨慎型、功利型和防备型四种类型。纵坐标的上端表示理解和接受雇主与员工之间新的心理合同及工作世界发生的变化，重新思考工作在生活中的位置，而另一端则表示对此无变化。在纵坐标上，职业韧性水平从上到下依次递减。横坐标的右端表示自我检查和反省及理解新的价值观和信念，如成功的标准、意识中的自我形象、对自我的评价和态度等，而左端则表示无变化。在横坐标上，职业韧性水平从右到左依次递减。

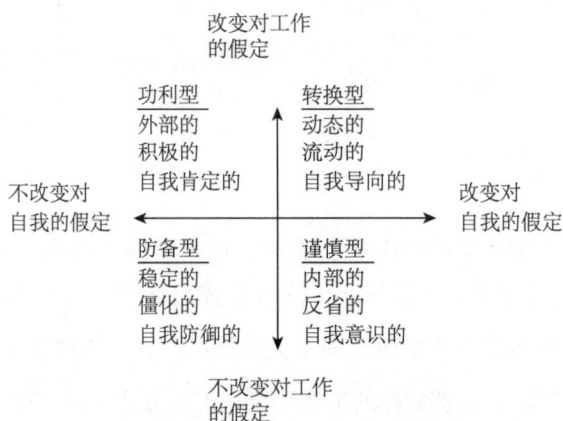

图2-5 Pulley 的职业韧性模型（Pulley, 1995）

转换型代表对工作和自我的假定都发生了变化。对于这类个体，体验的变化最大，职业挫折对他们来说是一个巨大的转折点。谨慎型对逆境的反应仅是自我反省和学习，对于雇主与员工之间的新的心理合同仍不理解。功利型与谨慎型正好相反，职业挫折使他们很好地理解了雇主与员工之间的新型契约以及该如何掌管自己的职业生涯，但是职业挫折没有引起他们的自我反省。防御型则顽固地坚守既有的工作观念和自我观念。在四种类型中，转换型体现的职业韧性水平最高，防备型体现的职业韧性水平最低。Pulley认为职业韧性是个动态过程，个体在职业逆境的应对中不同时期可能会表现为不同类型，没有固定路线可循。

2.2.7 林伟文的创意教师韧性理论

通过访谈遭遇逆境却表现优异，获得创意教学相关奖项的中国台湾地区，台北教育大学教师林伟文发展出了创意教师韧性的模型①。该模型总体上属于复杂线性模型。模型的出发点是"逆境"（人际逆境、资源不足、学生背景），结束点是"创意教学"（动机、行为、成就），二者之间是"调节效果"。调节效果从"社会支持"（同事、家人、上司）、"教学热情"（专业承诺、学习者中心教学信条、教学内在动机）、"创造力"（创造发展经验、玩兴、创造人格特质、创造思考）、"韧性发展经验"（发展历程之韧性经验）四个方面单独或者联合来获得支持。社会支持、教学热情、创造力、韧性发展经验之间呈现循环支持状态。

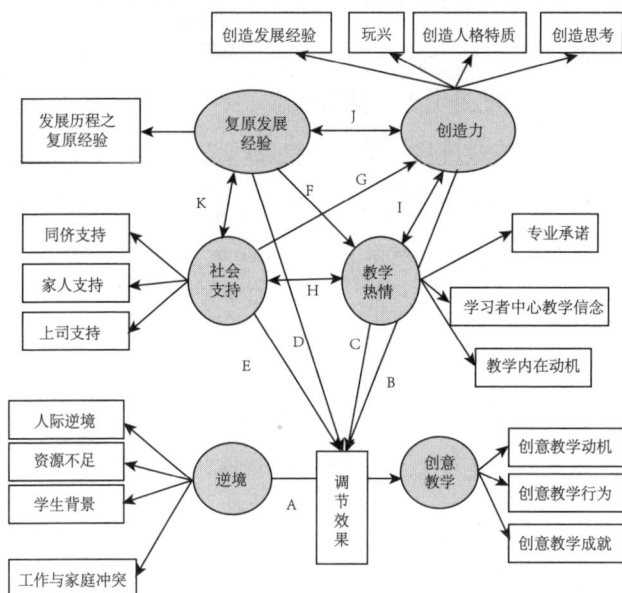

图2-6　创意教师复原力模型

图2-6是该模型的结构图，其中单箭头无字母代表包含关系，单箭头有字母表示因果关系，双箭头表示互为因果关系，字母A-K表示因果关系类型，其中A是总体关系，B-E是四种因素对于调节效果的促进关系，F-G表示经验对于教学热情，社会支持对创造力的促进关系，H-K是四种因素之间的相互关系。

---

① 林伟文. 中小学教师复原力与创意教学之研究（Ⅱ）. 台北教育大学国民教育学系.

2.2.8 Mansfield等人的教师韧性四维模型理论

Mansfield等提出教师韧性情感维度、相关专业维度、社会维度和动机维度的四维模型，是一种较弱的互动模型。情感维度是教师对教学经历的情绪反馈，自身情绪管理以及应对压力，它包括不自我中心、卷土重来、有幽默感、应对工作压力、管理情感、关心自身状态和享受教学7个部分；相关专业维度与教师教学实践息息相关，具体包括对学生负责、灵活易适应、有组织有计划善于管理时间、反思和有效教学技能5个方面；社会维度关心的是教师在工作中的社会关系，包括解决问题、建立支持和人际关系、寻求帮助和采纳意见和有很强的人际交往能力4个方面；动机维度是个人行动的意念、愿望和驱动力，包括自我效能感，包含坚持、积极乐观、喜欢挑战、维持动机和热情、专注学习与发展、自信和有自我信念及设置实际的期望和目标7个方面。专业、情感、社会和动机4个维度，都能提升教师的韧性，4个维度之间依次存在边界渗透，它们以不同的贡献程度共同作用于教师的韧性。

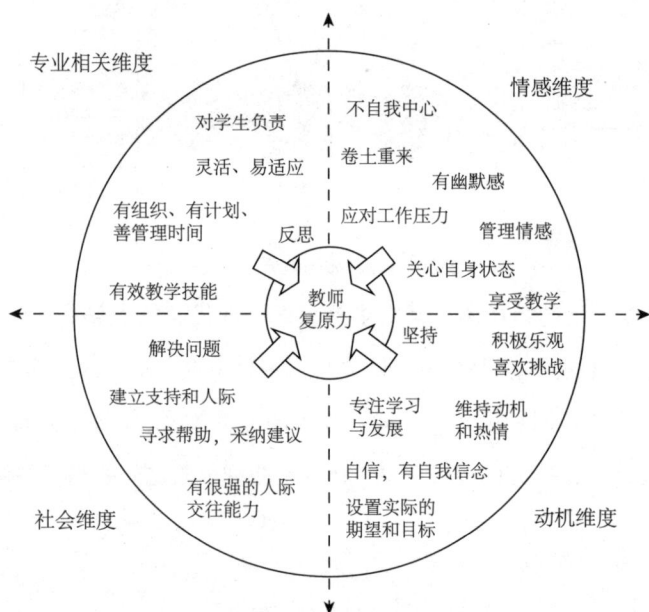

图2-7 Mansfield 等人的教师韧性四维模型

教师韧性的三种模型各有优势，线性模型便于理解，但对于因子之间的互动表现，略显不足；互动模型虽然对互动表现比较充足，但是因子之间的逻辑关系相对模糊。不管哪种模型，都要注意以下几个方面：（1）起点是个人所处的困境或者逆境，终点是适应良好，甚至提升韧性；（2）对于困境的分析需要考虑内部因子、外部因子、保护性因子和危险性因子；（3）要考虑到各因子之间的互动关系，特别是考虑到个人能动性、社会结构限制对于整个互动的影响。

2.3　幼儿教师职业韧性的先行研究

2.3.1　幼儿教师职业韧性的现状

罗正为（2014）对海口市幼儿教师心理初韧性的研究表明，幼儿教师的心理韧性处于中等水平，维度从高到低依次为：工作动力、情绪调控、社会支持和工作能力，幼儿教师工作水平表现欠佳，其水平有待于提高[①]。史正果（2015）的研究表明河北农村幼儿教师的心理复原力略高于平均值，说明有中上水平的心理复原力：各维度水平依次为社会资源（M＝5.92，总分为7）、家庭凝聚力（M＝5.60）、对未来的感知（M＝5.42）、对自我的感知（M＝5.36）、社交能力（M＝4.97）、组织风格（M＝4.85），可见河北农村幼儿教师的组织风格、社交能力、效能感等内在保护性因素较弱，还有待提高[②]。张金勇、王祥（2016）调查了贵州省幼儿教师心理弹性的情况，结果表示，绝大部分的幼儿教师心理弹性状况表现良好，小部分幼儿教师心理弹性状况表现良好，但也有小部分的幼儿教师心理弹性状况表现不佳。平均值高于理论中值，各维度的平均数值从大到小依次为社交能力、家庭凝聚力、对未来的计划、对自我知觉、教学资源、组织风格。

在韩国，李炳善（2015）的研究发现，在庆尚北道的公立、私立幼儿园和公立、民间社会，然后以社会法人单位托儿所在园的负责3～5周岁的300名班主任为样本群体，分析教师恢复弹性和教师—幼儿互动的差异；考察了幼儿教师恢复

---

① 罗正为（2014）. 海口市幼儿教师心理韧性实证研究 .（Doctoral dissertation, 海南师范大学）.

② 史正果 .(2015). 农村幼儿教师心理复原力研究 (硕士学位论文, 河北师范大学).

弹性与教师—幼儿互动关系和教师恢复弹性对教师—幼儿互动的影响力。结果表明：教师—幼儿互动和教师恢复弹性—自我调节能力；人际关系能力、肯定性与下位因素情绪调节力、冲动控制力、原因分析力、沟通能力、共情能力、自我扩张力、自我乐观性、生活满足度、感恩等所有因素均呈现正（+）相关关系。

尽管恢复弹性是幼儿教师必备的能力，但涉及幼儿教师恢复弹性的研究却很少。纵观对幼儿教师恢复弹性的研究，大部分是以少数教师为对象，通过面谈进行的质性研究（박은혜, 전샛별, 2010; 이진화, 유준호, 김은희, 2010; Castro, Kelly, & Shih, 2010; Gu & Day, 2007）。

由此可见，关于幼儿园教师职业韧性现状的研究较少，仅是对某个地区的调查，部分研究也关注到了农村幼儿教师和偏落后地区教师群体的职业韧性情况，说明关于幼儿教师职业韧性现状的研究还需要进一步地展开。从水平上来看，目前幼儿教师的心理韧性水平大致处于中等偏上的水平，还有待于进一步提高。由于地区差异，各维度上的情况也表现出一定差异性。韩国学者 권수현（2009）对幼儿教师恢复弹性分析的研究表明，幼儿教师的恢复弹性整体表现较高，特别是子因素冲动控制力和共情能力较强。이진화（2010）通过深入面谈，探索了有经验幼儿教师面临的困难因素及克服这些困难的策略。这些研究考察或探讨阻碍或促进幼儿教师韧性的个人和社会因素，并了解用于提高韧性的策略。同时，关于韧性的量化研究有一项以幼儿园在职教师为对象的研究（권수현，2010）。

幼儿教师在面对职业压力和职业逆境时，虽然能根据环境的变化做出相应的自我调整，但在职业的主动性上还欠缺自觉能力去促进专业发展，致使她们在面对职业困难时不能灵活地进行应对，在职业坚韧性上，幼儿教师的得分最低。这说明幼儿教师的耐挫性和坚持性较差（陈水平和应孔建，2016）[①]。

情感承诺、规范承诺和继续承诺由于分别反映情感、伦理和经济方面的不同"纽带"而与其他职业心理变量存在不同关系（王钢，2013）[②]。相关分析表明，

---

① 陈水平, 应孔建 .(2016). 幼儿教师职业韧性与职业承诺的关系研究 . 中国成人教育 (20),70-73.

② 王钢 .(2013). 幼儿职业幸福感的特点及其与职业承诺的关系 . 心理发展与教育 (06).

幼儿教师职业韧性4个因子与继续承诺、情感承诺、规范承诺存在显著的正相关（陈水平和应孔建，2016）[63]。

教师韧性与职业倦怠中的个人成就感低落呈显著负相关；教师韧性与角色压力三方面相关均不显著。（徐长江，张施，孙健和田学红，2013）[1]。在儿童服务的背景下，我使用韧性来指继续在作为一名幼儿教育工作者的工作中找到深刻和维持个人和专业满意度的能力，尽管存在许多不利因素和环境导致许多人离开了这个领域（Rolf, 1999）[2]。目前还不确定幼儿教师如何在职业生涯的不同时刻描述他们的教师身份，以及这些身份如何促进教师的韧性或在职业生涯的过程中转变，以防止教师流失（Chesnut, 2015; Izadinia, 2015; Lindqvist et al. 2014）。

2.3.2　幼儿教师职业韧性的影响因素

为了了解幼儿教师职业韧性的影响因素，考察了国内外的一些相关职业韧性影响因素的先行研究，见表2-2。

表2-2　职业韧性的影响因素

学者	研究对象	研究结果
Hall（1990）	企业员工	职业韧性与控制力影响力存在显著正相关
Noe（1990）	企业员工	职业韧性与自主性有显著正相关 年龄、主管支持对员工职业韧性有显著影响
Pulley（1995）	公司白领	职业韧性与自我效能感存在正相关
张陈真（1995）	企业员工	企业文化与职业韧性呈中度相关，通过创新型文化影响职业韧性

① 徐长江，张 施，孙 健，田学红.(2013).幼儿园教师角色压力与职业倦怠的关系：韧性的调节作用.幼儿教育，9:26-29.

② ROLF, J. E. (1999) Resilience: an interview with Norman Garmezy, in: M. D.GLANTZ & J. L. JOHNSON (Eds) Resilience and development: Positive life adaptations, 5-14 (New York, Kluwer Academic/Plenum).

续表2-2

学者	研究对象	研究结果
Grzeda & Prince（1997）	工作者	职业韧性与自主性存在显著正相关 职业韧性与自我效能感存在正相关 职业韧性与创造力、毅力存在正相关
杨慧萍（1998）	中学教师	职业韧性与人际关系成正相关
傅璃悦（2001）	女性工作者	职业韧性与积极应对方式呈正向相关
何金玉（2002）	中学女教师	不同职业背景变量的女教师其职业韧性存在差异
叶欣怡（2006）	回任人员	角色清晰及角色自主对职业韧性有正向影响
郑清忠（2006）	银行职员	家庭文化、主管支持与员工职业韧性呈显著相关 性别会影响家庭文化对员工职业动机 的作用
Chapman（1984）	中小学教师	社会支持对职业韧性具有积极作用
Fisher（2000）	企业职员	职业韧性与职业认同存在正相关
Liu（2003）	台湾地区员工	职业韧性与职业信念呈正相关
Kitching, Morgan, & O'Leary（2009）	教师	内在动机对韧性很重要
Hong（2012）	教师	"内在驱动力"对韧性很重要。
Papatraianou & Le Cornu，（2014）	教师	支持网络可以包括校内、校外和/或在线支持，帮助教师克服挑战
Cameron & Lovett（2014）	教师	对于教师来说，主动性在他们如何锻炼主动性和应对挑战方面也很重要

资料来源：根据相关研究整理

当前学界对职业韧性影响因素进行不断的探索，取得了一定的成果。Yost、Tait、Elizabeth、Curry等人通过问卷、访谈调查研究的形式，总结出韧性教师所面对的问题以及在处理问题时表现出的个性、行为特点。鉴于以上4人是教师心理韧性研究领域的高影响力学者，因此，在本研究中有必要将其研究过程及结果做如下简介。

Yost在对10名表现良好的初入职教师进行人格测试后发现了他们所共同具有

的人格特征为：积极的态度、创造性和主动性。并且在工作中，他们善于调节班级学习气氛，能够和同事进行融洽的交流，在同事解决问题的过程中给予支持（Beltman, S. , Mansfield, C. Price,A. 2011）[①]。

Tait对22名任职于安大略省本地并接受其教学培训项目的教师进行韧性测试后，筛选出具有代表性的4名教师，将他们分置于高韧性与低韧性组，进行访谈。让其用"暗喻"的方式描述自己对教师职业、教学生活等方面的看法，并由此归纳出高韧性教师的普遍特征。并发表"玛丽的故事"[②]这一叙事研究成果，以概述教师心理韧性形成的整个过程。其研究结论认为，应当将教师的自我效能感以及情绪管理、调控视为教师心理韧性形成的重要保护性因素（Malaine Tait, 2008）[③]。

Elizabeth（2012）通过对Shelby、Elaine两名入职一年的教师进行比较研究后发现，Elaine（高韧性教师）与Shelby（低韧性教师）在日常教学生活中有以下区别：知道怎样面对压力，并且能够积极地、更好地照顾自己；能够从研究生班的学习经历中获取解决问题的经验；即使没有专门的导师指导，Elaine也能够从同事、学校领导处主动获得良好的替代性经验；对于工作，她具有明确的目标，并且经常锻炼身体，保持健康[④]。

Beltman（2011）对教学组织环境中的保护性因素进行了归纳，共包括4个项目：学校领导、同事的支持；导师支持；与学生的融洽相处；以及家庭和朋友的支持[⑤]。

在幼儿教师职业韧性影响因素研究方面，韩国学者오인지（2017）的研究以幼儿教师共218人为研究对象，了解幼儿特殊教师不同职务变因和个人变因的恢

---

① Quoted in:Susan Beltman,Caroline Mansfield,Anne Price(2011).Thriving not just surviving:A review of research on teacher resilience.Education research review,6,185−207.

② "Mary's story"是研究者利用"Mary"这个假名归纳出的心理韧性者的普遍发展历程.

③ Malaine Tait(2008).Resilience as a contributor to novice teacher success,commitment and retention. Teacher Education Quarterly,57(4),61−75.

④ Elizabeth R(2012).Shifting to a wellness paradigm in teacher education:A promoting practice for fostering teacher stress,burn−out,resilience and fostering retention.Ethical Human Psychology,14(3),178−191.

⑤ Quoted in: Susan Beltman,Caroline,Mansfield,Anne Price(2011).Thriving not just surviving:A review of research on teacher resilience.Educational research review,6,185−207.

复弹性和心理耗尽的差异，并探讨这些变因之间的相互关系。结果，幼儿特殊教师经历的心理耗尽如机构类型；年龄，不同的工作、经历以及是否结婚存在显著性差异，幼儿特殊教师经历的恢复弹性情况也与此类似，在机构类型、年龄、工作、经历以及教师所任教幼儿年龄上存在显著性差异。韩国学者朴恩惠、全新星（2010）采用面试法，试图揭示影响幼儿园教师生活的危险因素和保护因素，了解影响恢复弹性的因素。Grotberg（1997）对阻碍恢复弹性的危险因素分为个人因素、家庭因素和社会因素进行了分析，促进恢复弹性的保护因素除这三个因素外，还增加了专业因素[①]。专业因素意味着与教师身份相关的保护因素。

本研究有关幼儿教师职业韧性的影响因素可从人口学变量和个体内部因素、外部环境因素三方面进行梳理，其中内部因素包括个体的人格特质，自我效能感，职业成就感，职业认同感，工作满意度、心理耗尽等；外部环境因素是指来自教学环境的影响因素，如学校组织文化、社会支持、人际关系、社会情绪等影响因素。

（1）人口学变量

有研究表明，不同性别、年龄、教育程度、工作年限的企业员工，在职业韧性的各个维度上存在显著性差异[②]。教师职业韧性在人口学变量上的差异，不同学者由于样本和研究工具的差异，得出的结论也不尽相同。但从已有研究来看教师职业韧性可能会在性别、年龄、教龄、学历、专业、用工性质、职称、婚姻状况、生育状况等方面存在显著差异。

年龄和教龄方面，Fu（2001）发现，32～34岁女性员工的职业韧性较25～27岁女性员工强[③]。London和Noe（1997）认为，职业韧性随着年龄的增加而增强，这可能是由于员工们随着年龄的增长，其从业经验日趋丰富，职业技能更加成

---

① Grotberg, E. H. (1997). The international resilience project. Presented at the International Council of Psychologists Conference, Graz, Austria. Retrieved March 19, 2004, from http://resilnet.uiuc.edu/library/groy98a.html.

② 李宗波 .(2010). 企业员工职业生涯韧性的实证研究 . 河南大学, 5:VI.

③ Fu, H.(2001).The relationships among career barriers, career motivation, and coping strategies of young female employees. National Ch eng chi University,Taipei, Taiwan.

熟，在职业环境发生改变时能够从容应对，表现出较高的职业韧性[①]。罗正为（2014）认为，初入职的教师心理韧性较差，而教龄在10～15年的教师心理韧性强，二者的差异达到了显著水平。在韩国，观察关于幼儿教师个体变因韧性差异的研究发现，在不同年龄段幼儿教师中，大致上年龄越大，韧性越高（이소영，2014; 김민영，2016）[②③]。오인지（2017）以全国特殊学校和残障儿专幼之家工作的幼儿特殊教师为研究对象，探讨教师不同年龄段心理消受的差异，由于40岁以上幼儿特殊教师的韧性高于20岁幼儿特殊教师，多项研究结果支持了幼儿教师年龄越大、韧性越高。

学历和专业方面，Liu（2003）对中国台湾地区企业员工的研究发现，不同的性别、教育程度、工作经验都会影响职业韧性，其中以教育程度的影响最为明显。回顾有关幼儿教师工作经历的恢复弹性研究，经过学者홍승희（2009）的研究分析认为，教师资历越高，韧性越高；유정선（2001）的研究也与此类似，有经验的教师比初任教师恢复弹性相对更高。이소영（2014）的研究中，以京畿道和首尔的幼儿园和幼儿园的园长及幼儿教师为对象，了解了幼儿教师恢复弹性的整体情况，并以幼儿教师恢复弹性指数的结果为基础，根据教师的个人变化——最终学历，对恢复弹性进行了分析[④]。结果显示存在显著性差异，教师学历越高，恢复弹性水平越高。

幼教专业教师的工作能力、社会支持明显高于其他教师。具有编制的幼儿教师的工作能力明显好于没有编制的幼儿教师，职称职务越高，幼儿教师的心理韧性越高，公立园的工作动力、社会支持明显好于私立园教师（罗正为，2014）[⑤]。无编制幼儿教师的社交能力显著高于有编制教师，有编制幼儿园教师的家庭凝聚

---

① London,M.,& Noe,R.A.(1997).London,s career motivation theory:An update on measurement and research.Jorunal of C areer Assessment,5(01):61-80.

② 이소영 .(2014). 유아교사의 회복탄력성 조사 연구 . 동국대학교 교육대학원 석사학위논문 .

③ 김민영 .(2016). 유아교사 개인변인에 따른 심리적소진과 회복탄력성에 관한 연구 . 우석대학교 대학원 유아특수교육학과 석사학위논문 .

④ 이소영 .(2014). 유아교사의 회복탄력성 조사 연구 . 동국대학교 교육대학원 석사학위논문 .

⑤ 罗正为 .(2014).海口市幼儿教师心理韧性实证研究 .（Doctoral dissertation，海南师范大学）.

力显著高于无编制幼儿园教师（史正果，2015）[1]。园所规模在4～12个班的幼儿教师心理弹性水平较高（贾普君，2011）[2]。

园所规模小的幼儿园，教师的职业韧性优于园所规模大的（王祥 & 罗凯2016）[3]。公办幼儿园教师的组织风格和社交能力低于民办幼儿园教师，主观支持方面，公办幼儿园教师高于民办幼儿教师（贾普君，2011）。民办幼儿园教师的家庭凝聚力、组织风格显著高于公办园教师，公办园教师的社交能力显著好于民办幼儿园教师；幼儿园级别越高，幼儿园教师职业韧性越低，普通幼儿园教师在自我知觉、未来计划及社交能力方面显著好于示范园，一级园、二级园的教师（王祥，罗凯2016）。

婚姻状况方面，何金玉（2002）对中学已婚女教师的研究表明，不同个人背景的已婚女性教师其职业动机存在差异，职业动机中职业韧性程度最好。已婚教师的组织风格显著高于未婚教师，已生育教师的组织风格显著高于未生育教师（史正果，2015）。

由上可知，人口学变量会导致教师职业韧性的显著差异，因此这些因素也可能成为影响教师职业韧性的因素。

（2）个体因素

幼儿教师韧性的内部影响因素指影响教师韧性的个体内部特征，如人格特质、自我效能感、职业认同、职业满意度、职业态度等因素。前人的研究已经证实，教师韧性受到众多内部因素的影响，如职业期望、持久适应、工作模式的改变、接受新事物的能力等（Pillay，2005）。根据美国学者的研究，发现教师所面临的困境和压力主要包括：缺少足够丰富的教学资源（设备）、难以胜任的教材、较低的工资待遇和社会地位、人际关系问题、与学生的不融洽相处、缺乏导师的

[1] 史正果.(2015).农村幼儿教师心理复原力研究(硕士学位论文，河北师范大学).

[2] 贾普君.(2011).幼儿教师心理弹性与社会支持、自我效能感的现状及其关系.(Doctoral dissertation，河南大学).

[3] 王祥，& 罗凯.(2016).西南欠发达地区幼儿教师复原力实证研究.教师教育学报，4,3(2)：27-32.

指导和引领以及家人、朋友的不理解等（Kaldi, Olsen & Anderson, 2009）[1]。国内的张荣霞（2008）[2]、曹亚萍2008[3]、李敏（2011）[4]、王爱军（2007）[5]等人的研究结果表明，幼儿教师的压力主要来自：1）工作本身的因素，如日常教学工作繁杂、公开课太多等。2）组织中的相关因素，如复杂的人际关系、园长对自己的态度、工作分配布置不合理等。3）教师本身，如受教师的工作能力不高、难以调动幼儿学习的兴趣、积极性等。4）组织外的角色，如难以与家长沟通；幼儿教师的社会认同感较低、待遇较低等。

本研究中，内部因素选取人格特质、自我效能感、职业认同、工作满意度、心理耗尽进行先行研究的梳理。

① 人格特质

人格特质不同，对环境的认知、评价、情感、行为反应也会不同。对人格特质与职业韧性之间关系的研究从职业韧性研究之初就备受关注。这可能与韧性的早期研究把韧性作为人格特质的表现特征有关，如人们经常提及"韧性人格"，但是从韧性作为独立的变量之后，人们开始研究不同人格特质的韧性表现。与职业韧性相关的个人特征有焦虑、外向型人格、内控性、亲和性等。Hall（1990）的研究结果表明，职业韧性与控制性、独立性、亲和性等人格特质显著相关（$P<0.05$）[6]。Gowan等人的研究证实，职业韧性与个体自我效能感存在显著正向关系（r=0.53，$P<0.05$），与对未来的悲观评价呈显著负相关。London（1993）的研究结果表明，职业韧性与渴望获得认可正（积极）相关（r=0.31，$P<0.01$）。这可能是渴望获得认可是个体成就动机的动力资源，也表明成就感与职业韧性在理论上存在密切关系。因此可以认为，人格特质是职业韧性的重要预测变量。成就感

① Kaldi,Olsen&Anderson(2009).Student teachers' perceptions of self-competence in and emotions/stress about teaching in initial teacher education.Education studies,35(3),349-360.

② 张荣霞 .(2008). 幼儿教师工作压力源与自我效能感的关系研究 .（硕士学位论文，山西大学）.

③ 曹亚萍 .(2008). 上海市幼儿教师职业压力与社会支持研究 .（Doctoral dissertation，华东师范大学）.

④ 李敏 .(2011). 南京市 G 区幼儿教师工作压力与工作满意度的调查研究 .（硕士学位论文，南京师范大学）.

⑤ 王爱军 .(2007) 幼儿教师工作压力现状与应对研究 . 上海 : 华东师范大学 .

⑥ Hall, M. J.(1990).The pilot test of the London career motivation inventory.George Mason University.

和自我效能感较高的教师表现出更好的职业韧性。例如，Howard和Johnson（2002）的研究发现，教学能力和成就感是教师韧性的有效标尺[①]。Dorman（2003）发现，教学效能感可以直接影响教师的个人成就[②]。Bobek（2002）也赞同该观点，他提出"教学效能感较强的教师更能够发展和保持自己的职业韧性"。另外，Bobek（2002）研究发现，幽默是发展教师韧性的一个重要因素，面对不良的工作环境或工作压力，能够以诙谐轻松的心情对待，采取积极的行为方式应对困境[③]。Paul Giroux（2007）在研究中提出，内在因素主要有职业能力（主要指专业能力）、教师课堂实践能力（如幽默、期望、适应性、与学生相处的能力）、职业目标感或个人价值观、放松与压力减轻策略[④]。史正果（2015）的研究总结出，性格会影响教师心理复原力，性格开朗有利于提高心理复原力。

②　自我效能感

Channie-Moran、Woolfolk（2005）将自我效能感（内部动机）作为影响教师心理韧性的重要因素[⑤]。Sinclair（2008）也和Wollfolk等人的观点一致，他通过更加深入的调查研究后认为，教师内部动机对其心理韧性的影响远高于外部动机[⑥]。自我效能感被确定为职业韧性的解释变量（Bandura, A. & McClelland, D. C.1977）[⑦]。自我效能感是个体有信心在特定情境下完成特定工作的能力（Bandura, A. & McClelland, D. C. 1977；Rmivich, Shatte, 2002）自我效能感通过成功的个人经历来提高个体的韧性水平（Bandura, 1989）。目前对于幼儿教师自我效能感的现状研究

① Howard,S. & Johnson,B · .(2002). Resilient teachers: Resisting stress and burnout. Social Psychology of Education,7(4):399-420.

② Dorman,J.(2003).Testing a Model for Teacher burnout. Australian Journal of Educational & Developmental Psychology ,(3):35-47.

③ Bobek.(2002).B-Teacher resiliency: A key to career longevity.The Clearing House, (75):202-205.

④ Paul Giroux.(2007).Resilient teachers: A qualitative study of six thriving educators in urban elementary schools.Western Michigan University,11:58.

⑤ Woolfolk,Channnie-Moran(2005).Changes in teacher efficacy during the early years of teahing:A comparison of four measure.Teaching and teacher education,21(2)，343-356.

⑥ Sinclair.(2008).Initial and chaning student teacher motivation and commitment to teaching.Asia-pacific Journal of teaching education,36(2),79-104.

⑦ Bandura, A., & McClelland, D. C. (1977). Social learning theory (Vol. 1). Prentice Hall: Englewood cliffs.

主要是针对某一区域如农村、乡村或不同性质幼儿园，如：公立、私立以及有特殊教学模式的幼儿教师自我效能感的现状调查，在现状的调查基础上比较人口学变量在自我效能感上的差异并提出针对性地提高策略。首先，从总体状况上看，有研究者认为幼儿教师自我效能感不容乐观（庄可，张红，2015；王隽和余珊珊，2004；张荣霞，2008；倪志明，吕斌，2012）[1][2][3][4]；有研究者认为幼儿教师自我效能感总体状况比较不错（任文静，2013；刘福芳，2011；吴振东，2010；梁奇，彭海蕾，2008）[5][6][7][8]。贾普君（2011）认为有61.2%的幼儿教师的一般自我效能感良好，其余38.8%的幼儿教师的一般自我效能感不佳[9]。其次，从幼儿教师自我效能感在某一具体工作领域的状况来看，幼儿教师自我效能感在各工作领域的状况也不同。最后，幼儿教师的教学自我效能感在人口学变量的各水平存在显著差异。人口学变量主要包括幼儿教师的教龄、职称、年龄、婚姻状况，幼儿园园所性质、等级、不同年龄班等。各学者的研究不尽一致，任文静认为在教龄上呈现两头低中间高趋势，有职称高于无职称的，公办园高于民办园的，带大班高于带小班的显著差异（任文静，2013）[10]。郑荣双等认为幼儿教师的教学效能感在婚姻状况和职称上差异显著，其总分随学历水平和职称而提高（郑荣双和李梓琦，

[1]　张荣霞.(2008).幼儿教师工作压力源与自我效能感的关系研究.(硕士学位论文，山西大学).

[2]　庄可，张红.(2015).新时期幼儿教师自我效能感的强化策略.安庆师范大学学报（社会科学版)(3)，162-165.

[3]　王隽，余珊珊.(2004).农村幼儿园教师教育理念及自我效能感调查.幼儿教育(Z1),41-42.

[4]　倪志明，& 吕斌.(2012).论乡村幼儿教师的教育效能感及其培养策略.科教文汇（中旬刊)(04),73-74.

[5]　任文静.(2013).山东省单县农村幼儿教师教学效能感研究.(硕士学位论文，辽宁师范大学).

[6]　刘福芳.(2011).专业发展视野下幼儿教师教学效能感研究.(硕士学位论文，南京师范大学).

[7]　吴振东.(2010).幼儿教师学习效能感现状及其培养策略研究.福建论坛：社科教育版.

[8]　梁奇，& 彭海蕾.(2008).幼儿园混龄班教师自我效能感的调查与分析.中北大学学报(社会科学版)(05),88-93.

[9]　贾普君.(2011).幼儿教师心理弹性与社会支持，自我效能感的现状及其关系.(Doctoral dissertation,河南大学).

[10]　任文静.(2013).山东省单县农村幼儿教师教学效能感研究.(硕士学位论文，辽宁师范大学).

2011）[1]。曹雪梅认为在教龄、年龄、学历和园所性质上差异显著，在教师毕业的专业是否学前教育专业变量上差异不显著（曹雪梅，2010）[2]。刘福芳认为幼儿教师教学效能感在教龄、年龄班、职称、院所等级变量上差异显著，在学历、择业意向上差异不显著（刘福芳，2011）[3]。

③　职业认同感

认同是指个人对自己价值观和实践经历的感觉与解释的持续动力过程（Flores & Day, 2006）[4]。Bobek（2002）认为，教师应该注意日常的行为，力争做到"该做什么"和"不该做什么"。Caza & Brianna Barker（2007）在博士论文《工作中逆境的经验：基于认同的韧性研究》中研究发现，个人的职业认同促进认知、情感、行为的产生，导致工作中逆境情境下的行为结果。职业认同对职业韧性的形成通过两条路径实现：第一，工作中的职业认同对职业韧性具有积极作用，职业认同感越高的护士，其职业韧性越强，这种关系通过中介变量情感承诺得以实现。第二，职业认同通过影响应对方式对护士的职业韧性产生作用[5]。意识到工作的重要性，并具备工作动力特征（如自主性、积极的工作反馈、工作满意度、正确认识挑战）的员工，其职业韧性水平较高（Noe，1997）。职业认同是成为韧性教师的支点（Bruce & Johnson，2009）。在教师的成长过程中，职业认同不可或缺。提高教师职业认同要求教师首先对自我有清晰而正确的认识，拥有自己正确的价值取向，能够客观地评价自己。在此基础上正确地看待教师这个职业，从而可能对教师职业产生认同。

④　工作满意度

一些研究表明，职业韧性较强的个体在其职业行为中表现出较好的状态，职

---

①　郑荣双，李梓琦，(2011). 幼儿教师教学效能感的调查与研究. 青岛大学师范学院学报,28(2), 57–64.

②　曹雪梅.(2010). 幼儿教师教学效能感研究.（硕士学位论文，华东师范大学）.

③　刘福芳.(2011). 专业发展视野下幼儿教师教学效能感研究.（硕士学位论文，南京师范大学）.

④　Flores, Maria Assuncão & Day, Christopher.(2006).Contexts which shqe and reshape new teachers identities: A multi–perspective study. Teaching & Teacher Education,22(2): 219–232.

⑤　Gaza,Briana Barker.(2007).Experiences of adversity at work Toward an identity–based theory of resilience. University of Michigan.

业韧性较强的人表现出较高的工作满意度，组织承诺、工作投入较高，同时表现出较低的职业倦怠水平和出现较少的离职倾向。

London（1983）认为，员工的职业行为（晋升的期望、愿意承担风险、面对生涯阻碍时的韧性）对职业成就具有积极作用，并促进工作满意度的提高[①]。工作满意度是指个体对于个人成就的满足感，及其对于职业的满意度，包括职业成就、价值与抱负实现的满意度（Judge，1995）。陈贞妤（2007）在《派遣员工生涯阻碍与生涯复原力对其工作满意度影响之研究》中发现，职业韧性的人际关系力、就业能力、工作适应能力、工作改善能力各维度与工作满意度各个构面存在正相关。职业韧性的人际关系力、就业能力、工作适应力与职业阻碍的个人及家庭负担存在负相关。派遣员工的职业韧性程度越高，其外在满意度、内在满意度、管理满意度及一般满意度等工作满意程度越高[②]。叶欣怡（2006）的研究表明，职业韧性对员工的组织承诺和工作满意度起到积极作用。Bobek（2002）利用记录12名中学教师的口述生活史和教师教学笔记，得出增强教师韧性可以提高教师的教学效能感，同时促使工作满意度的提高，帮助教师适应教学环境并健康成长[③]。

Brunetti（2006）对美国工作12年以上且工作满意度较高的高中教师进行质性研究，发现这些教师韧性因子分别为：1）正确对待学生，包括喜欢与学生相处、积极看待学生学习与成长、得到学生的接纳、尊敬和信任；2）专业和个人的满足感，能在需要的环境中展现自己的专业特长、积极应对改变的工作环境；3）积极的支持系统，来自行政单位、同事以及学校在组织和执行上的支持。教师韧性的内在因素有：职业能力、教师的课堂实践能力（幽默感、期望、适应力、与学生的关系）、目标感（个人内在价值观）、放松与压力减轻策略。

---

① London,M.(1983). Toward a theory of career motivation:Academy of Management Review,8(4)620-630.

② 陈贞妤 .(2007). 派遣员工生涯阻碍与生涯复原力对其工作满意度影响之研究 . 国立高雄应用科技大学 ,(06):54.

③ Bobek, B.L.(2002).Teacher resiliency:A key to career longevity,75(4):202-206.

⑤ 心理耗尽

김민영（2016）的研究认为，全国所在国立和公立单位，以224名在开设幼儿园和公立特殊学校承担幼儿园课程的幼儿教师为研究对象，探讨了幼儿教师个人变因下的恢复弹性与心理耗尽之间的关系；结果教师类型及教师年龄；不同教师经历在心理耗尽水平上有显著的统计差异，表明幼儿教师的恢复弹性与心理耗尽之间正相关[1]。심순애（2007）[2]的研究发现，对于具有高度自我弹性的幼儿教师来说，性格非常乐观；曾有报告显示积极性高，表现出积极的人际关系，开放，与本人指导的幼儿保持和形成亲密温情的相互关系，从而产生相对较低的心理耗尽。纵观关于幼儿教师韧性的先行研究，韧性越高教师的教学效能感（강정희，안진경，2015；[3] 이순자，김진화，2017[4]），幸福感（박비둘，김경란，오재연 2018[5]），职务投入度（강정희，안진경，2015）都很高。이정현（2013）[6]的研究显示，恢复弹性和工作满意度高的群体心理消耗量低，有恢复弹性的教师有能力很快地将因心理上的耗尽而产生的消极态度转变为积极的态度。即使教师的耗尽或压力对教师对幼儿的情绪反应产生消极影响，但有恢复弹性的教师通过调节情绪与幼儿之间的关系可以在互动中产生有意义的差异，结果认为可以提高教师—幼儿互动的质量（최은영，2015）[7]。回顾关于幼儿教师韧性与他人之间影响

---

① 김민영 (2016). 유아교사 개인변인에 따른 심리적소진과 회복탄력성에 관한 연구. 우석대학교 대학원 유아특수교육학과 석사학위논문.

② 심순애 (2007). 보육교사의 자아탄력성 및 사회적 지지와 심리적 소진의 관 계. 숙명여자대학교 대학원 석사학위논문.

③ 강정희, 안진경 (2015). 유아교사의 회복탄력성 및 교수효능감이 조직몰입도에 미치는 영향. 한국보육학회지, 15(4), 269-279.

④ 이순자, 김진화 (2017). 보육교사의 회복탄력성이 교수효능감에 미치는 영향. 미래유아교육학회지, 24(2), 49-73.

⑤ 박비둘, 김경란, 오재연 (2018). 유아교사의 회복탄력성에 영향을 미치는 관련변인 탐색. 어린이미디어연구, 17(1), 1-31.

⑥ 이정현 (2013). 특수학교 교사의 심리적 소진 및 직무만족도와 회복탄력성의 관계 연구. 일반대학원 박사학위논문, 단국대학교.

⑦ 최은영, 공마리아, 이영숙, 전종국 (2015). 장애전문 어린이집 보육교사의 정서노동이 교사 – 유아 상호작용에 미치는 영향에 있어 회복탄력성의 매개효과. 특수교육재활과학연구, 54(1), 473-490.

关系的研究。심순애（2007）的研究以位于京畿地区的幼儿园保育婴幼儿的328名保育教师为对象，探讨了恢复弹性和心理耗尽之间的影响关系，结果显示，保育教师的自我韧性越高，经历的心理耗尽就越少，并具有引导他人积极反应的心理特性。幼儿教师的恢复弹性不仅影响教师个人，而且影响幼儿[1]。강병재 & 백영숙（2013）[2]的研究认为教师—幼儿互动中教师的心理耗尽具有负面影响。其中包括相对较差的报酬和工作条件；在更广泛的社区中专业地位低；以及幼儿教育工作者的高度要求，有时是相互冲突的角色和责任，以及这些可能造成的身体和情感上的疲惫（Boyd & Schneider, 1997[3]; Goelman & Guo, 1998[4];Manlove, 1993[5]; Stremmel, 1991[6]; Stremmel, Benson & Powell, 1993[7])。

（3）环境因素

外部影响因素是指教师个体以外对其职业韧性起作用的因素，一般包括学校组织文化、人际关系、社会支持等。本研究中，外部环境因素选取学校组织文化、社会支持、人际关系、社会情绪等进行先行研究的梳理。

① 学校组织文化

London和Noe（1997）[8]等的研究表明，获得组织授权的员工能够深刻感受到

---

[1] 심순애 (2007). 보육교사의 자아탄력성 및 사회적 지지와 심리적 소진의 관 계. 숙명여자대학교 대학원 석사학위논문.

[2] 강병재, 백영숙 (2013). 어린이집 교사의 심리적 소진과 교사 – 영유아 상호 작용과의 관계에서 교수 창의성과 교수 효능감의 매개효과. 어린 이미디어연구, 12(1), 145–168.

[3] BOYD, B. J., & SCHNEIDER, N. I. (1997) Perceptions of the work environment and burnout in Canadian child care providers. Journal of Research in Childhood Education, 11(2), 171–180.

[4] GOELMAN, H., & GUO, H. (1998) What we know and what we don't know about burnout among early childhood care providers. Child and Youth Care Forum,27(3), 175–199.

[5] MANLOVE, E. E. (1993) Multiple correlates of burnout in child care workers. Early Childhood Research Quarterly, 8(4), 499–518.

[6] STREM/vIEL, A. J. (1991) Predictors of intention to leave child care work. Early Childhood Research Quarterly, 6(2), 285–298.

[7] STREMMEL, A. J., BENSON, M. J., & POWELL, D. R. (1993) Communication,satisfaction, and emotional exhaustion among child care centre staff: directors,teachers, and assistant teachers. Early Childhood Research Quarterly, 8(2), 221–233.

[8] London, M., & Noe, R. A. (1997). London's career motivation theory: An update on measurement and research. Journal of Career Assessment, 5(1), 61–80.

组织管理者对其职业发展的支持，具有较高的职业韧性。Bobek（2002）对中学教师的质性研究也表明，管理部门对教师工作提供较低的支持，会导致教师职业韧性水平的降低，甚至离职。她在研究中还发现，新教师的良好职业适应与学校的弹性管理、对教师的高期望力、崇尚协作、追求客观的组织文化高度相关[①]。学校的组织结构与组织文化会刺激教师的工作热情，激发其创造性和工作投入（Kanpol, 2007）。Sumsion（2004）[②]从澳洲7名幼儿教师身上，归纳出相互联系且影响教师韧性建构的两类因素：1）个人因素，包括自我觉察、不断学习、职业道德观、职业承诺；2）工作环境因素，同事的支持、感到专业自由、领导的支持、同行专家的认可。Paul（2007）研究得出了类似的结论，影响教师韧性的外在因素包括：行政支持、教师授权（自主）、支持系统[③]。

管理者的支持对于教师非常重要，它可以降低教师的倦怠水平，增加教师的工作投入。Byrne（1999）的研究也支持了这个观点，"管理者的支持与教师的倦怠显著负相关，支持力度越大，教师表现出的倦怠水平越低"[④]。Brown（2004）在其研究中指出，"学校管理部门的职能是创造积极的工作环境，调节教师的工作压力"。Hammond和Onikama（1996）认为，强大的学校管理部门的支持能够使教师免受伤害，学校管理部门应该给予教师一定的支持，以此来降低工作环境给教师带来的压力，这种支持可以促进教师工作的主动性和工作满意度。Byrne（1999）[⑤]的研究也得出类似的结论，实验研究表明领导的支持与员工的职业韧性之间存在

---

① Bobek, B.L.(2002).Teacher resiliency:A key to caree longevity,75(4):202-206.

② Sumsion, J. (2004). Early childhood teachers' constructions of their resilience and thriving: A continuing investigation. International Journal of Early Years Education, 12(3), 275-290.

③ Paul Giroux.(2007).Resilient teachers: A qualitative study of six thriving educators in urban elementary schools.Western Michigan University,11:58.

④ Byrne,B.(1999).The nomological network of teacher burnout:A literature review and empirically validated model.In R.Vandenberghe & A.M.Huberman,Understanding and preventing teacher burnout. Cambridge,UK:Cambridge University Press,15-37.

⑤ Byrne,B.(1999).The nomological network of teacher burnout:A literature review and empirically validated model.In R.Vandenberghe & A.M.Huberman,Understanding and preventing teacher burnout. Cambridge,UK:Cambridge University Press,15-37.

着显著性关系。Brown和Nagel（2004）提出学校管理者的支持对教师压力起着中介作用，负责人的责任是创造积极的工作环境，在这种环境中教师具有一定的工作自主性。Friedman（1999）认为，学校领导应该为教师提供各种支持来缓解教学环境给教师带来的压力，促使教师工作主动性、积极性和工作满意度的形成，从而也可以促进教师形成健康的职业道德和较好的工作绩效。

幼儿园组织氛围的亲密性有助于青年教师形成相互尊重、信任的人际关系，教师可以通过向他人倾诉释放不良情绪，积极寻求自身状态的"复兴"与"更新"，从而有效提升心理韧性，积极面对工作中的压力和挑战（李琼，吴丹丹，2013）[①]。幼儿园教师在工作中往往会面临较大的压力和诸多挑战，需要他们具有较强的心理韧性（李永占，2016）[②]。幼儿园青年教师在心理韧性力量性维度上的得分最高，在乐观性维度上的得分最低，幼儿园组织氛围中的发展性可以有效预测青年教师心理韧性的坚韧性和力量性，并且相比较而言，对力量性的解释力更强一些（姚兰，阳德华，2019）[③]。

② 社会支持

在韧性研究之初，人们就开始关注社会支持对个体韧性的积极作用，甚至一部分学者把个体拥有的社会资本（社会关系或社会支持）当成是个体韧性的组成要素。在职业韧性研究中，人们始终关注社会支持对个体职业韧性的积极影响，得出的研究结果相对一致，即良好的家人支持、同事支持或个人对他人支持的认同感等因素能够促进个体职业韧性的提高。如Fishe和Stafford（2000）[④]的研究证实，职业韧性与他人支持（朋友的支持、同事的支持、亲人的支持）呈显著正相关。来自管理部门的支持对个体职业韧性的增强起着重要的作用。Dworkin

---

[①] 李琼,吴丹丹.(2013).如何保持教师持续专业发展的热情与动力:国外教师心理韧性研究.比较教育研究, 035(012), 023−039.

[②] 李永占.(2016).工作家庭冲突视角下幼儿教师情感耗竭的心理机制:情绪智力的作用.心理与行为研究 (4), 492−500.(4):492−500.

[③] 姚 兰,阳德华.(2019).幼儿园组织氛围对青年教师心理韧性的影响研究.幼儿教育,(11):18−22.

[④] Fisher,T.A. & Stafford, M. E. (2000).The impact of career and ethnic influences on career resilience. Annual meeting of the American Educational Research Association, New Orleans,LA.

（1986）[1]认为，教师感知到负责人的支持时，表现出较强的职业韧性和较低的职业倦怠。Howard和Johnson（2004）[2]的研究发现，澳洲教育欠发达地区教师的韧性保护因子有：行政机构的作用、强有力的支持团体、成就感和专业能力。Paul Giroux（2007）[3]在其博士论文《教师韧性：六个发展较好城镇初中教师的质性研究》中，总结出教师韧性包括四个因素：较强的支持群体或行政支持、授权或内控性人格、热情与目标感和专业能力或成就感。罗正为（2014）通过实证研究认为，家长不支持等因素减少了幼儿教师所获得的社会支持，间接削弱了外部保护性因子，影响了幼儿教师心理韧性。史正果（2015）的研究总结出，家庭成员的支持有利于心理韧性的提高，较少的在职培训学习不利于心理韧性的提高。

幼儿园为青年教师提供了较优质的外部支持，幼儿园良好的人际关系以及同事间的支持与鼓励使青年教师能够积极乐观地对待工作中遇到的困难，从而增强了教师的心理韧性（姚伟和冷雪姣，2012）。研究发现，幼儿园青年教师离职率较高不仅与其工作满意度、职业认同、职业承诺及所获得的社会支持等因素有关（艾娟和杨桐，2016；胡芳芳和桑青松，2013）[4][5]，而且与教师心理韧性的发展水平有关（陈玉华，2014）[6]。从社交网络中感知较高情感支持的幼儿教师表现出较高的自我韧性；社会情绪支持对自我韧性有显著影响，可以认为是社会情绪支持引起的积极情绪的激发。一项调查幼儿教师自我韧性与社会支持的研究（Cho&Lee，2010）发现，自我韧性是高水平的，幼儿教师自己认为自己能够灵活地调节自我，园长和同事教师的社会支持也较高。

---

[1] Dworkin,A.Teacher burnout in the public schools:Structural causes and consequences.New York:State University of New York Press.

[2] Paul Giroux.(2007).Resilient teachers: A qualitative study of six thriving educators in urban elementary schools.Western Michigan University,11:58.

[3] Paul Giroux.(2007).Resilient teachers: A qualitative study of six thriving educators in urban elementary schools.Western Michigan University,11:58.

[4] 艾娟,杨桐.(2016).幼儿教师职业认同、职业弹性对离职倾向的影响.教师教育学报.

[5] 胡芳芳,桑青松.(2013).幼儿教师职业认同、社会支持与工作满意度的关系.心理与行为研究(05),92–96.

[6] 陈玉华.(2014).教师复原力研究的现状.全球教育展望,43(010),71–82.

韩国学者김새실（2017）的研究对首尔圈所在幼儿园的308名在职教师进行了韧性测量，结果，对于教师们所认识的机构的合作氛围，具有较高韧性的教师可以通过合作来填补需要帮助的部分。认为韧性低的教师只与经历相似的教师之间合作；幼儿教师情绪劳动与自我韧性关系的研究中，通过幼儿教师的个人特征变因——教学经历，工作单位，研究了不同负责幼儿年龄的自我韧性的差异，发现不同工作机构设立类型的人际关系效率、乐观态度和愤怒调节存在显著差异（김윤경，2011）。因此，探讨幼儿园教师的恢复弹性如何，不仅影响幼儿园教师个人的精神健康和幼儿恢复韧性的形成，而且具有提高教育质量的意义（김새실，2017）。

③ 人际关系

London认为，职业韧性较强的个体具备较强的判断能力，若受到组织管理者的认同和赞许，在面对挑战时则具备独立的应对能力。Bernstein（1997）认为，教师在感知到环境不和谐时，对组织文化不认同时，此时的人际关系显得淡薄，工作积极性较低，工作投入较差，表现出较低的职业韧性水平。Bruce和Johnson（2009）采用访谈和民族志研究方法，探索新手教师韧性动力因素及各因素间相互作用。通过对59名新手教师进行为期一年的研究，结果得出支持新手教师韧性形成的因素主要包括关系、学校文化、教师认同、教师的工作和教育系统政策与实践（Howard, & Johnson, 2002）[1]。个人和环境因素共同影响着教师韧性（Peters & Le Comu, 2007）。Janice H等人调查16名城市初中教师，通过教师的口述生活史总结发现，初中教师韧性包括：积极的个人价值观、坚定的职业目标、良好的同事关系、处理问题的能力、关注儿童发展、身边人的支持、积极创新的精神和乐观精神（Janice, 2005）[2]。

---

[1] Howard,S. & Johnson,B·.(2002).Resilient teachers: Resisting stress and burnout. Social Psychology of Education,7(4):399-420.

[2] Janice H.Patterson.Loucrecia Collins & Gypsy Abbott.(2005). A Study of Teacher Resilience in Urban Schools. Journal of instructional Psychology,31(1):5.

Castro、Kell和Shih（2010）[①]在行为特征方面的研究认为，韧性较好的教师具备解决问题的能力、能够处理困难的人际关系、具备较强的活力和职业信念。除此以外，还表现出较好的适应性。Patterson（2004）[②]认为，"具备韧性的教师不会墨守成规，更倾向于探索新的教学方式"，韧性教师能够从容应对教学环境的改变。Gu和Day（2007）发现，教师韧性高者善于克服环境变化的挑战，采取积极的态度来面对工作及生活上的压力[③]。Nieto（2003）[④]在研究中发现，良好的师生关系是教师良好适应和成功发展的必要前提，教师需要更多地了解学生，以便于教学活动的开展。韧性教师在工作中有较强的职业道德感，并且能够根据个人的价值观来作出决定，能够关心、爱护学生，与学生融洽相处。Howard和Johnson（2002）[⑤]发现，职业道德是韧性教师具备的重要素质，具备职业道德的教师知道教师应该做什么和不该做什么，并对现实情况有清晰的把握和了解。

④ 社会情绪

韩国学者김윤경（2011）将幼儿教师的情绪劳动与自我韧性作为相关关系进行分析，表明它们是正相关的[⑥]。김인숙（2009）认为，具有高水平自我韧性的教师在个人成长和发展、教学权限、工作条件、人际关系等方面表现积极，从而自我韧性对幼儿教师产生直接或间接的影响[⑦]。该研究认为，教师的自我韧性会影响在幼儿教育机构工作的教师的情绪劳动（김윤경，2011）。根据报告研究，即使在压力引发的矛盾情况下，也经历了很多社会支持的学龄期儿童或青少年对情况性要求作出了灵活的反应等，高度感知社会支持的人即使在逆境情况下也能表现出

① Castro, A., Kell. J. & Shih, M.(2010).Resilience strategies for new teachers in high-needs areaes, Teaching and Teacher Education,, (26): 622-629.

② Patterson, J. H., Collins, L., & Abbott, G. (2004). A Study of Teacher Resilience in Urban Schools. Journal of Instructional Psychology, 31(1).

③ Gu, Q. & Day, C.(2007). Teachers resilience: a necessary condition for effectivenessf.Teaching and Teacher Education ,(23).302-1316.

④ Nieto,S.(2003).What keeps teachers going.New YorkiTeachers College Press.

⑤ Hamann,D.& Dordon,D.(2000).Bumnut:An occupational hazard[J].Music Educator Journal,87(3):34-39.

⑥ 김윤경 (2011). 유아교사의 정서노동과 자아탄력성과의 관계 . 중앙대학교 대 학원석사학위논문 .

⑦ 김인숙 (2009). 교사의 팔로우십 유형에 따른 원장 - 교사 교환관계 · 자아탄력 성 · 조직문화가 직무만족도에 미치는 영향 . 대구대학교 대학원 박사 학위논문 .

很高的自我韧性（Kang, 2006; Kim & Kang, 2005; Wilks, 2008）。将这些研究结果应用于幼儿教师，幼儿教师的自我韧性由社会情绪支持静态显著说明（Min & Gwon, 2009）。

2.3.3　研究述评

对于幼儿园教师来说，恢复韧性也是一个非常重要的因素。幼儿园教师准备活动、带班、管理家长、其他杂务等繁重工作所带来的压力，也会对教师个人健康产生不利影响（송미선, 김동춘, 2008）[1]。纵观关于幼儿园教师恢复韧性的相关研究发现，恢复韧性高的群体与低的群体相比，自我尊重感高（황해익, 탁정화, 강현미, 2014）[2]。恢复韧性不仅是幸福感或乐观性的影响因素，也是影响教质感的因素（허수윤, 서현아, 2014[3]; 황해익, 강현미, 탁정화, 2014[4]; 황해익, 탁정화, 홍성희, 2013[5]）。恢复韧性高的幼儿园教师在困难的情况下也能保持安宁感，灵活地适应变化，献身于教师的职责（박은혜, 전샛별, 2010）[6]。不仅对幼儿教师本人，而且对作为教育对象的幼儿也有很大的积极影响，因此恢复韧性可以说是对幼儿教师要求的重要特性（오인지, 2017）。幼儿对教师的依赖程度较高，在身体、社会和情绪上都处于发展过程中，因此受教师的影响更大，恢复韧性可以说是对幼儿教师要求更高的素质（권수현, 2015）。幼儿教师的工作环境越令人满意，教师

---

[1]　송미선, 김동춘 (2008). 유치원 교사의 직무스트레스와 조직효과성과의 관계. 교육과학연구, 39(2), 95-111.

[2]　황해익, 탁정화, 강현미 (2014). 보육교사의 회복탄력성 인식수준에 따른 소진과 자아존중감의 관계. 열린유아교육연구, 19(4), 31-52.

[3]　허수윤, 서현아 (2014). 예비유아교사의 교직관 수준에 따른 심리적 안녕감과 자아탄력성의 차이. 유아교육연구, 34(4), 413-430.

[4]　황해익, 강현미, 탁정화 (2014). 유아교사의 정서지능과 낙관성의 관계에서 회복탄력성의 매개효과. 유아교육연구, 34(2), 323-346.

[5]　황해익, 탁정화, 홍성희 (2013). 유치원 교사의 회복탄력성, 교사효능감 및 직무만족도가 행복감에 미치는 영향. 유아교육학논집, 17(3), 411-432.

[6]　박은혜, 전샛별 (2010). 유치원 교사의 회복탄력성에 영향을 미치는 위험요인과 보호요인 탐색. 한국교원교육연구, 27(1), 253-275.

的生活质量也越高（김규수 외，2014）[①]。为了维持和增进重要的素质，恢复韧性很重要（권수현，2015）[②]。由此可见，对幼儿教师来说，工作环境决定教育质量的比重很大，幼儿教师的心理变因在幼儿教育现场起着重要的作用（金田利子，2008）[③]。

职业韧性研究源于心理学领域，不断发展成为组织行为学领域的重要热点之一。职业韧性研究不再将职业生涯中的个人看作是完全由外界影响的、被动的存在，而是认为个人可以对环境和职业的动荡性变化进行主动性适应或被动性恢复。职业韧性研究考虑了职业系统的动态性和突变性特征，在一定程度上克服了职业领域的范式化研究的局限性。

职业韧性的研究为个体层面和组织层面的互动做出了探索，长期以来职业生涯研究中个体层面和组织层面很少进行融合。几十年前Schein就指出这是可怕的现象，并称之为"奇怪的裂缝"，问题的实质可能更多在于研究的学科领域的差异，如心理学视角和管理学视角，前者侧重于个人，后者侧重于组织。但职业韧性领域为这一裂缝的弥补做出了贡献，比如关注了心理契约视角（主体是个人和组织双方），明确了职业韧性是心理契约转变的需要，这涉及了个体层面和组织层面两个领域的互动。

个体层面的内部因素仍然是幼儿教师职业韧性的主要研究领域，在文献的梳理过程中，更多的是从人格特征、自我效能感、职业认同感等方面进行研究，其可能的原因在于职业韧性主要是个人主导，个人需要承担更大责任。幼儿教师职业韧性的结构维度的相关研究表明，整合职业韧性的特质和行为两大视角的结构维度、探索其内在机理得很重要，也即如何才能使个人特质迁移到有效地应对行

[①] 김규수．고경미．김경숙 (2014). 유아교사의 근무환경 및 직무만족도 관련변인이 삶의 질에 미치는 영향에 관한 구조모형 분석. 열린 유아교육연구, 19(1), 251–268.

[②] 권수현 (2015). 유아교사의 회복탄력성에 대한 고찰 : 개념 및 구성요인, 향상방안을 중심으로. 육아지원연구, 10(2). 31–53.

[③] 金田利子 (2008). 영유아 교육기관의 인정제 – 한국, 일본, 미국, 영국, 호주. 이화여대 유아교육과 BK21, 삼성복지재단.

为，有效的行为如何才能对内在特质有积极的促进作用。这些行为过程中，也许个人没有意识到控制他们行为的规则是什么，但却可能通过内隐学习获得、塑造强化了某种特质，在职业韧性的研究中个人内在的自我效能感、职业认同、工作热情也是有必要的。职业韧性正面结果的内在影响是什么样的？Lent、Brown和Hacket的社会认知职业生涯理论在解释这些因素之间的关系时可能是有用的框架，在该理论中个人自我效能感、结果期望，结合障碍和支持，能够对个人的职业兴趣、目标和行为产生影响。但是有必要区分这一模式的因果结构，也即分清这到底是隐含在职业韧性后的作用机制，还是职业韧性是这些机制的作用结果。

组织层面的学校环境因素，幼儿教师职业特点对职业韧性影响的相关研究表明，在职业发展过程中，学校领导对幼儿教师有直接的影响，从而对幼儿教师职业韧性也会产生最响。当幼儿教师在工作中感受到工作的重要性、感受到工作的挑战性及时获得与认可和赞赏相关的工作反馈、获得满意感时，个人会有比较高的职业韧性。因此，在实际工作中提供建设性的反馈以提高幼儿教师个人的自信和自尊，鼓励个人自主和创造，从而帮助个人提升职业生涯韧性是非常有必要的。学校组织领导风格影响幼儿教师的职业韧性，Greenhaus、Callanan和Godshalk（2003）[①]的研究认为组织改变压力环境（包括提供咨询服务、时间管理、社会支持等等）和管理压力状（包括提供放松计划、提供身体锻炼设施、提供咨询和药物治疗、提供综合性健康计划、提供发泄等），有助于员工职业生涯韧性的提升。同事人际关系融洽、领导对工作的支持、工作本身的压力对幼儿教师的职业韧性都有一定的影响。

综上对幼儿教师职业韧性先行研究查找和分析的基础上，更多的是在个人内部因素对幼儿教师职业韧性影响的研究，有少部分集中在社会支持领域的环境因素对幼儿教师职业韧性研究，对于个人内部因素各个因素的梳理和学校环境因素各个因素的梳理相对薄弱。幼儿教师职业韧性发展是一个非常复杂的过程，其发展过程中的影响因素众多，因此本研究考察幼儿教师个体内部因素与学校环境外

---

① Greenhaus J H,Callanan G A, Godshalk V M.(2003).Career Management. 北京 : 清华大学出版社 .

部因素，个体内部因素选取个体内部表现出来的教师自我效能感、工作热情、职业认同能力三方面因素进行研究，学校环境外部因素选取在学校环境出现的园长领导行为、幼儿园人际信任、工作本身压力三方面进行研究。

3　研究设计

3.1　研究问题概述

本研究目的是了解中国幼儿教师职业韧性的状况，影响幼儿教师职业韧性的因素，并从学校环境与个体两个不同视角探讨这些影响因素对幼儿教师职业韧性的作用过程。

为达到研究目的，提出了五个研究问题。

第一，幼儿教师职业韧性，个体内部影响因素（一般自我效能感、工作热情、职业认同），外部学校环境影响因素（园长变革型领导行为、园长交易型领导行为、人际信任、工作压力）的整体状况究竟如何？

第二，幼儿教师职业韧性的具体表现如何，即分析幼儿教师职业韧性在教龄、学历、专业背景、职称、工作时间、婚姻状况、园所性质、园所用工性质等人口学变量上是否存在差异？

第三，幼儿教师职业韧性与各个影响因素之间是否存在显著相关？

第四，在控制教龄、学历、专业背景、职称、承担工作、工作时间、加班次数、婚姻、孩子、原生家庭是否离异、园所性质、园所级别、单位用工性质、园所在地等人口学变量的效应后，考察自我效能感、工作热情、职业认同、园长领导行为（包括园长变革型领导行为、园长交易型领导行为）、人际信任与工作压力对幼儿教师职业韧性是否存在显著影响？

第五，从个体与学校环境两个不同方面探讨上述影响因素对幼儿教师职业韧性的作用过程。

（1）在个体内部上，一般自我效能感是否通过工作热情和职业认同的中介作用，进而影响幼儿教师职业韧性？

（2）在学校环境上，园长变革型领导行为与园长交易型领导行为是否通过教师工作压力的中介作用，进而影响幼儿教师职业韧性？

3.2 幼儿教师职业韧性的描述性研究

幼儿教师职业韧性的描述性研究主要是了解中国幼儿教师职业韧性的状况，即幼儿教师职业韧性在教龄、学历、专业背景、职称、工作时间、婚姻状况、园所性质、园所用工性质等人口学变量上的表现特征。从London（1983）[1]提出职业韧性理论开始，一些学者在后续的研究中相继发现，个体职业韧性水平在人口学变量上存在显著差异（Woodd, 2000；Fu, 2001；Liu, 2003）[2]，但研究结论不尽相同。

有研究表明，不同性别、年龄、教育程度、工作年限的企业员工，在职业韧性的各个维度上存在显著性差异（李宗波，2010）[3]。教师职业韧性在人口学变量上的差异，不同学者由于样本和研究工具的差异，得出的结论也不尽相同。但从已有研究来看教师职业韧性可能会在性别、年龄、教龄、学历、专业、用工性质、职称、婚姻状况、生育状况、园所性质、园所规模、园所级别、班级人数、岗位（职务）、工资、月收入、地区差异等方面存在显著差异。

年龄和教龄方面，Fu（2001）发现，32～34岁女性员工的职业韧性较25～27岁女性员工强[4]。London和Noe（1997）认为，职业韧性随着年龄的增加而增强，这可能是由于员工们随着年龄的增长，其从业经验日趋丰富，职业技能更加成熟，在职业环境发生改变时能够从容应对，表现出较高的职业韧性[5]。罗正为（2014）认为，初入职的教师心理韧性较差，而教龄在10～15年的教师心理韧性

① London, M.(1983).Toward a theory of career motivation, A cademy of Management Review, ,8(4), 620–630.

② Woodd, M.(2000).The move towards a different career pattern: Are women better prepared than men fbr a modem career Career Development International:5(2),95–105.

③ 李宗波 .(2010). 企业员工职业生涯韧性的实证研究（硕士学位论文，河南大学）.

④ Fu, H.(2001).The relationships among career barriers, career motivation, and coping strategies of young female employees. National Ch eng chi University,Taipei, Taiwan.

⑤ London, M., & Noe, R. A. (1997). London's career motivation theory: An update on measurement and research. Journal of Career Assessment, 5(01), 61–80.

强，二者的差异达到了显著水平[①]。

学历和专业方面，Liu（2003）对中国台湾地区企业员工的研究发现，不同的性别、教育程度、工作经验都会影响职业韧性，其中以教育程度的影响最为明显。罗正为（2014）发现幼教专业教师的工作能力、社会支持明显高于其他教师。

用工性质方面，具有编制的幼儿教师的工作能力明显好于没有编制的幼儿教师（罗正为，2014）。无编制幼儿教师的社交能力显著高于有编制教师，有编制幼儿园教师的家庭凝聚力显著高于无编制幼儿园教师（史正果，2015）[②]。

职称和职务方面，职称职务越高，幼儿教师的心理韧性越高（罗正为，2014）。

婚姻状况方面，何金玉（2002）对中学已婚女教师的研究表明，不同个人背景的已婚女性教师其职业动机存在差异，职业动机中职业韧性程度最好。已婚教师的组织风格显著高于未婚教师，已生育教师的组织风格显著高于未生育教师（史正果，2014）。

园所规模方面：园所规模在4～12个班的幼儿教师心理韧性水平较高（贾普君，2011）[③]。园所规模小的幼儿园，教师的职业韧性优于园所规模大的（王祥、罗凯，2016）[④]。

园所性质和级别方面；公办幼儿园教师的组织风格和社交能力低于民办幼儿园教师，主观支持方面，公办幼儿园教师高于民办幼儿教师（贾普君，2011）[207]。公立园的工作动力、社会支持明显好于私立园教师（罗正为，2014）。民办幼儿园教师的家庭凝聚力、组织风格显著高于公办园教师，公办园教师的社交能力显著好于民办幼儿园教师；幼儿园级别越高，幼儿园教师职业韧性越低，普通幼儿园教师在自我知觉、未来计划及社交能力方面显著好于示范园，一级园、二级园

① 罗正为 .(2014).海口市幼儿教师心理韧性实证研究 .（博士学位论文,海南师范大学）.
② 史正果 .(2015).农村幼儿教师心理复原力研究 .（硕士学位论文,河北师范大学）.
③ 贾普君 .(2011).幼儿教师心理弹性与社会支持、自我效能感的现状及其关系 .（博士学位论文,河南大学）.
④ 王祥,罗凯 .(2016).西南欠发达地区幼儿教师复原力实证研究 .教师教育学报 ,4,3(2)：27–32.

的教师（王祥、罗凯，2016）。

由上可知，人口学变量会导致幼儿教师职业韧性的显著差异，因此这些因素也可能成为影响幼儿园教师职业韧性的因素。

本文假设：

研究假设1-1：幼儿教师职业韧性在教龄上存在显著性差异，教龄时间越长，其职业韧性越强。

研究假设1-2：幼儿教师职业韧性在教育状况上存在显著性差异，教育程度越高，其职业韧性越强。

研究假设1-3：幼儿教师职业韧性在专业背景上存在显著性差异。

研究假设1-4：幼儿教师职业韧性在职称上存在显著性差异，职称越高，其职业韧性越强。

研究假设1-5：幼儿教师职业韧性在工作性质上存在显著性差异。

研究假设1-6：幼儿教师职业韧性在工作时间上存在显著性差异，工作时间越短，其职业韧性越强。

研究假设1-7：幼儿教师职业韧性在加班次数上存在显著性差异，加班次数越少，其职业韧性越强。

研究假设1-8：幼儿教师职业韧性在婚姻状况上存在显著性差异，已婚教师的职业韧性显著高于其他婚姻状况的教师。

研究假设1-9：幼儿教师职业韧性在生育状况上存在显著性差异。

研究假设1-10：幼儿教师职业韧性在原生家庭状况上存在显著性差异。

研究假设1-11：幼儿教师职业韧性在不同园所性质上存在显著性差异，公办园教师的职业韧性高于民办园。

研究假设1-12：幼儿教师职业韧性在不同园所级别上存在显著性差异。

研究假设1-13：幼儿教师职业韧性在班级年级不同上存在显著性差异。

研究假设1-14：幼儿教师职业韧性在班级人数不同上存在显著性差异。

研究假设1-15：幼儿教师职业韧性在不同用工性质上存在显著性差异。

研究假设1-16：幼儿教师职业韧性城乡间存在显著性差异。

研究假设1-17：幼儿教师职业韧性在行政级别不同上存在显著性差异。

3.3　幼儿教师职业韧性与前因变量之间的关系

本研究中幼儿教师职业韧性影响因素为幼儿教师在工作挑战中为实现良好工作状态在个体内部表现出来的教师自我效能感、职业认同、工作热情能力和在受到学校环境出现的园长领导行为、幼儿园人际信任、工作本身压力影响后为尝试解决各种问题表现出来的应对、缓解压力和恢复正常心境能力的总和。由此选择了上述相关变量作为影响幼儿教师职业韧性的前因变量。

因此，幼儿教师职业韧性与前因变量之间的关系主要考察一般自我效能感、职业认同、工作热情、园长领导行为（包括园长变革型领导行为、园长交易型领导行为）、人际信任与工作压力对幼儿教师职业韧性的影响。在上述分析的基础上，进一步从个体内部与学校环境两个不同方面探讨这些影响因素对幼儿教师职业韧性的作用过程。下面就具体的幼儿园教师个体内部前因变量、学校环境前因变量与幼儿教师职业韧性相关关系，以及以职业认同与工作热情是一般自我效能感和教师职业韧性的中介变量，工作压力是园长变革型领导行为、园长交易型领导行为和教师职业韧性的中介变量等方面进行分析。

3.3.1　个体内部变量

（1）一般自我效能感和教师职业韧性

自我效能感是在1977年由美国心理学家班杜拉（Bandura）提出来的一个概念。1980年，他在以《人类行为中自我效能机制》为题的演讲中，对这一概念进行了补充和说明，1986年，班杜拉在总结先前理论和经验的基础之上，又出版了《思想和行为社会基础：一种社会认知理论》，在书中对自我效能感做了进一步的论述，逐渐形成了自我效能感的理论框架。之后，又经过20多年的理论探索和实证研究，班杜拉在20世纪90年代出版了《自我效能——控制的实施》一书，对自我效能感的相关问题进行了系统的论述，并将自我效能感定义为"人们对自己组织和实施达成特定成就目标所需行为过程的能力的信念"（Bandura, 1997）。也就是说，自我效能感就是人们对成功实现某个特定目标所需行动过程的能力的预期、感知、信心及信念。

同时，班杜拉还认为自我效能感，只有针对某个特定任务领域时才具有意义，不同活动领域之间差异应该是显著的，所需要的能力上也各不相同，因此只有在特定领域的自我效能感，如学生学习自我效能感、教师教学自我效能感等，没有普遍适用的一般自我效能感。但另外一些研究者并不同意这种观点，通过研究，他们发现有一种一般性的自我效能感存在着，它是指个体应对各种不同环境的挑战，或者面对新事物时的一种总体性的自信心。

研究者根据各自的研究目的，对自我效能感进行了各种不同的定义，根据对相关文献的分析，比较有代表性的主要有以下几种：第一，自我效能感是个体对特定的环境做出反应的一种心理状态（Ashton & Webb，1986）。Schwarzer、Born和Iwawaki（1997）[1]通过对4个国家自我效能感的测量证实了自我效能感是一种适用于不同文化、不同身份的通用概念，具有一定的普遍性，并提出了一般自我效能感的概念，它是一种稳定的个性特质，是个体在应对、处理困难情境时表现出的总体性自信程度。王才康、胡中锋和刘勇。（2001）[2]提出自我效能感均指幼儿教师的一般自我效能感，研究幼儿教师内部稳定的个性特征，更具有普遍性和广泛的可比性，它是指个体应对各种不同环境的挑战，或者面对新事物时的一种总体性的自信心。第二，自我效能感是个人对自己从事某项工作所具有的能力，以及对该工作中可能做到的程度的一种主观性评价（张春兴，1991）。Stankovic和Luthans（1998）[3]指出对自己有信心或自我目标明确的人会为自己设定更具有挑战性的目标，在工作中付出更多的努力，遇到困难也会保持坚定，因此具有强烈自我效能感的人在工作中往往表现出更高的水平，在组织中更有可能获得较多的薪

[1] Schwarzer R, Born A, Iwawaki S, et al. (1997).The assessment of optimistic self-beliefs: Comparison of the Chinese, Indonesian, Japanese, and Korean versions of the general self-efficacy scale. Psychological, 40(1): 1-13.

[2] 王才康, 胡中锋, 刘勇 .(2001). 一般自我效能感量表的信度和效度研究 . 应用心理学 , (1): 37-40.

[3] Stankovic A D, Luthans F. (1998).Self-efficacy and work-related performance: A meta-analysis. Psychological Bulletin,124(2): 240-261.

酬或较高的地位。第三，自我效能感是指个体对自己能够进行某种行为的实施能力的推测或者判断，意味着个体是否相信自己能够成功地进行带来某种结果的行为（杨心德、徐钟庚和陈朝阳，1993）。Jawahar和Liu（2017）[①]认为如果一个人从事与自己性格和技能相一致的工作，可能会觉得自己选择了正确的职业，并将自己的技能发挥得更好，这反过来会导致更大的职业满意度。第四，自我效能感是个体对自己能否胜任某项活动的自信程度（周勇、董奇，1994）。Caprara和Steca（2005）发现当人们有信心得到自己想要的东西时，获得的工作满意度要远远高于缺乏信心的人；我国学者张娜（2013）、宗娜（2014）通过对员工的研究均发现自我效能感与职业成功有着显著的正相关关系。第五，自我效能感是个体对自己所采取的行为，对行为结果所产生的影响，所持的有效或者无效的自我体验。Smidt（2017）[②]调查了德国560名幼儿教师的职业成功是否可以通过自我效能感来预测，结果发现自我效能感对主观职业成功有较强的正向预测作用。

从以上概念可以看出，研究者对自我效能感的界定上虽各不相同，但其本质思想和内涵都是一致的，都涉及了对自己能力的感知和评价，都是指向未来某种情况，并且随着自身情况及外界事物的发展变化而变化，具有动态性。另外，也要清楚地认识到，自我效能感并不是一种真实的能力，而是一种对能力的预期和信念。

在本研究中，自我效能感就是指幼儿教师的一般自我效能感，因为一般自我效能感可以对个体在一般情况下的反应倾向做出具有普遍意义的预测，具有可重复性和广泛的可比性。

在克服具有挑战性的情况或反复出现的挫折时，诸如自我效能感、自信和应对策略等个人特征非常重要（例如 Castro, Kelly, & Shih, 2009）。Stankovic和Luthans（1998）指出对自己有信心或自我目标明确的人会为自己设定更具有挑

① Jawahar M, Liu Y. (2017).An examination of the role of work engagement.Journal of Career Development, (4): 344−358.

② Smidt W, Kammermeyer G, Roux S, et al. (2017).Career success of preschool teachers in Germany−the significance of the Big Five personality traits, locus of control, and occupational self−efficacy. Early Child Development and Care,(5): 1−14.

战性的目标，在工作中付出更多的努力，遇到困难也会保持坚定。因此，具有强烈自我效能感的人在工作中往往表现出更高的水平，在组织中更有可能获得较多的薪酬或较高的地位[①]。自我效能感是具有心理韧性教师所具有的一个非常重要的保护因子或者专业资源，自我效能感是教师有能力影响学生学习的一种判断或信念，这种自我认识影响着教师对教学的投入、期望与目标（Hoy, A. W. & Spero, R. B., 2005）[②]。积极的应对方式、较好的自我效能感、良好的沟通能力和问题解决能力等都是有心理韧性的个体具备的积极个性特征（何灿 & 程琼，2016）[③]。李琼，裴丽和吴丹丹（2014）教师的自我效能感，成为有效教与学的持久信念[④]。"表现出高度的韧性、个人效能感和情感智力"能够识别和管理自己的压力水平。正念被建议作为一种帮助减轻压力、改善情绪调节和健康的策略，使教师能够发挥他们的潜力（Jennings et al. 2011）[⑤]。成就感和自我效能感较高的教师表现出更好的职业韧性。例如，Howard和Johnson（2002）的研究发现，教学能力和成就感是教师韧性的有效标尺[⑥]。Dorman（2003）发现，教学效能感可以直接影响教师的个人成就[⑦]。Bobek（2002）也赞同该观点，他提出"教学效能感较强的教师更能够发展和保持自己的职业韧性"。

本研究假设：

研究假设2-1：一般自我效能感对幼儿教师职业韧性具有显著的影响作用。

---

①　Stajkovic, A. D., & Luthans, F. (1998). Self-efficacy and work-related performance: A meta-analysis. Psychological bulletin,124(2), 240-261.

②　Hoy, A. W., & Spero, R. B. (2005). Changes in teacher efficacy during the early years of teaching: A comparison of four measures.Teaching and teacher education,21(4), 343-356.

③　何灿,程琼 .(2016). 幼儿教师心理弹性的影响因素及提升策略 . 中国校外教育, (33):42-43.

④　李琼，裴丽，吴丹丹 .(2014). 教师心理韧性的结构与影响因素研究 . 教育学报 (02),70-76.

⑤　Jennings, P. A., Snowberg, K. E., Coccia, M. A., & Greenberg, M. T. (2011). Improving classroom learning environments by Cultivating Awareness and Resilience in Education (CARE): results of two pilot studies. The Journal of Classroom Interaction, 46(1), 37-48.

⑥　Howard, S., & Johnson, B. (2004). Resilient teachers: Resisting stress and burnout. Social Psychology of Education,7(4), 399-420.

⑦　Dorman, J. (2003). Testing a model for teacher burnout. Australian Journal of Educational & Developmental Psychology,3(1), 35-47.

研究假设2-1a：一般自我效能感对幼儿教师职业韧性下位因素社交关系具有显著的影响作用。

研究假设2-1b：一般自我效能感对幼儿教师职业韧性下位因素教学效能感具有显著的影响作用。

研究假设2-1c：一般自我效能感对幼儿教师职业韧性下位因素社会支持具有显著的影响作用。

研究假设2-1d：一般自我效能感对幼儿教师职业韧性下位因素情绪智力具有显著的影响作用。

（2）教师职业认同和幼儿教师职业韧性

职业认同这个社会概念，无论是在国内还是国外的学术界一直没有一个统一的共识，根据辞海的解释：职业认同是一个心理学概念，是指个体对于所从事职业的肯定性评价。而付国庆（2013）[①]则表明：职业认同是指一个人认为工作不仅是谋生的手段，还是一个人价值实现的需要，在工作中表现出敬业爱岗的精神。而秦奕（2008）[②]则认为职业认同指个体基于自身经验较好地处理了个体与社会需求之间的矛盾与冲突，并逐步在职业生活情境中形成以有目的、主动地自我理解与自我接纳为特点的生存状态。对于幼儿教师的职业认同的概念定义，也有各种不同的学者从不同的角度出发来进行表述：

从角色与定位的角度上来说：朱晓颖（2017）[③]认为幼儿教师的职业认同既包括幼儿教师对所属社会角色的确认和服从，又包括幼儿教师对自我生命价值的体认和接纳。郝露（2017）[④]认为，幼儿教师的职业认同是幼儿教师对教师角色的定位以及对职业的理解，是幼儿教师了解工作环境、有目的、有意义地实施教育教学行为，具有动态性和复杂多样性。从感知角度上来界定：樊丽红和司琳（2018）[⑤]提出幼儿教师的职业认同度是指幼儿教师对自己所从事的幼教工作的

---

① 付国庆 .(2013).幼儿园转岗教师职业认同研究（硕士学位论文，四川师范大学）.

② 秦奕 .(2008).幼儿园教师职业认同结构要素与关键主题研究（博士学位论文，南京师范大学）.

③ 朱晓颖 .(2017).幼儿教师身份认同与职业倦怠关系研究 .南昌师范学院学报 (06),138-140.

④ 郝露 .(2017).天津市幼儿园青年教师职业认同现状的调查研究（硕士学位论文，天津师范大学）.

⑤ 樊丽红，司琳 .(2018).新入职幼儿教师职业认同度提升研究 .河南教育（高教）,(11):28-32.

意义与价值的充分肯定，并甘愿为这项工作辛劳付出的心理与精神状态。罗应琼（2015）[1]认为，幼儿教师职业认同是幼儿教师对所从事职业的现状、社会价值等所持有的看法，以及乐于从事该职业的一种积极、愉悦的情感体验。从动态上界定：梁进龙、崔新玲和孙钰华（2017）[2]认为幼儿教师职业认同指教师基于自身经验对其自身专业发展过程中所面对的各种矛盾与冲突加以自主性的理解与解决，从而形成有目的、主动地自我理解与自我接纳的生活态度的过程。而翟艳则提出幼儿教师职业认同就是教师对自身所具有意义的整体看法，它统筹幼儿教师去感知工作情境、赋予意义并采取行动，具有多元化、复杂化和动态化的特点。

通过对已有研究的梳理，可以得出大多数研究者都认为教师职业认同是一个多维度的结构系统，但是对于教师职业认同具体要从哪些维度考察，目前并无统一的结论。现有研究将职业认同的构成维度分为了单维、双维、三维和多维，在此基础上梳理了七种较有代表性的结构维度，见表3-1。

表3-1 教师职业认同的不同结构

维度	研究者	内容
单维	Blau	主体对职业的愿望、喜欢程度
二维	London（1993）	工作动机、管理动机
三维	Holland（1993）	个体兴趣、目标与能力的反应
	Brickson（2000）	个人影响因素 集体的因素 相互作用的因素
	丁洁（2009）	职业生涯中的自我认知 职业动态 职业生涯的收获

---

① 罗应琼.(2015).公办幼儿园非在编教师职业认同的现状及管理对策研究（硕士学位论文，四川师范大学）.

② 梁进龙，崔新玲，孙钰华.(2017).国内幼儿教师职业认同研究述评.陕西学前师范学院学报(05),76-83.

续表3-1

维度	研究者	内容
四维	Kremer & Hofman（1981）	中心、价值、团结、自我表现
	Gee（2000）	自然身份、制度身份、话语身份、关系身份
	魏淑华（2005）	角色的价值、职业行为倾向、职业价值、职业归属
	Beauchamp & Thomas（2009）	自然身份、讨论身份、地位身份、关系身份
	Canrinus等（2012）	工作满意度、职业忠诚度、自我效能感和动机水平
	李佳丽（2013）	职业情感、职业薪资、职业环境、职业声誉
五维	杨珊（2008）	职业认知、职业情感、职业能力、职业行为倾向认同、职业社会地位
	杨晓萍（2006）	教师自我形象、教学实践、专业知识、职业动机、未来职业展望等方面。
六维	Kelchtermans（1993）	自我形象、自尊、工作动机、职业动机、工作感知和未来展望
	付国庆（2013）	目标识别、职业情感、职业参与、职业发展能力、人际关系之间的支持、持续的承诺
	秦奕（2008）	目标确信、情感归属、投入意愿、胜任效能、持续承诺、人际支持
	梁玉华，苏静（2011）	教师的职业价值观、职业生涯效率、职业承诺、职业情感、职业生涯计划、职业生涯的期望
	高晓敏（2011）	职业认知能力、职业计划、职业承诺、职业发展效率、职业情感、职业期望
七维	王静（2007）	职业认知能力、职业技能、职业意义、专业人士的意愿、职业情感、职业期望、工作动机
八维	文雅（2014）	职业角色、职业行为倾向、职业情感、职业发展能力、职业价值、社会支持程度、职业目标、职业归属
九维	于慧慧（2006）	职业能力、职业意义、职业特征的认识、对领导的认同、对同事的认同、对学生的认同、对工作回报的认同、对工作背景的认同、对所在学校有归属感或集体感的判断

对工作背景的认同、对工作回报的认同、所在学校有归属感、集体感的判断，通过对教师职业认同构成维度的梳理，分析出教师职业认同不是由单一的因素决定的，而是由多重因素构成的。

职业认同是影响教师职业韧性的关键内因。当一位教师处于职业认同危机时，其在职场中就会表现出混乱的状态，进而直接影响教师的职业生活质量。教师只有对自我认同，实现自我价值，才能持续地积极工作。教师职业认同是影响教师职业韧性的重要内部因素（毛菊和吴凯欣，2018）[1]。韧性的性质和可持续性在教师的职业生涯并不是一个静态或先天的，是他们职业自我的力量，对日常所面对的工作承诺，学校内的领导支持的质量，以及对预期与不可预期的个人事件进行管理的能力单独影响和联合影响的结果（Gu, & Day, 2013）[2]。

"教师身份"指的是"自我理解"的发展，使新教师能够保持一种连贯的个人身份感，同时在不同的环境和时间学习"当一名教师"意味着什么（Johnson, Down, Cornu, Peters, Sullivan, & Pearce, 2014）[3]。成功地协商教师身份是成为一名有韧性的教师的关键（Day & Gu, 2010;Pearce & Morrison, 2011）[4]。Gu（2017）也发现了教师职业身份和他们的职业韧性之间的联系。教师的职业自我使他们在具有挑战性的环境中有效地、坚定地改变学生的生活。身份感、承诺和道德目标是该研究的第二和第三个信息，这是成为一名有韧性的教师需要的[5]。Le Cornu（2013）的研究结果支持了Day和Gu（2007）[6]提出的主张，即成功地协商教师身份是成为一名韧性教师的关键[7]。

研究假设2-2：教师职业认同对幼儿教师职业韧性具有显著的影响作用。

---

[1] 毛菊，吴凯欣.(2018).论克里斯托弗·戴教师复原力思想及启示.当代教育与文化(06),88-93.

[2] Gu, Q., & Day, C. (2013). Challenges to teacher resilience: conditions count. British Educational Research Journal, 39(1), 22-44. http://dx.doi.org/10.1080/01411926.2011.623152.

[3] Johnson, B., Down, B., Le Cornu, R., Peters, J., Sullivan, A., & Pearce, J., et al. (2014). Promoting early career teacher resilience: a framework for understanding and acting. Teachers & Teaching, 20(5), 530-546.http://dx.doi.org/10.1080/13540602.2014.937957.

[4] Pearce, J., & Morrison, C.. (2011). Teacher identity and early career resilience: exploring the links. Australian Journal of Teacher Education, 36(1), 48-59.

[5] Gu, Q.. (2017). Resilient Teachers, Resilient Schools: Building and Sustaining Quality in Testing Times. Quality of Teacher Education and Learning. Springer Singapore.

[6] Gu, Q., & Day, C.. (2007). Teachers resilience: a necessary condition for effectiveness. Teaching & Teacher Education, 23(8), 1302-1316.

[7] Le Cornu, R. (2013). Building Early Career Teacher Resilience: The Role of Relationships. Australian Journal of Teacher Education, 38(4),1-16.

研究假设2-2a：教师职业认同对幼儿教师职业韧性下位因素社交关系具有显著的影响作用。

研究假设2-2b：教师职业认同对幼儿教师职业韧性下位因素教学效能感具有显著的影响作用。

研究假设2-2c：教师职业认同对幼儿教师职业韧性下位因素社会支持具有显著的影响作用。

研究假设2-2d：教师职业认同对幼儿教师职业韧性下位因素情绪智力具有显著的影响作用。

（3）工作热情和幼儿教师职业韧性

热情是一种强烈的情感，体现在日常的生活中对他人、具体的物体和事件等一种激动的情绪。美国经济学家罗宾斯（Robbins，S. P.）提出人力资本与工作热情以及工作能力共同成就了人的价值。Frijda（1991）等这样来定义热情，热情是个体通过花费了大量的时间的基础上，从事并达到自己想要的目标的一种情绪结果[1]。Chang（2001）提出，在组织的竞争中，热情是一种潜在的优势，它利于组织的成功。同时，当员工们具有了热情的力量驱动，也会更好地投入到工作中，还能在集体的力量中达到自己的目标，不仅可以获得较好的工作绩效，还能提高工作的满意度[2]。

Adler、Brit和Bartone（2001）提出了工作热情的含义，他们指出：在组织文学中，热情被认为是工作特有的精力（Shirom，2003）和保证。vallerand（2003）在其二元模型理论中将工作热情分为和谐性热情和强迫性热情，并认为和谐热情是个体认同并接受了所从事的工作的价值和意义而能自愿和主动地付出时间和精力的一种强烈倾向[3]。Ho（2011）等认为，热情对个人和组织都有很大的影响，一

① Frijda N.H.Mesquita B.,Sonnemans J.(1991).The Duration of Affective phenomena or Emotions, Sentiments and passions.International Review of Studie S on Emotion,1:187-225.

② Chang, R.(2001). Turning passion into organizational performance. Training & Development, 55(5), 104-112 22.

③ 许科,于晓宇,王明辉,林云云.(2013). 工作激情对进谏行为的影响：员工活力的中介与组织信任的调节. 工业工程与管理 (05),96-104.

旦员工能用心投入工作，便能在任何情况下都能使工作变得有意义，能创造效益，这是一种很好的态度和行为[①]。郑伯埙（2004）年总结已有研究的基础上，提出了他对热情的看法，他认为：热情是每个人一生的资产，是与生俱来的，拥有了热情，能量就源源不绝，即使从事卑微的工作也能做到有意义[②]。Gubman（2004）提出了工作热情的方程式，让我们进一步了解了热情与工作相关因素之间的关系。他先指出，员工投入=适材适所的工作×正面的工作环境。紧接着，他又定义了工作热情的方程式。工作热情=适材适所的工作×正面的工作环境×员工的自我激励。

苗元江（2012）指出工作热情是一种在工作中产生的强烈情感，它可以带来很多种好处，比如可以让个人获得成功、可以提高对工作的满意度等[③]。吴叔（2012）则提出从三个角度来认识工作热情，并认为工作热情是工作中产生的个体由内而外表现出的行为和情绪，可以影响别人，并能较好地完成工作[④]。张燕（2018）认为工作热情是一种正向积极的行为和情绪[⑤]。

本研究综合以上对工作热情的定义，认为工作热情是一种正向积极的态度和行为，是基于对本职工作的热爱，而在工作中所表现出的积极和投入，并且具有较高的自我效能感，一般工作的质量和效果较为显著。

通过系统文献回顾，在个人资源中，确定的12个因素与动机和情绪有关（Mansfield, Beltman, Broadley, & Weatherby-Fell, 2016）[⑥]。动机是最常被提及的个人资源，有26篇论文描述了动机、"内在驱动力"（Hong, 2012）[⑦]或内在动机

---

① Ho V.T., Wang S.S., Lee C. H. A Tale of Passion:Linking Job Passion and Cognitive Engagement to Employee Work Performance[J].Journal of Manggement Studles,2011,78(1):89-112.

② 郑伯埙 .(2004). 热情 . 商业周刊 ,882,106-114 88.

③ 苗元江 , 吴叔 , 梁小玲 .(2012). 工作热情研究概述 . 企业活力 (01),92-96.

④ 吴叔 .(2012). 湖南省公办中小学教师工作热情调查研究（硕士学位论文，南昌大学）.

⑤ 张燕 .(2018). 大理市高中教师工作热情现状及其影响因素分析（硕士学位论文，云南师范大学）.

⑥ Mansfield, C. F., Beltman, S., Broadley, T., & Weatherby-Fell,N..(2016). Building resilience in teacher education: an evidenced informed framework. Teaching & Teacher Education, 54, 77-87.

⑦ Hong, J. Y. (2012) Why do some beginning teachers leave the school, and others stay? Understanding teacher resilience through psychological lenses, Teachers and Teaching, 18:4, 417-440, DOI: 10.1080/13540602.2012.696044.

（Kitching, Morgan & O'Leary, 2009）对韧性很重要。

　　研究发现对积极情感的关注和管理与韧性的形成关系密切，并可以在充满挑战的情境下实现韧性的发展（毛智辉和眭依凡，2018）。

　　何灿和程琼（2016）情感力量不仅指教师对工作积极投入，而且指教师对教学工作有发自内心的喜爱和热情，对工作的社会意义有深刻的认识或体验，能感染学生的学习热情，促进学生的有效学习[①]。教学作为教师的专业道德的实践，这种内在的精神力量是教师独特的专业性所在（张华军和朱旭东，2012）[②]。很少有研究认为这一点提供实证证据，并设计了"拓宽和建立积极情绪的理论"。他们预测，有韧性的人利用积极情绪从压力遭遇中反弹，并找到积极的意义。他们的工作解释分析表明，积极情绪的经验，部分有助于实现有效的情绪调节的能力（Tugade & Fredrickson, 2004）[③]。情感在教师韧性文献中的重要特征（例如 Kirk & Wall, 2010; Mansfield et al. 2012; Steward, 2014）[④]。激情、热情和享受等因素反映了积极的情绪状态，这些状态也被认为对教师的韧性和留在职业的意图至关重要（Le Cornu, 2013; Tait, 2008）[⑤]。

研究假设2-3：教师工作热情对幼儿教师职业韧性具有显著的影响作用。

　　研究假设2-3a：教师工作热情对幼儿教师职业韧性下位因素社交关系具有显著的影响作用。

　　研究假设2-3b：教师工作热情对幼儿教师职业韧性下位因素教学效能感具有显著的影响作用。

　　研究假设2-3c：教师工作热情对幼儿教师职业韧性下位因素社会支持具有显

---

① 何灿，程琼 .(2016).幼儿教师心理弹性的影响因素及提升策略 .中国校外教育，(33):42-43.

② 张华军，朱旭东 .(2012).论教师专业精神的内涵 .教师教育研究 (03),1-10.

③ Tugade, M., & Fredrickson, B. (2004). Resilient individuals use positive emotions to bounce back from negative emotional.

④ Kirk, J., & Wall, C. (2010). Resilience and loss in work identities: a narrative analysis of some retired teachers' work-life histories. British Educational Research Journal, 36(4), 627-641. http://dx.doi.org/10.1080/01411920903018216.

⑤ Le Cornu, R. (2013). Building early career teacher resilience: the role of relationships. Australian Journal of Teacher Education, 38(4), 1e16. http://dx.doi.org/10.14221/ajte.2013v38n4.4.

著的影响作用。

研究假设2-3d：教师工作热情对幼儿教师职业韧性下位因素情绪智力具有显著的影响作用。

3.3.2 学校环境变量

（1）园长变革型领导行为与幼儿教师职业韧性

1985年，美国管理学家Bass正式提出了交易型领导理论和变革型领导理论。变革型、交易型和放任型是现代采用最广泛的领导行为维度。交易型领导与变革型领导并不是相互否定的，交易型领导与变革型领导分别是领导行为发展的初级阶段和高级阶段；从领导的有效性这一角度看，领导者是依据不同的情境采取合适的领导行为，因而二者并无孰优孰劣之分。

Burns（1978）第一次较完整地提出了变革型领导行为的概念：变革型领导行为是以理想和道德价值观为契机，激励员工为组织的利益而投入到工作中，员工通过不断提高自身价值，使下属为团队、组织和更大的政治利益超越个人利益，最终达到"最佳自我"的状态[①]。

Bass进一步发展了变革型领导的理论，Bass（1997）[②]认为：变革型领导者具有领导魅力和坚定的意志，该类领导能够描绘出组织的美好愿景，鼓励员工更加注重组织的利益，同时帮助员工提高技能，从而激励员工努力超越自身利益，挖掘新潜能去帮助组织获得超越预期的成果。Bass和Avolio（1997）将变革型领导内涵界定为：领导者与下属之间的相互关系，这种关系是领导方式对员工产生积极影响的一个交互过程。该类领导者表现出坚定的信念和个人魅力，描述组织愿景、向员工展现未来的高绩效美好前景，对员工产生正向积极的影响，并帮助员工树立责任感、使命感。如信任领导者、心情愉悦，对领导产生尊崇敬

① Burns,J.M..Leadership. (1978).New York:Harper & Row:11-121.

② Bass,B. M.(1997). Does the Transactional-Transformational Leadership Paradigm Transcend Organizational and National Boundaries.American Psychologist, 52(6):130-139.

佩之情等①。

Bass（1999）②在研究的基础上揭示了变革型领导所包括的四个维度：理想化影响、智力启发、动机激励以及个性化关怀，具体解释为：

① 理想化影响：是指领导者自身能力突出，道德上堪称楷模，人格上能够拥有感染他人的魅力。其能够激励员工，使员工心甘情愿地信赖、追随。这包括两方面影响力：一方面是领导者自身拥有影响力，另一方面其对于员工施加的影响力。

② 动机激励：领导者拥有坚定的理想和信念，也展示出自信与魅力。同时向员工阐述理想和信念以及组织的远景目标，提供给员工富于挑战性工作和技能学习，激励下属的内在驱动力去全力以赴完成工作。

③ 智力激发：领导者提出改革性见解，强调员工在对客观现实认识的基础上，深化了解组织，鼓励员工进行创新，从观念到工作进行再创新。员工在观点和做法上即使与组织有分歧也不会被批评、歧视，领导者注重提升员工分析和解决问题的能力。

④ 个性化关怀：领导者对于员工具有辅导、提拔的责任，辅助员工更好地完成组织任务。领导者注重员工的个性和能力的发展，并能根据员工的能力给予关怀。

程秀兰和高游（2019）提出在幼儿园中，如果领导、同事等组织成员彼此信任、合作、相互支持，就能形成安全、友好、和谐的人际氛围，这促使幼儿园教师能更加积极、主动地参与组织活动，增强与他人的合作并缓解工作中的负面效应，从而有效地提升个人工作投入及工作绩效③。变革型领导行为被视为一种

---

① Bass, B. M. & Avolio, B. (1997).Full range leadership development: Manual for the multifactor leadership questionnaire.Redwood City, CA: Mind Garden.

② Bass, B. M. (1999)Two decades of research and development in transformational leadership. European Journal of Work and Organizational Psychology, (08):9−26.

③ 程秀兰,高游.(2019).幼儿园教师社会支持与工作投入的关系：心理资本的中介作用.学前教育研究 (12),41−51.

循循诱导的组织方式（Beauchamp，Barling，Morton，Keith，&Zumbo，2010）[1]，其维持团体运行的背后是运用了解决问题的沟通模式（Lehmann-Willenbrock，Meinecke，Rowold，&Kauffeld，2015）[2]，对组织内部的沟通具有积极的影响。变革型领导通过激励将个体认同与群体认同连接在一起，这是维护群体合作的基本机制（Sun&Le-ithwood, 2015）[3]，从而能够提高群体的相互支持与合作气氛。因此，变革型领导行为可以改善群体的互动过程（Bhat,Verma,Rangnekar,& Barua, 2012）[4]。

研究假设3-1：园长变革型领导行为对幼儿教师职业韧性具有显著的影响作用。

研究假设3-1a：园长变革型领导行为对幼儿教师职业韧性下位因素社交关系具有显著的影响作用。

研究假设3-1b：园长变革型领导行为对幼儿教师职业韧性下位因素教学效能感具有显著的影响作用。

研究假设3-1c：园长变革型领导行为对幼儿教师职业韧性下位因素社会支持具有显著的影响作用。

研究假设3-1d：园长变革型领导行为对幼儿教师职业韧性下位因素情绪智力具有显著的影响作用。

（2）园长交易型领导行为与幼儿教师职业韧性

交易型领导的概念最早是由Burns（1978）在*Leadership*一书中提出的：交易

---

① Beauchamp, M. R., Barling, J., Li, Z., Morton, K. L., Keith, S. E., & Zumbo, B. D. (2010). Development and psychometric properties of the transformational teaching questionnaire.Journal of Health Psychology,15(8), 1123-1134.

② Lehmann-Willenbrock, N., Meinecke, A. L., Rowold, J., & Kauffeld, S. (2015). How transformational leadership works during team interactions: A behavioral process analysis. The Leadership Quarterly,26(6), 1017-1033.

③ Sun, J., & Leithwood, K. (2015). Leadership effects on student learning mediated by teacher emotions. Societies,5(3), 566-582.

④ Bhat, A. B., Verma, N., Rangnekar, S., & Barua, M. K. (2012). Leadership style and team processes as predictors of organisational learning.Team Performance Management: An International Journal.18(7 /8),347 − 369.

型领导行为带有强烈的目的性，这种领导方式为了目标更好地实现，要明晰工作奖赏报酬，对不合乎标准的要进行处罚；即 Burns 认为交易型领导是一个领导者与其成员在利益最大化和损失最小化的原则下通过协商，达成的一个互惠过程[1]。

构建交易型领导理论的鼻祖，则是Bass（1985），标志就是《超越预期的领导力和绩效》一书。他认为交易型领导的理论基础是领导——成员交换理论和途径—目标理论。

Bass对交易型领导的内涵界定为：建立在奖酬基础上，通过即时交换来激励追随者；领导者明确指出员工的工作方向，满足员工的需要，促使员工努力工作，是任务导向与员工需求之间的交换[2]；交易型领导强调目标和结果，明确的分工、清晰的任务布置是交易型领导带领员工实现组织目标的方式和手段。交易型领导追求稳定的环境下可操控、可预测和持续的结果，这是这种领导方式的内生动力。

Bass认为，构成交易型领导的因素主要有两个：领导的行为水平和期望与下属的相互影响，其在本质是有分歧的。学者们对交易型领导内涵进行了不同的界定（见表3-2）：

表3-2　交易型领导内涵界定

Bass（1985）	建立在奖酬基础上，通过即时交换来激励追随者；领导者明确指出员工的工作方向，满足员工的需要，促使员工努力工作，是任务导向与员工需求之间的交换
Leithwood（1994）	组织中各种薪酬和奖赏系统被领导者所应用，领导者以之来换取其所需要的成果
Sergiovann	双方相互价值间的交换过程，双方在明确的交换条件下付出与回报：领导者的动机是完成目标，员工的动机是需求的满足
Pillai（1999）	建立在交易过程中，领导者视下属的努力与表现情况给予奖赏反馈的一种领导方式
Robbins（2001）	领导者澄清角色和工作要求，建立目标与方向，并以此来引导或激励下属

---

[1]　Burns,J.M.(1978).Leadership. New York:Harper and Row:11-121.

[2]　Bass, B.M.(1985). Leadership and Performance Beyond Expectations. New York, NY:Free Press, 1985.

续表3-2

陈文晶，时勘（2007）	领导者在了解下属需求的基础上，运用各种策略，通过明确角色、工作要求和工作目标，促使员工努力去完成工作，从而满足员工需要的一种领导行为*

注*：陈文晶，时勘.（2007）.变革型领导和交易型领导的回顾与展望.管理评论，19（9）：22-28。

资料来源：根据文献整理

西方交易型领导构成维度常见的有二维度、三维度和四维度之分。Bass（1985）认为交易型领导确立和明确目标，对所要求的工作绩效以承诺奖励的方式来激励追随者；交易型领导主要采用两种方式："权变奖励"和"例外管理"[1]。Bass和AVolio（1999）[2]后来又对交易型领导方式的行为特征进行了进一步的发展，交易型领导中例外管理又被细化为积极例外管理和消极例外管理。例外管理指领导者可能与下属一同去处理组织事务，其集中于监督和观察错误，决定推迟或避免干涉，除非出现错误。例外管理中的积极例外管理和消极例外管理的区别在于时间前后和领导者的态度差异上。在积极例外管理中，领导会在事先就阐明检查错误的标准，工作中注意观察下属的表现，在下属事务出现问题之前就意识到问题的存在并且如果需要就积极采取行动去纠正偏差；在消极的例外管理中，领导会在任务完成后才进行干涉，觉察到问题的存在后并阐明其标准，当下属犯错误后或没有达到标准时会责备下属，属于"东西不坏不修理"的类型。四维度的划分是Bass & AVolio（1999）后来对三维度模型进行了修订，增添的另一种领导行为——自由放任式领导，这种领导方式的典型特征就是忽视问题和逃避责任，漠视下属的需要，对任务、相应责任和下属消极默许，属于不作为的领导方式。

对交易型领导的三个维度具体解释为：①权变性奖励，不仅包括领导对下属完成的任务的认可、奖金奖励的承诺和兑现，还包括信任、给予下属更多机会和

---

[1] Bass, B.M. (1985).Leadership and Performance Beyond Expectations.New York, NY:Free Press.

[2] Bass,B.M. (1999).Two decades of research and development in transformational leadership. European Journal of Work and Organizational Psychology, (08):9-26.

提升空间等；②积极的例外管理，领导者注意观察和寻找对于组织规则和标准的偏离，并事前采取措施进行积极纠正的领导方式。③消极的例外管理：仅在违反要求的行为或错误已经发生之后，才进行干涉的领导方式。值得注意的是：国内外学者在实证分析中发现了消极例外管理的无效性，常把消极例外管理从交易型领导的维度中独立出去，把权变奖励和积极例外管理构成交易型领导的结构维度，如 Judge 和 Piccolo（2004 ）[①]的元分析研究结果显示，消极例外管理与交易型领导的其他两个因素对结果变量具有不同性质的影响，认为有必要从交易型领导结构中剥离，中国学者（李秀娟和魏峰，2007[②]；杨凯和马剑虹，2010[③]）也认同这个观点。

中国学者在Bass的理论基础上，也尝试对交易型领导结构维度进行本土化研究。如中国台湾地区学者吴静吉和林合懋（1998）参考Bass的测量量表，制定了交易型领导的测量量表，包括愿景与吸引力、亲近融合、激励共成愿景、承诺与正义、尊重信任、知识启发以及个别关怀等7个维度[④]。张丽华（2002）在Bass交易型领导理论的基础上，增加了鼓励变革、外部关系、获取支持等3个维度[⑤]，姚艳虹和荆延杰（2008）构建了在本土化背景下的交易型领导的结构维度，增设了支持、典型示范、中庸之道和无为而治4个维度[⑥]，但其有效性却都未能通过更多实证研究得到进一步验证。

唐京（1999）等人在郑燕祥提出的五向度领导理论的基础上，通过实践运用得出校长可以划分为全面型、次全面型、平庸型以及贫乏型四种类型，并且不同

① Judge, T. A., & Piccolo, R. F. (2004). Transformational and transactional leadership: a meta-analytic test of their relative validity. Journal of applied psychology, 89(5), 755-768.

② 李秀娟, 魏峰 .(2007). 组织公正和交易型领导对组织承诺的影响方式研究 . 南开管理评论 (05),82-88.

③ 杨凯 & 马剑虹 .(2010). 变革型和交易型领导力研究的归纳与评价 . 人类工效学 (01),57-60.

④ 吴静吉, 林合懋 .(1998). 转型领导量表与交易领导量表的建立 . 中国测验学会测验年刊 . 45(2):57-88.

⑤ 张丽华 .(2002). 改造型领导与组织变革过程互动模型的实证与案例研究 (博士学位论文 , 大连理工大学).

⑥ 姚艳虹, 荆延杰 .(2008). 中国文化背景下企业交易型领导的结构研究 . 湖南大学学报 (社会科学版)(04),64-68.

类型的校长在学校效能感上表现出不同的差异[1]。依据社会交换理论,领导与成员之间的社会交往是基于互惠原则的社会交换,是一种双向的交换回报的互动关系(Cropanzano & Mitchell,2005)[2]。交易型领导是以任务为中心,以任务为驱动,通过论功行赏与依过惩处促使成员表现出高绩效的行为,因而在班级内部强化了优秀成员的行为表现(石雷山,高强峰,2019)[3]。

研究假设3-2:园长交易型领导行为对幼儿教师职业韧性具有显著的影响作用。

研究假设3-2a:园长交易型领导行为对幼儿教师职业韧性下位因素社交关系具有显著的影响作用。

研究假设3-2b:园长交易型领导行为对幼儿教师职业韧性下位因素教学效能感具有显著的影响作用。

研究假设3-2c:园长交易型领导行为对幼儿教师职业韧性下位因素社会支持具有显著的影响作用。

研究假设3-2d:园长交易型领导行为对幼儿教师职业韧性下位因素情绪智力具有显著的影响作用。

(3)工作压力与幼儿教师职业韧性

压力是指垂直作用于物体上的外力。关于压力的理论阐述,不同的学科领域给出了相对应的答案(王延伟,2006)[4]。工作压力的理论与定义也十分众多,但大致上分为这三种取向,分别是刺激型、反应型和互动型(Ivancevich, Matteson, & Preston, 1982)[5],衍生出的工作压力定义也都基本围绕这三种取向(石林,

---

① 唐京,程正方,应小平.(1999).校长领导行为与校长类型.心理学探新(03),43-46+58.

② Cropanzano, R., & Mitchell, M. S. (2005). Social exchange theory: An interdisciplinary review. Journal of management, 31(6), 874-900.

③ 石雷山,高峰强.(2019).领导行为对集体效能的影响:基于初中班级组织的研究.应用心理学(03),253-261.

④ 王延伟.(2006).幼儿教师职业压力及其影响因素研究(硕士学位论文).西南大学.

⑤ Ivancevich, J. M., Matteson, M. T., & Preston, C. (1982). Occupational stress, Type A behavior, and physical well being. Academy of Management Journal, 25(2), 373-391.

2003）[1]。例如：工作压力是对包含了太多有害特征的工作角色的需求（Gupta & Beehr, 1979）[2]，工作压力是个体的一种焦虑反应，在环境特征与个体因素的共同影响下而产生的（Munz, Kohler, & Greenberg, 2001）[3]。通过上述工作压力的定义可知，个体的工作压力与其在工作环境中的刺激、个体的特质等因素密切相关。

具体到本研究的研究对象幼儿教师这一群体中，教师是专业技术人员，具有特殊的工作压力，教师工作压力的定义和理论都是从工作压力的理论基础上发展而来的，学者们在此基础上结合教师职业特征做了更详细和贴切的定义与描述，比如工作压力是指教师因各种影响到教师感受和工作的因素而引起的身心反应，会对教师产生不利的影响（李玉峰，2004）[4]；工作压力是指教师这一职业中所要求的超出自身水平的责任和期望，并且已经威胁到了其尊严感，而对个体产生的消极影响（靳岳滨、陈红梅和陈敏丽，2006）[5]；Moracco和Mcfadden（2014）[6]强调了除学校外的社会环境（社会、家庭等）对教师工作压力的影响，以及教师主观评判的重要影响；还有学者提出教师工作压力是在学校压力源、教师压力反应、教师特质、教师评估与适应机制等方面共同作用下而形成的感受（Tellenback, Brenner, & Löfgren, 2011）[7]。

陈思颖与王恒（2016）的研究选取某高校100名青年教师作为样本，考察了

[1]　石林.(2003).工作压力的研究现状与方向.心理科学,26(3),494-497.

[2]　Gupta, N., & Beehr, T. A. (1979). Job stress and employee behaviors. Organizational Behavior & Human Performance, 23(3), 373-387.

[3]　Munz, D. C., Kohler, J. M., & Greenberg, C. I. (2001). Effectiveness of a Comprehensive Worksite Stress Management Program: Combining Organizational and Individual Interventions. International Journal of Stress Management, 8(1), 49-62.

[4]　李玉峰.(2004).中小学教师的职业压力与应对策略.中小学心理健康教育,4(11),38-40.

[5]　靳岳滨,陈红梅,陈敏丽.(2006).幼儿教师与中小学教师主要工作压力事件及应付方式之比较.学前教育研究,7(Z1),98-100.

[6]　Moracco, J. C., & Mcfadden, H. (2014). The counselor's role in reducing teacher stress. Journal of Counseling & Development, 60(9), 549-552.

[7]　Tellenback, S., Brenner, S. O., & Löfgren, H. (2011). Teacher stress: Exploratory model building. Journal of Occupational Psychology, 56(1), 19-33.

高校青年教师心理韧性的结构特征和影响因素[1]。研究发现，组织文化和工作压力对青年教师心理韧性产生了显著影响。泰特（M. Tait）指出教师韧性是一种与充满压力的环境中诸多事件互动的模式。这一过程不仅受到教师的动机、信念、课堂管理能力等的影响，其所在学校的设备条件、同事关系、师生关系以及职前课程的性质、家庭朋辈的支持、学校文化等环境因素同样发挥着不可替代的作用。因此，教师韧性是一个相对的且动态发展的、在挑战条件下积极适应并实现个人发展的过程，其强弱程度取决于个体与环境的互动程度。（王晓莉、张世娇，2018）[2]。Luthans（2006）认为，外部控制点会导致韧性，因为当逆境发生时，内部归因可能会导致更强烈的失望感。因此，外部控制点可能通过允许一个人在情感上脱离压力情境而产生韧性（Bonanno, 2004）。

研究假设3-3：工作压力对幼儿教师职业韧性具有显著的影响作用。

研究假设3-3a：工作压力对幼儿教师职业韧性下位因素社交关系具有显著的影响作用。

研究假设3-3b：工作压力对幼儿教师职业韧性下位因素教学效能感具有显著的影响作用。

研究假设3-3c：工作压力对幼儿教师职业韧性下位因素社会支持具有显著的影响作用。

研究假设3-3d：工作压力对幼儿教师职业韧性下位因素情绪智力具有显著的影响作用。

（4）人际信任与幼儿教师职业韧性

人际信任是认知和情感的基础。信任是基于认知的，因为"我们选择信任谁在哪方面，在什么情况下，我们选择基于我们认为什么是'好理由'，构成值得信任的证据"（Lewis & Wiegert, 1985）[3]。信任所必需的知识数量介于完全知识和完

---

[1] 陈思颖，王恒.(2016).高校青年教师心理韧性结构及影响因素研究——基于H大学的调查分析[J].教师教育论坛,29(11):55-62.

[2] 王晓莉，张世娇.(2018).新手教师韧性发展的个案研究：社会生态系统理论的视角.教育发展研究(06),74-79.

[3] Lewis, J. D., & Weigert, A. (1985). Trust as a social reality. Social forces, 63(4), 967-985.

全无知之间（Simmel, 1964）[1]。完全知识，没有必要相信，完全无知，没有理性信任的基础。可用的知识和"良好的理由"可以作为信任决策的基础，这是人们飞跃信念的平台，就像那些参与信任的人一样（Luhmann, 1979; Simmel, 1964）[2]。

过去对组织环境的信任措施表明，能力和责任是核心要素（Butler, 1991; Cook & Wall, 1980）[3][4]。可信任和可靠性也被包括在密切关系中的人际信任的措施中（Johnson-George & Swap, 1982; Rempel et al. 1985）[5][6]。为了存在和发展可靠性，信任关系通常必须满足可信任和可靠性期望（Zucker, 1986）[7]相反的证据为扣缴信托提供了合理的依据（Luhmann, 1979; Shapiro, 1987, 1990）[8][9][10]。

信任的情感基础也存在，包括个体之间的情感纽带（Lewis & Wiegert, 1905）。人们对信任关系进行情感投资，表达对伴侣的福利的真正关心，相信这种关系的内在美德，并相信这些情感得到回报（Pennings & Woiceshyn, 1987; Rempel et al.

[1] Simmel, G. (1964). The sociology of Ccorg Shmcl (K. H. Wolff, trans.). Now York: Free Press.

[2] Luhrnann, N. (1979). Trust and power. Chichester: Wiley.

[3] Butler Jr, J. K. (1991). Toward understanding and measuring conditions of trust: Evolution of a conditions of trust inventory. Journal of management, 17(3), 643-663.

[4] Cook, J., & Wall, T. (1980). New work attitude measures of trust, organizational commitment and personal need non - fulfilment. Journal of occupational psychology, 53(1), 39-52.

[5] Johnson-George, C., & Swap, W. C. (1982). Measurement of specific interpersonal trust: Construction and validation of a scale to assess trust in a specific other. Journal of personality and social psychology, 43(6), 1306-1317.

[6] empel, J. K., Holmes, J. G., & Zanna, M. P. (1985). Trust in close relationships. Journal of personality and social psychology, 49(1), 95- 112.

[7] Zucker, L. G. (1986). The production of trust: Institutional sources of economic structure, 1840- 1920. In B. M. Staw & L. L. Cummings (Eds.), Research in organizational behavior, vol8: 55-111. Greenwich, CT: JAI Press.

[8] Luhrnann, N. (1979). Trust and power. Chichester: Wiley.

[9] Shapiro, S. P. (1987). The social control of impersonal trust. American journal of Sociology, 93(3), 623-658.

[10] Shapiro, S. P. (1990). Collaring the crime, not the criminal: Reconsidering the concept of white-collar crime. American sociological review, 346-365.

1985）[1][2]。最终，联系在个人之间的情感联系可以为信任提供基础。

来自社会心理学文献中关于密切关系信任的实证证据支持了这两种信任形式之间的这种区别。Johnson-George和Swap（1982）认证、区分和可靠地测量了两种信任维度，它们称为"可靠性"和"情感信任"[3]。同样地，Rempel和colleagues（1985）区分"可靠性"和"信仰"（情感安全）作为独特的信任形式[4]。组织中充满了基于可靠性和信仰的关系（Pennings & Woiceshyn, 1987）[5]人际关系的关心并不少见（Granovetter, 1985; Griesinger, 1990; Pennings & Woiceshyn, 1987）[6][7][8]。

人际信任在学术领域被定义为个体对另一方的言语、行动和决策背后良善动机的积极预期（Macallister,1995）。人际信任既包含认知成分，也包含情感成分。认知信任是基于过去交往经历获得的对另一方可靠程度、专业能力以及稳定性的信心。当下属获得领导对其工作的有效指导意见和建议，下属确信领导是任务困难解决中的咨询者，就能形成认知信任（Colquitt，2012）。而情感信任则是对另一方关心自己以及有互惠动机的信心。领导对下属的情感关心则给予下属保

① Pennings, J. M., & Woiceshyn, J. (1987). A typology of organizational control and its metaphors. In S. B. Bacharach & S. M. Mitchell (Eds.), Research in the sociology of organizations, vol. 5: 75–104. Greenwich, CT: JAI Press.

② Rempel, J. K., Holmes, J. G., & Zanna, M. P. (1985). Trust in close relationships. Journal of personality and social psychology, 49(1), 95–112.

③ Johnson-George, C., & Swap, W. C. (1982). Measurement of specific interpersonal trust: Construction and validation of a scale to assess trust in a specific other. Journal of personality and social psychology, 43(6), 1306–1317.

④ Rempel, J. K., Holmes, J. G., & Zanna, M. P. (1985). Trust in close relationships. Journal of personality and social psychology, 49(1), 95–112.

⑤ Pennings, J. M., & Woiceshyn, J. 1987. A typology of organizational control and its metaphors. In S. B. Bacharach & S. M. Mitchell (Eds.), Research in the sociology of organizations, vol. 5: 75–104. Greenwich, CT: JAI Press.

⑥ Granovetter, M. (1985). Economic action and social structure: The problem of embeddedness. American journal of sociology, 91(3), 481–510.

⑦ Griesinger, D. W. (1990). The human side of economic organization. Academy of Management Review, 15(3), 478–499.

⑧ Pennings, J. M., & Woiceshyn, J. 1987. A typology of organizational control and its metaphors. In S. B. Bacharach & S. M. Mitchell (Eds.), Research in the sociology of organizations, vol. 5: 75–104. Greenwich, CT: JAI Press.

护和信赖感觉，从而形成情感信任（Colquitt，2007）。人际信任在人际社会交换过程中对激发双方相互回报以及增强彼此投入的意愿具有重要的作用（Tschannen-Moran and Hoy 2000）[①]。

有效的学校改革依赖于利益攸关方之间的相互信任；事实上，不信任的存在会破坏实质性和有益变革的努力（Tschannen-Moran and Hoy 2000[②]; Hoy et al. 2000, 2006[③]; Bryk and Schneider 2002[④]; Forsyth et al. 2006[⑤]）。这些研究的重点是人际信任的社会心理学。然而，信任的原因和影响的作用大于个人或人际层面。

对主管的信任在研究程度上大于对同事的信任，并且与领导风格、对组织的承诺、组织公民行为和工作参与有关。当员工信任主管时，员工和工作场所之间就会产生情感联系（Xiong, Lin, Li, & Wang, 2016）[⑥]。此外，信任在领导中调节诚信和组织愤世嫉俗之间的这种关系（Kannan-Narasimhan & Lawrence, 2012）[⑦]。诚信与信任程度之间的关系与善行的发现相似。正直的主管要诚实、真实，言行一致，并对自己的行为承担责任。员工对领导者诚信的评价越高，对领导者的信任程度就越高（Poon, 2013）[⑧]。Lewis和Weigert（1985）认为是人际关系理性计算和情感关联的产物，是个体对人们对他期望的行为出现的认知判断[⑨]。Hu、Hsiu-

---

[①] Tschannen-Moran, M., & Hoy, W. K. (2000). A multidisciplinary analysis of the nature, meaning, and measurement of trust. Review of educational research, 70(4), 547–593.

[②] Tschannen-Moran, M., & Hoy, W. K. (2000). A multidisciplinary analysis of the nature, meaning, and measurement of trust. Review of educational research, 70(4), 547–593.

[③] Hoy, W. K., Gage, C. Q., & Tarter, C. J. (2006). School mindfulness and faculty trust: Necessary conditions for each other? Educational Administration Quarterly, 42(2), 236–255.

[④] Bryk, A. S., & Schneider, B. (2002). Trust in schools: A core resource for improvement. Rose Series in Sociology. NY: Russell Sage Foundation.

[⑤] Forsyth, P. B., Barnes, L. L. B., & Adams, C. M. (2006). Trust effectiveness patterns in schools. Journal of Educational Administration, 44(2), 122–141.

[⑥] Xiong, K., Lin, W., Li, J. C., & Wang, L. (2016). Employee trust in supervisors and affective commitment: The moderating role of authentic leadership. Psychological reports, 118(3), 829–848.

[⑦] Kannan-Narasimhan, R., & Lawrence, B. S. (2012). Behavioral integrity: How leader referents and trust matter to workplace outcomes. Journal of business ethics, 111(2), 165–178.

[⑧] Poon, J. M. (2013). Effects of benevolence, integrity, and ability on trust - in - supervisor. Employee Relations. 35(4), 396–407.

[⑨] Lewis, J. D., & Weigert, A. (1985). Trust as a social reality. Social forces, 63(4), 967–985.

Hua（2001）发现美国经理人对他们的下属表现出的是一种基于认知的信任（可靠性和能力），而中国台湾地区经理人对他们的下属表现出的是一种基于情感的信任（与下属的关系紧密程度）[1]。类似的结论在有关中国家族企业的相关研究中也得到证明（张军鹰和蔡会明，2005）[2]。人际信任体现在特定的关系之中。郑伯埙（2003）通过对组织中上下属的信任关系研究发现，处于不同角色地位的人，对他人的信任人格特征要求不同。上司对下属的信任主要依据彼此间关系，以及下属的忠诚和才能，而下属对上司的信任主要依赖于上司的善意和正直（郑伯埙，1999；郑也夫和澎泗清，2003）。教师世界围绕着不同的角色关系组织："教师与学生、教师与其他教师、与家长的教师以及与校长"（Bryk & Schneider, 2002, p. 20）[3]。教育研究中有力而一致的证据表明，学校的社会组织具有不同利益相关者之间的支持、信任和学院的关系，会培养教师的集体能力、承诺和有效性（Bryk & Schneider, 2002; Day & Gu, 2010; Sammons et al.2007; Tschannen-Morgan & Barr, 2004）。三个相互关联的条件——教师的职业自我、社会和与同事的专业关系，以及领导支持和认可——被发现是使他们能够维持教育目的和成功管理"不可避免的不确定性"（Shulman, 2005, p. 1）[4]。教育文献中有丰富的证据表明，校内管理对其学习和发展的支持、领导信任以及来自家长和学生的积极反馈是对教师的动机和韧性的关键积极影响（e.g.Brunetti, 2006; Castro Kelly, & Shih, 2010; Day et al. 2007; Huberman, 1993;Leithwood et al. 2006; Meister & Ahrens, 2011; Webb et al. 2004）。

---

[1] Hu, H. H. (2007). A comparative study of the effects of Taiwan-United States employee categorization on supervisor trust. Social Behavior and Personality: an international journal, 35(2), 229-242.

[2] 张军鹰 & 蔡会明 .(2005). 浅析家族企业信任问题的成因和对策 . 商业研究 (11),128-130.

[3] Bryk, A. S., & Schneider, B. L. (2002). Trust in schools: A core resource for improvement.New York, NY: Russell Sage Foundation.

[4] Shulman, L. (2005). The signature pedagogies of the professions of law, medicine, engineering, and the clergy: Potential lessons for the education of teachers. Delivered at the Math Science Partnerships Workshop, hosted by the National Research Council's Centre for Education, February 6 - 8, Irvine, CA. Retrieved March 1, 2013, from http://www.taylor programs.com/images/Shulman_Signature_Pedagogies.pdf.

研究假设3-4：人际信任对幼儿教师职业韧性具有显著的影响作用。

研究假设3-4a：人际信任对幼儿教师职业韧性下位因素社交关系具有显著的影响作用。

研究假设3-4b：人际信任对幼儿教师职业韧性下位因素教学效能感具有显著的影响作用。

研究假设3-4c：人际信任对幼儿教师职业韧性下位因素社会支持具有显著的影响作用。

研究假设3-4d：人际信任对幼儿教师职业韧性下位因素情绪智力具有显著的影响作用。

3.3.3 工作热情与职业认同在一般自我效能感与幼儿教师职业韧性之间的中介作用

（1）一般自我效能感与职业认同

对幼儿教师感到被边缘化的另一个可能的影响是对幼儿教师的专业要求。这个国家的大多数学前教师都不需要拥有教育学位。根据Moloney（2010）所说，对幼儿教师感到被边缘化的另一个可能的影响是对幼儿教师的专业要求。这个国家的大多数学前教师都不需要拥有教育学位[1]。（Court et al. 2009）[2]这也许可以解释为什么想要被认为是有能力、有价值、有价值和勤奋的专业人士的幼儿教师花了这么多的时间来展示他们的价值（Kelchtermans & Ballet, 2002）[3]，并寻求同事们的认可和支持（Pearce & Morrison, 2011）[4]。教师对自己职业身份的积极自我感知，似

---

[1] Moloney, M. (2010). Professional identity in early childhood care and education: perspectives of pre-school and infant teachers. Irish educational studies, 29(2), 167−187.

[2] Court, D., Merav, L., & Ornan, E. (2009). Preschool teachers' narratives: a window on personal - professional history, values and beliefs. International Journal of Early Years Education, 17(3), 207−217.

[3] Kelchtermans, G., & Ballet, K. (2002). The micropolitics of teacher induction. A narrative−biographical study on teacher socialisation. Teaching and teacher education, 18(1), 105−120.

[4] Pearce, J., & Morrison, C. (2011). Teacher identity and early career resilience: Exploring the links. Australian Journal of Teacher Education (Online), 36(1), 48−57.

乎超越了自己对恶劣工作条件的不满（Moore & Hofman, 1988）[1]。Stobark等（2003）经研究表明，教师的自我效能感、动机等各方面都会对其职业认同度带来影响。

（2）一般自我效能感与工作热情

自我效能感的理论（Bandura, 1997; Pethe, Chandhari&Dhar, 1999）意味着个人员工对组织目标的坚持，他对工作的热情和专注于工作，会发展他的自我效能感，这种效率有助于他的组织的整体效力。

Canrinus（2012）[2]继承了Kelchtermans（2002）[3]的观点，并在教师与他们工作环境持续互动的理解基础上形成了自己的看法：教师专业身份认同的指标主要从职业忠诚度、满足、自我效能感和动机水平四个方面来探索、分析。Canrinus（2012）从自我效能感、职业忠诚度、满足和动机变化水平这四个方面来探索教师专业身份认同指标之间的关系[4]。Moore和Hofman（1998）教师在工作中更加看重自尊、自我实现，要高于工作条件[5]。

苏大鹏（2015）在高校教师专业身份认同的研究中认为，教师专业认同的结构包括情感、价值认同、满意度、效能感和行为倾向五个维度。基于身份理论和社会理论对身份的定义，将教师专业身份分为以下维度：教师职业观念、自我效能感、工作价值观、工作价值感[6]。

目前在教师研究中使用最广泛的动机结构是教师的自信信念——即教师对学

① Moore, M., & Hofman, J. E. (1988). Professional identity in institutions of higher learning in Israel. Higher education, 17(1), 69–79.

② Canrinus, E. T., Helms-Lorenz, M., Beijaard, D., Buitink, J., & Hofman, A. (2012). Self-efficacy, job satisfaction, motivation and commitment: Exploring the relationships between indicators of teachers' professional identity. European journal of psychology of education, 27(1), 115–132.

③ Kelchtermans Greet. (2002).Telling dreams: A commentary to Newman form a European context. International Journal of Educational Research, (2):123–127.

④ Canrinus, E. T., Helms-Lorenz, M., Beijaard, D., Buitink, J., & Hofman, A. (2012). Self-efficacy, job satisfaction, motivation and commitment: Exploring the relationships between indicators of teachers' professional identity. European journal of psychology of education, 27(1), 115–132.

⑤ Moore, M.,& Hofinan, J.E. (1998).Professional identity in institutions of higher learning in Esrael.Higher Education.17(1):69–79.

⑥ 文灵玲 .(2015). 中国大学英语教师专业身份研究 (博士学位论文 , 华中科技大学).

生产生预期教育结果的能力的判断（Tschannen-Moran & Hoy, 2001）[1]。对教学热情的教师也可以被期望有更高的自信信念，尽管保持这两种结构是很重要的，热情更具有情感特征，而自信信念有更多的认知特征。理论考虑和经验证发现都有助于理解自我化和热情对教师职业生活的重要性，期望值理论提供了理论基础，在预期值理论范围内，两个核心方面被描述为对某个活动的选择以及该活动的性能和持久性很重要。一个人对他或她在特定活动中的期望涉及第一方面，自我效能感与这个第一个因素密切相关（A. Wigfield and J. S. Eccles, 2000）[2]。该特定活动的估值是第二方面的重要组成部分。除了其他方面之外，重视价值也有一个内在的方面。内在价值被描述为个人从事某一活动的享受（A. Wigfield and J. S. Eccles, 2000; A. Wigfield, 1994[3]）。这个概念与对内在动机和热情的理解密切相关（Kunter, 2013）[4]。将这些考虑转移到教学职业，自我分化和热情影响了成为教师的选择，以及在教学职业中的表现和坚持。因此，这两个领域对教师的整个职业生涯都非常重要。如上所述，教师的自我效能感和热情的相关性也得到了经验证发现的支持（Mo è, A. Pazzaglia, F. & Ronconi, L. 2010）[5]。

（3）职业认同与工作热情

内在的取向和热情代表了动机的进一步维度。教师动机研究的一个基本假设是，认为职业有价值和重要的教师将在工作中投入更大的努力和毅力，取得更好

[1] Tschannen-Moran, M., & Hoy, A. W. (2001). Teacher efficacy: Capturing an elusive construct. Teaching and teacher education, 17(7), 783-805.

[2] Bandura, A. (1977). Self-efficacy: toward a unifying theory of behavioral change. Psychological review, 84(2), 191-215.

[3] Wigfield, A. (1994). Expectancy-value theory of achievement motivation: A developmental perspective. Educational psychology review, 6(1), 49-78.

[4] Kunter, M. (2013). Motivation as an aspect of professional competence: Research findings on teacher enthusiasm. In Cognitive activation in the mathematics classroom and professional competence of teachers (pp. 273-289). Springer, Boston, New York, USA.

[5] Mo è, A., Pazzaglia, F., & Ronconi, L. (2010). When being able is not enough. The combined value of positive affect and self-efficacy for job satisfaction in teaching. Teaching and Teacher Education, 26(5), 1145-1153.

的成绩（Kunter & Holzberger, 2014）[①]。情感因素是幼儿教师职业认同的重要影响因素。国外幼儿教师的离职率高是一个背景因素，以美国为例，1988到1992年间，70%的教师由于没有得到基本的工资报酬和福利待遇而离开了工作岗位。因此职业认同研究开始关注为什么同样条件下有些教师没有离开岗位。研究指出，相当一部分幼教工作者将这份工作视为"助人的专业"并有一份特殊的情感，并不是单纯以金钱衡量其代价，而是因为能够从中享受到快乐。在解释为何如此低的收入仍能够留住一些幼儿教师时，把这份情感的回馈称为"情感薪资"，似乎可以在某种程度上补偿物质回报的不足（Marry Whitebook,1998）[②]。

通过以上分析，四条路径的影响分析假设模型如图3-1所示。

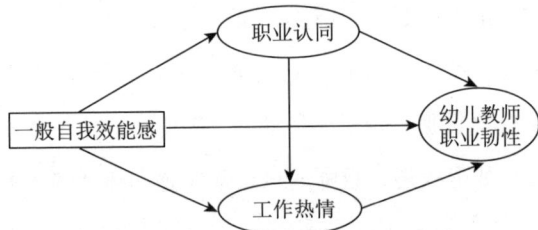

图3-1　幼儿教师职业韧性的个体内部影响因素模型

研究假设4-1：一般自我效能感通过教师职业认同影响幼儿教师职业韧性。

研究假设4-2：一般自我效能感通过教师工作热情影响幼儿教师职业韧性。

研究假设4-3：一般自我效能感通过教师职业认同影响教师工作热情，进而作用于在幼儿教师职业韧性。

研究假设4-4：一般自我效能感直接影响幼儿教师职业韧性。

3.3.4　工作压力在园长领导行为与幼儿教师职业韧性之间的中介作用

幼儿园的工作气氛和工作环境会影响教师对自己的看法和他们作为幼儿教育

---

① Kunter M, Holzberger D (in press) Loving teaching: research on teachers' intrinsic orientations. In: Richardson PW, Karabenick S, Watt HMG (eds) Teacher motivation: theory and practice .

② Whitebook, M. (1993). National Child Care Staffing Study Revisited: Four Years in the Life of Center-Based Child Care.

工作者的教学质量。Hargreaves（2001）断言工作环境会为教师产生许多可能影响教学质量的情绪[1]。一个支持教师、确保公平的教学工作和资源分配、促进大学合作和协作的工作环境，可以提高教学的效率和质量（Johnson，2006）[2]，而来自同事和社区的不平等待遇和不良态度会导致压力升高、工作满意度降低、情绪疲惫和职业倦怠（Skaalvik & Skaalvik，2009[3]；Veldman, Van Tartwijk, Brekelmans, & Wubbels，2013[4]）。此外，行政支持还会影响教师的动机及其在课堂上的效率（Johnson，2006[5]）。

Pearce和Morrison（2011）发现幼儿教育工作者很快就厌倦了他们的工作，这可能与他们的教师身份联系起来，并对早期的职业韧性产生负面影响[6]。徐富明（2003）等人以中小学教师为研究对象，研究了教师的工作压力应对策略与其教学效能感的关系，结果发现二者存在显著的相关关系，认为提高教师的教学效能感可能有助于广大中小学教师更有效地应对自身所面临的诸多工作压力[7]。陈水平和应孔建（2016）研究得出幼儿教师在面对职业压力和职业逆境时，虽然能根据环境的变化做出相应的自我调整，但在职业的主动性上还欠缺自觉能力去促进专业发展，致使她们在面对职业困难时不能灵活地进行应对[8]。工作压力涉及环境压力，是个人工作场所的一部分，挑战个人能力的压力（Friedman-Krauss, A. H.

[1] Hargreaves, A. (2001). Emotional geographies of teaching. Teachers college record, 103(6), 1056–1080.

[2] Johnson, S. M. (2006). The Workplace Matters: Teacher Quality, Retention, and Effectiveness. Working Paper. National Education Association Research Department. Washington, DC.

[3] Skaalvik, E. M., & Skaalvik, S. (2009). Does school context matter? Relations with teacher burnout and job satisfaction. Teaching and Teacher Education, 25(3), 518 – 524.

[4] Veldman, I., Van Tartwijk, J., Brekelmans, M., & Wubbels, T. (2013). Job satisfaction and teacher – student relationships across the teaching career: Four case studies. Teaching and Teacher Education, 32, 55–65.

[5] Johnson, S. M. (2006). The workplace matters: Teacher quality, retention, and effectiveness (Working Paper). National Education Association Research Department. Washington, DC.

[6] Pearce, J., & Morrison, C. (2011). Teacher identity and early career resilience: Exploring the links. Australian Journal of Teacher Education (Online), 36(1), 48–57.

[7] 徐富明，申继亮 .(2003). 教师的职业压力应对策略与教学效能感的关系研究 . 心理科学 (04),745–746.

[8] 陈水平，应孔建 .(2016). 幼儿教师职业韧性与职业承诺的关系研究 . 中国成人教育 (20),70–73.

Raver, C. C. Morris, P. A. & Jones, S. M. 2014）[1]。

实证研究表明，开放、鼓励、支持性的学校领导有力地提高了教师应对压力的效能感，成为教师专业发展的动力来源；相反，保守、专制型的学校领导负面地影响着教师对工作的热情与投入（李琼、裴丽和吴丹丹，2014）[2]。高负荷工作、令人沮丧的政策举措和缺乏支持对教师承担义务的积极性产生负面影响（Day，2008）[3]。在特别具有挑战性的环境下，中学教师有更大风险失去自己的教学承诺和动机，沉重的工作负担、不良的学生行为和不支持的领导被认为是常见的负面压力。如何创造一个相互信任与支持的学校文化环境，提高教师面对压力的心理韧性是校长以及教育决策者应考虑的一个发展方向。（李琼、裴丽和吴丹丹，2014）。

通过以上分析，四条路径的影响分析假设模型如图3-2所示：

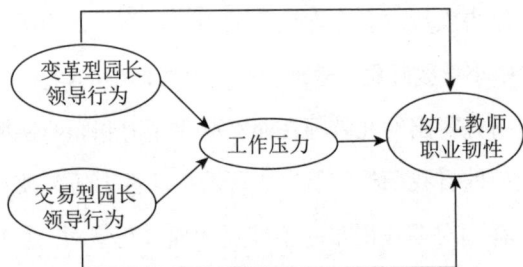

图3-2 幼儿教师职业韧性的学校环境因素影响因素模型

研究假设5-1：园长变革型领导行为通过教师工作压力影响幼儿教师职业韧性。

研究假设5-2：园长交易型领导行为通过教师工作压力影响幼儿教师职业韧性。

研究假设5-3：园长变革型领导行为直接影响幼儿教师职业韧性。

研究假设5-4：园长交易型领导行为直接影响幼儿教师职业韧性。

[1] Friedman-Krauss, A. H., Raver, C. C., Morris, P. A., & Jones, S. M. (2014). The role of classroom-level child behavior problems in predicting preschool teacher stress and classroom emotional climate. Early Education and Development, 25(4), 530–552.

[2] 李琼,裴丽,吴丹丹 .(2014).教师心理韧性的结构与影响因素研究 . 教育学报 (02),70–76.

[3] Day, C. (2008). Committed for life Variations in teachers' work, lives and effectiveness.Journal of Educational Change, 9(3), 243–260.

4 研究方法

4.1 研究对象

本研究以幼儿园教师为研究对象，采用随机整群抽样，对浙江省杭州、宁波、温州、嘉兴、金华、台州、舟山和丽水8个市各级各类幼儿园教师进行问卷调查，回收有效答卷数2880份。纵观作为研究对象的幼儿园教师的一般特点，如表4-1所示。

表4-1 被试的基本信息（N=2880）

构成		频度	百分比(%)
教龄	0～3年	795	27.6
	4～7年	866	30.1
	8～15年	806	28.0
	16～23年	238	8.3
	24～30年	100	3.5
	31年以上	75	2.6
	合计	2880	100.0
学历	专科及以下	1369	47.5
	本科	1505	52.3
	研究生及以上	6	0.2
	合计	2880	100.0
专业背景	学前教育	2419	84.0
	非学前的教育类	219	7.6
	非教育类	242	8.4
	合计	2880	100.0

续表4-1

构成		频度	百分比(%)
职称	高级教师	29	1.0
	一级教师	450	15.6
	二级教师	1000	34.7
	未评级	1401	48.6
	合计	2880	100.0
承担工作	管理人员	184	6.4
	主班教师	1333	46.3
	配班教师	1013	35.2
	其他	350	12.2
	合计	2880	100.0
工作时间	7h以下	26	0.9
	7～8h	842	29.2
	8～9h	1335	46.4
	9～10h	514	17.8
	10h以上	163	5.7
	合计	2880	100.0
加班次数	无加班	1003	34.8
	5次以下	1224	42.5
	5～10次	438	15.2
	10次以上	215	7.5
	合计	2880	100.0
婚姻状况	已婚	1865	64.8
	未婚	968	33.6
	离异	47	1.6
	合计	2880	100.0
孩子数量	未婚未育	968	33.6
	暂时没有	158	5.5
	一个	1024	35.6
	两个	712	24.7
	三个	18	0.6
	合计	2880	100.0

构成		频度	百分比(%)
原生家庭（父母）是否离异	是	234	8.1
	否	2610	90.6
	其他	36	1.3
	合计	2880	100.0
园所性质	公办园	1850	64.2
	民办园	1030	35.8
	合计	2880	100.0
园所级别	一级	616	21.4
	二级	1567	54.4
	三级	592	20.6
	准办	49	1.7
	其他	56	1.9
	合计	2880	100.0
班级	托班	143	5.0
	小班	998	34.7
	中班	779	27.0
	大班	786	27.3
	学前班	10	0.3
	未带班	164	5.7
	合计	2880	100.0
班级人数	10个以下	19	0.7
	10～20个	285	9.9
	21～30个	1520	52.8
	30～40个	898	31.2
	40个以上	7	0.2
	未带班	151	5.2
	合计	2880	100.0
用工性质	有编制	1283	44.5
	无编制	1597	55.5
	合计	2880	100.0

构成		频度	百分比(%)
幼儿园所在地	市区范围内	530	18.4
	县城范围内	1036	36.0
	乡镇所在地	993	34.5
	乡村幼儿园	321	11.1
	合计	2880	100.0
行政关系	市级教育局直属	379	13.2
	县级教育局直属	1472	51.1
	乡镇中心幼儿园	1029	35.7
	合计	2880	100.0

表4-1中，教龄0～3年教师795名，占比27.6%；教龄4～7年的教师866名，占比30.1%；教龄8～15年的教师806名，占比28.0%；教龄16～23年的教师238名，占比8.3%；教龄24～30年的教师100名，占比3.5%；教龄31年以上的教师75名，占比2.6%。

在学历方面，专科及以下的教师1369名，占比47.5%；本科学历的教师1505名，占比52.3%；研究生及以上学历的老师6名，占比0.2%。

专业背景方面，学前教育的教师2419名，占比84.0%；非学前的教育类教师219名，占比7.6%；非教育类教师242名，占比8.4%。

在职称方面，高级教师29名，占比1.0%；一级教师450名，占比15.6%；二级教师1000名，占比34.7%；未评级教师1401名，占比48.6%。

承担工作类型方面，管理人员184名，占比6.4%；主班教师1333名，占比46.3%；配班教师1013名，占比35.2%；从事其他工作350名，占比12.2%。

工作时间7小时以下26名，占比0.9%；7～8小时842名，占比29.2%；8～9小时1335名，占比46.4%；9～10小时514名，占比17.8%；10小时以上163名，占比5.7%。

加班情况，无加班1003名，占比34.8%；5次以下1224名，占比42.5%；5～10次438名，占比15.2%；10次以上215名，占比7.5%。

婚姻状况方面，已婚1865名，占比64.8%；未婚968名，占比33.6%；离异47名，占比1.6%；

已婚的在孩子数量方面，暂时没有孩子的教师158名，占比5.5%；一个孩子的教师1024名，占比35.6%；两个孩子的教师712名，占比24.7%；三个孩子的教师18名，占比0.6%。

原生家庭（父母）是否离异方面，父母离异的教师234名，占比8.1%；父母没有离异的教师2610名，占比90.6%；其他情况的教师36名，占比1.3%。

幼儿园的性质方面，公办园的教师1850名，占比64.2%；民办园的教师1030名，占比35.8%。

所在园所级别方面，浙江省一级幼儿园的教师616名，占比21.4%；浙江省二级幼儿园的教师1567名，占比54.4%；浙江省三级幼儿园的教师592名，占比20.6%；准办园的教师49名，占比1.7%；其他幼儿园的教师56名，占比1.9%。

所在班级情况，托班教师143名，占比5.0%；小班教师998名，占比34.7%；中班教师779名，占比27.0%；大班教师786名，占比27.3%；学前班教师10名，占比0.3%；未带班教师164名，占比5.7%。

班级人数方面，幼儿10个以下的教师19名，占比0.7%；幼儿10～20个的教师285名，占比9.9%；幼儿21～30个的教师1520名，52.8%；幼儿30～40个的教师898名，31.2%；幼儿40个以上的教师7，占比0.2%；未带班的教师151名，5.2%。

用工性质方面，有编制的教师1283名，占比44.5%；无编制的教师1597名，55.5%。

幼儿园所在地方面，市区范围内的教师530名，占比18.4%；县城范围内的教师1036名，占比36.0%；乡镇所在地的教师993名，占比34.5%；乡村幼儿园的教师321名，占比11.1%。

行政隶属关系方面，市级教育局直属的教师379名，占比13.2%；县级教育局直属1472名，占比51.1%；乡镇中心幼儿园的教师1029名，占比35.7%。

4.2 测量工具

4.2.1 幼儿教师职业韧性量表

教师职业韧性的量表和结构，国内外已有多位学者进行过研究，具体的研究结果如表4-2所示：

表4-2 教师心理韧性量表结构

学者	量表名称	结构维度
麦劳伊	教师心理韧性量表	关怀和支持、高期望、有意义的参与机会
曼斯菲尔（Mansfield）	教师心理韧性量表	情绪调控、教师工作能力、社会支持和工作动力
缪勒（Muller）	教师心理韧性问卷	目标和期望、社会认同、一般性培养与支持、有意义的参与、工作投入
于肖楠、张建新（修订）	Connor-Davidson心理韧性量表（CD-RISC）	坚强、自强、乐观
杨立状、吕充周（修订）	Fribourg等人编制的成人心理韧性量表	自我的感知、对未来的感知、社交能力、组织风格、家庭凝聚力和社会资源
王东升（2012）	中学体育教师职业韧性量表	职业期望力、职业适应力、职业应对性、职业坚韧力和自我提升力
李琼（2013）	教师心理韧性量表	专业相关维度、情绪维度、社交维度、动机维度
雷婷琴（2013）	中小学教师心理韧性问卷	内部保护因子：人际交往、情绪稳定性、积极心态、自我效能感；外部保护因子：家庭支持、朋友/同事支持、学生支持
杨芳芳（2015）	中学体育教师职业韧性调查	工作期望、工作应对、工作适应、自我提高、工作坚持性

由表4-2可见，有的学者从个人自身心理角度出发来区分维度，例如坚强、乐观、自强；有的学者从个体遇事之后的认知应对能力来衡量，如职业应对力、职业适应力、工作坚持性等；有的学者仅仅关注教师的外部环境因素，如关怀和支持、有意义的参与机会、一般性培养与支持；大部分学者即关注到个体内部，

也关注到外部支持性因素，例如雷婷琴（2013）论述了内部保护因子：人际交往、情绪稳定性、积极心态、自我效能感；外部保护因子：家庭支持、朋友／同事支持、学生支持，把人际交往、家庭支持、同事支持、学生支持等纳入教师心理韧性的测量体系。

在幼儿教师职业韧性的研究中，大部分学者采用的是Friborg、Hemdel、Rosenving等人编制并由中国学者杨立壮等人翻译的成人心理韧性量表，修订后的量表包括效能感（自我知觉、未来知觉）、社交能力、组织风格、家庭凝聚力和社会资源5个维度。该量表使用广泛也有较好的信效度，但是不足的是其题项没有具体针对幼儿教师的工作性质。罗正为（2014）根据Mansfeld的研究设计了海口市幼儿教师心理韧性调查问卷，该问卷包括工作能力、工作动力、情绪调控和社会支持4个维度。每一维度下又划分了不同因子，工作能力包括专业知识、计划能力、课堂管理能力、教学技能、教学反思能力；工作动力包括一般效能感、教学效能感、提升需求；情绪调控包括情绪调节和情绪反应；社会支持包括幼儿园支持，家庭支持和家长支持。罗正为对幼儿教师心理韧性的理解比较符合幼儿教师具体的工作特点，能在一定程度上反映幼儿教师在工作中遇到的困难挑战，以及适应的情况。他的量表虽然维度设置清晰明确，但未经过项目分析，无法说明题目的质量，细看题目，个别题目设置也有些问题，例如对教研方式的测查便和心理韧性的关系不是特别密切。

涂华婷（2017）根据罗正为和Friborg. 等人对心理韧性的结构分析，分为职业能力效能感、情绪智力、社交能力、社会支持五个维度，共62道题。她的研究预测共收集了61份数据。从项目分析、效度分析、信度检验三方面对预测问卷进行修订。

（1）对幼儿园教师职业韧性问卷进行项目分析，筛选出51道题。

（2）对幼儿园教师职业韧性问卷进行效度分析，经过3次选择，最后共剩下30道题，最后得出了较好的信度，并于拟定的指标基本吻合。

（3）对幼儿园教师职业韧性问卷的信度分析，剩下30道题后，对《幼儿园教师职业韧性问卷》的总量表及四个维度进行信度分析，三个维度Cronbach's α系数均在0.9以上，表示幼儿园教师职业韧性问卷的信度非常理想。

在本研究选取涂华婷（2017）的问卷，幼儿教师职业韧性量表一共30道题，四个维度，其中下位因素情绪智力5道题为反向计分题，已在表4-3中用*标记。在本研究中，幼儿教师职业韧性量表的信度Cronbach's α系数为0.922，验证性因素分析结果为x^2=5406.426，df=396，CFI=0.900，TLI=0.890，$RMSEA$=0.064（90%置信区间为0.062～0.065），$SRMR$=0.043，确保了量表的信效度。

在本研究中，幼儿教师职业韧性测量工具的子因素问题构成及信度与表4-3相同。

表4-3　幼儿教师职业康复韧性的测量工具各子因素问题及信度分析

	下位因素	问题数	问题编号	信度（Cronbach's α）
幼儿教师职业韧性	社交关系	7	3，18，11，21，23，25，28	0.848
	教学效能感	9	1，5，10，13，17，20，24，26，30	0.852
	社会支持	8	4，8，12，14，16，22，27，29	0.858
	情绪智力	6	2*，6*，7*，9*，15*，19*	0.817
全体		30	1—30	0.922

4.2.2　一般自我效能感问卷

一般自我效能感量表（GSES）。由德国临床与健康心理学家Schwarzer及其同事共同编制，最初量表共有20个题目，后来改进成10个题目。量表简洁、可信度高，很多研究中使用的内部一致性Cronbach's α系数在0.75～0.91之间，并且还具有良好的聚合效度和区分效度。当前已被翻译成20多种语言进行跨文化的研究，结果都表明该量表是单维度同质的，说明一般自我效能感量表在结构上具有普遍性。中国王才康等人（2001）翻译并修订了该量表，量表使用李科特四点记分。王才康等人经研究发现，GSES具有较为良好的信度，其内部一致性系数为0.8，重测信度为0.83（$P<0.001$），折半信度为0.82（n=401，$P<0.001$），具有较好的聚合效度和区分效度。

在本研究中，一般自我效能感量表的信度Cronbach's α系数为0.902，确保了量表的信效度。

本研究中，幼儿教师一般自我效能感测量工具的子因素问题构成及信度与表4-4相同。

表4-4　自我效能感的测量工具各子因素问题及信度分析

构成	下位因素	问题数	问题编号	信度（Cronbach's α）
一般自我效能感	一般自我效能感	10	1～10	0.902
全体		10	1～10	0.902

4.2.3　幼儿教师职业认同调查问卷

教师职业认同的相关问卷在已有研究中，职业承诺的概念内涵与职业认同有相近之处，综看国内外目前对职业承诺的研究，对于其概念内涵，大都强调了职业承诺的一个共同点，个体对职业有着积极的认同感，愿意承担角色应负的职责，履行角色应尽的义务，这既是个人内在的一种心理状态，同时又是一种外在行为的表现形式（王霞霞和张进辅，2007）[1]。比如，龙立荣等将职业承诺定义为个人对职业或专业的认同和情感依赖，对职业或专业的投入和对社会规范的内化而导致的不愿变更职业的程度（龙立荣、方俐洛、凌文铨和李晔，2000）[2]。他依据Meyer等人组织承诺的三成分理论和凌文铨组织承诺的五成分理论（凌文铨、张治灿和方俐洛，2000）[3]，提出了职业承诺的三个维度感情承诺、继续承诺和规范承诺；龙建等认为职业承诺是个人承受某种职业责任的允诺，是个人在内心与自己目前从事职业签署的"心理合同"（龙建、龙立荣和王南南，2002）[4]，即个人对自己所从事的某种职业的主观态度，它涉及个体维持现有职业的原因和态度，并常常与职业认同、情感依赖、投入时间、精力等及社会规范的内化有关，由规范承诺、情感承诺和代价承诺组成对于教师的职业承诺，李霞通过对中小学教师的

① 王霞霞,张进辅.(2007).国内外职业承诺研究述评.心理科学进展(03),488-497.

② 龙立荣,方俐洛,凌文铨,李晔.(2000).职业承诺的理论与测量.心理科学进展,18(4),40-46.

③ 凌文铨,张治灿,方俐洛.(2000).中国职工组织承诺的结构模型研究.管理科学学报,3(2),76-81.

④ 龙建,龙立荣,王南南.(2002).431名护士职业承诺状况的调查分析.中华医院管理杂志,018(007),407-408.

问卷调查发现，包括情感承诺、规范承诺和继续承诺（李霞，2001）[1]，连榕也得出了类似的结论（连榕，2004）[2]。李霞、龙立荣开发的《中小学教师职业承诺问卷》由于其良好的信度已被多项研究引用（徐富明、朱从书，2005）。

魏淑华（2013）[3]在前面已有教师职业认同的相关问卷研究的基础上，开发了《中小学教师职业认同量表》，该研究首先运用理论分析提出了教师职业认同的二阶一因子一阶六因子的二阶理论结构，然后运用实证的方法对其进行检验和修正。通过对问卷数据的探索性因素分析，将教师职业认同的二阶一因子一阶六因子的二阶结构修正为二阶一因子一阶四因子的二阶结构修正后的教师职业认同的结构中，保留了理论结构中的职业积极认知方面的两个一阶因子——"职业价值观""角色价值观"职业积极情感方面的一个因子——"职业归属感"，将职业行为倾向方面的"要求行为倾向""额外行为倾向"合为了一个因子，重新命名为"职业行为倾向"，从而验证了教师职业认同包含了认知、情感和行为倾向三种心理成分的理论假设，也说明教师职业认同的理论结构模型是比较合理的。对于教师职业认同理论结构中的"职业自尊感"——教师对自己作为一名教师具有的价值、重要性、效能等的积极感受和体验，其中的部分项目落到了"角色价值观"上，这可能是因为两者都与教师个体对自己所内化的教师角色有关，前者是角色体验，后者是角色认知，而个体对其教师角色的积极体验是与其对自己的教师角色的积极评价有关并通过后者表现出来，因此在实证中，舍弃了"职业自尊感"，保留了"角色价值观"。

对于在实证研究中，将理论结构中的"要求行为倾向"和"额外行为倾向"合为了一个因子—职业行为倾向，可能是因为，由于工作内容的特殊性和复杂性，在教师的工作实践中，并没有对"要求行为"和"额外行为"做出严格的区分，教师在履行职业责任、完成工作任务过程中所做的工作远远不止在职业责任中明确规定的行为。由于工作对象——学生是人，教师在与学生的互动交流中感

① 李霞 . (2001). 中小学教师职业承诺问卷的研制 . (博士学位论文 , 华中师范大学).
② 连榕 . (2004). 新手－熟手－专家型教师心理特征的比较 . 心理学报 ,36(1),44–52.
③ 魏淑华 . (2008) 教师职业认同研究 . (博士学位论文 , 西南大学).

情日益深厚，教师也会不自觉地越来越多地把一些"额外行为"当作是"要求行为"，或者说，教师不再严格区分"要求行为"和"额外行为"。因此，在实证中，将"要求行为倾向"和"额外行为倾向"合并为了"职业行为倾向"

对经过探索性因素分析修正后的教师职业认同的二阶一因子一阶四因子二阶结构进行模型检验，其结果显示各项拟合指标都达到了优度拟合的水平，说明该模型是合理的，即教师职业认同是由职业价值观、角色价值观、职业归属感和职业行为倾向四个因子组成的多维结构，见表4-5。

表4-5 教师职业认同及其各因子的内涵

	因子	内涵
教师职业认同	职业价值观	教师个体对教师职业的意义、作用等的积极认识和评价
	角色价值观	教师个体对"教师角色"对自我的重要程度等的积极认识和评价，表现为教师个体以"教师"自居并用"教师"角色回答"我是谁"的意愿
	职业归属感	教师个体意识到自己属于教师群体中的一员，经常有与教师职业荣辱与共的情感体验
	职业行为倾向	教师表现出完成工作任务、履行职业责任必需的行为或虽然没有在职业责任中明确规定但却有益于提高职业工作效能的行为的倾向
教师对其职业及内化的职业角色的积极的认知、体验和行为倾向的综合体		

该研究采取的衡量信度的指标有两类同质性信度和分半信度，结果表明，问卷各因子的内部一致性系数（Cronbach's α系数）在0.720～0.864之间，分半信度系数在0.744～0.862之间；总问卷的内部一致性系数为0.893，分半信度系数为0.834。由此说明，该问卷具有良好的信度。

该研究从内容效度、结构效度和效标效度三个方面进行考察。结果显示，各因子之间都有显著的相关，其相关系数在0.384～0.598之间，呈中等程度的相关；而量表各因子与总分之间也都有显著相关（0.709～0.842），且高于各因子之间的相关。这一方面说明量表各因子之间有一定的独立性，另一方面各因子又能反映总量表所要测查的内容。对量表所反映的因子结构进行验证性因素分析表明，$x^2/df=4.531$，其他各项指标值CFI、$AGFI$、IFI、NFI、$NNFI$等均在0.90上，

RMR<0.05，RMSEA<0.08，都达到了拟合优度模型的水平，这说明该模型的设置、构想是合理的。对于量表的效标效度，该量表考察了2个效标，与职业承诺的相关系数为0.613，达到了极其显著相关水平（P<0.001），与教师对自己的职业认同水平的评价等级的相关系数，达到了极其显著相关水平，从而保证了其效标效度。由此说明，本量表具有良好的效度。

李婉文（2019）对魏淑华（2013）的《中小学教师职业认同量表》在背景和研究对象上进行修改，编制适合育儿教师使用的《幼儿教师职业认同调查问卷》，该量表按照魏淑华所提出的职业认同的四个维度进行设计，共计18项。其中，角色价值观维度6项，职业行为倾向维度5项，职业价值观维度4项，职业归属感维度3项。采取的是李克特式量表，在答案中设置了5点进行单项选择，该量表Cronbach's α信度系数0.849>0.8说明问卷信度较好，KMO为0.925，大于0.8，说明效度较好。

本研究采用李婉文（2019）最后修订的量表。在本研究中，教师职业认同量表的信度Cronbach's α系数为0.940，验证性因素分析结果为x^2=3527.766，df=129，CFI=0.941，TLI=0.930，$RMSEA$=0.092（90%置信区间为0.089～0.094），$SRMR$=0.059，确保了量表的信效度。

本研究中，教师职业认同测量工具的子因素问题构成及信度与表4-6相同。

表4-6　幼儿教师职业认同感测量工具的各子因素问题及信度分析

构成	下位因素	问题数	问题编号	信度（Cronbach's α）
教师职业认同	角色价值观	6	1, 2, 3, 4, 5, 6	0.934
	职业行为倾向	5	7, 8, 9, 10, 11	0.861
	职业价值观	4	12, 13, 14, 15	0.944
	角色归属感	3	16, 17, 18	0.843
全体		18	1—18	0.940

4.2.4　教师工作热情量表

到目前为止，用于测量工作热情的工具不多。根据文献资料查阅后，介绍下面几种。

（1）冰山剖面图

1971年，McNair、Lorr和Droppieman编制的一个用于测试个体情绪、心境和情感状态的工具——冰山剖面图，其中一项就对热情进行了测量。冰山剖面图是用来描述运动员的运动成绩（表现）与心境的关系的。优秀运动员在POMS的"精力—活力"维度上出现高分，而在其他五个维度（"愤怒—敌意""抑郁—沮丧""紧张—焦虑""迷惑—混乱""疲劳—迟钝"）都表现出低分的一种趋势就是典型的冰山剖面图。中国学者就曾利用POMS发现，在情绪状态总评价方面，优秀运动员比一般运动员更积极。

（2）VIA–IS[①]（行为价值–优势清单）优势的行为价值问卷

Peterson等人于2005年编制VIA–IS优势的行为价值问卷。它是一个由240个项目组成的自评问卷，采用Likert 5分量表法来评定等级。这个等级是指被试赞同关于他们自身的相关优势的陈述（1=我非常不赞成，而5=我非常赞成）。VIA–IS测量了24种性格优势，其中就包括热情，每种性格优势用十个项目来评定。测量热情的样本项目包括：

①　我想充分介入生活，而不是从局外人的角度来看待它。

②　我期待着新的一天。

③　我迫不及待地想要开始一个新项目。

④　当我醒来后，这一天都有保持一种兴奋感的可能性。

（3）中国学者自编工作热情量表概述

在中国对工作热情进行量化研究的，中国台湾地区学者温金丰教授指导的学

---

① Peterson.C.,Park.N.& Seligman, M. E. P.（2005).Assessment of character strengths, In G P. Koocher, I. C. Norcross , & S. S. Hill, III(Eds). Psychologists' desk reference.New York: Oxford University Press,(2):93–98.

生陈芳倩（2005）[1]在其硕士论文中自编了《工作热情成因与影响因素调查问卷》。另一位中国台湾地区学者王诞生教授指导学生游茹琴（2008）[2]在其论文中也自编了一份《热情因子对员工工作热情和工作绩效的影响问卷》。中国大陆学者辛朋涛（2007）[3]在其博士论文中自编了《教师工作动机调查问卷》。吴叔（2012）参考了中国台湾地区国立彰化师范大学人力资源管理研究所硕士研究生游苑琴的《热情因子对员工工作热情及工作绩效之影响研究》问卷，以及中国台湾地区国立中山大学人力资源管理研究所硕士研究生陈芳倩《工作热情的成因与影响调查问卷》等，编制《中小学教师工作热情调查问卷》。

中国学者吴叔（2012）[4]的教师工作热情量表记分方式：采用五点反向计分的方式，每个项目的得分都是之间的整数，"非常同意""比较同意""中立""有点不同意"和"非常不同意"。通过探索性因素分析，将工作热情下位因素分成工作态度、自我驱策、调整适应和角色外行为四个维度，四个维度的具体内容如表4-7所示。

表4-7　教师工作热情及其各因子的内涵

	因子	内涵
工作热情	工作态度	工作所给人的愉悦感、及对工作的热爱
	自我驱策	对工作的憧憬、工作中的自我激励及自我要求
	调整适应	在工作中的自我调节、角色定位及自我适应
	角色外行为	在自身工作之外的行为、态度

该量表采用五点计分法，得分越高，则工作热情越高。量表具体分工作态度、自我驱策、调整适应和角色外行为四个维度，总共23个项目。该量表原Cronbach's α系数在0.750～0.901之间，分半信度在0.713～0.894之间，总问卷为

① 陈芳倩 .(2005). 员工工作热情之研究—以金融业为例 . 台湾国立中山大学人力资源管理研究所硕士学位论文 :134-135.

② 游茹琴 .(2008). 热情因子对员工工作热情及工作绩效之影响研究 . 台湾国立彰化师范大学人力资源管理研究所硕士学位论文 : 124-126.

③ 辛朋涛 .(2007). 教师工作动机研究 . 西北师范大学博士学位论文 : 158.

④ 吴叔 .(2012). 湖南省公办中小学教师工作热情调查研究 (硕士学位论文 , 南昌大学).

0.788，说明该量表具有良好的信度和效度。各维度间的相关在0.436～0.798之间，且也均达到极显著水平（$P<0.001$），呈中等以上程度的相关，而且想要测得内容与测量到的内容较为一致，不存在严重的因素重合现象，因素之间有一定的归属性和独立性。因此，该问卷具有较好的结构效度。

本研究采用中国学者吴叔（2012）[①]的教师工作热情量表。在本研究中，第六题在工作态度上的因素负荷值0.19，小于0.50（Hair，Black，Babin，Anderson，& Tatham，2009）。删掉第六题之后，教师工作热情量表的信度Cronbach's α系数为0.969，验证性因素分析结果为x^2=5374.248，df=203，CFI=0.926，TLI=0.916，$RMSEA$=0.090（90%置信区间为0.088～0.092），$SRMR$=0.043，确保了量表的信效度。

本研究中，幼儿教师工作热情测量工具的子因素问题构成及信度与表4-8相同。

表4-8 教师工作热情的测量工具各子因素问题及信度分析

构成	下位因素	问题数	问题编号	信度（Cronbach's α）
教师工作热情	工作态度	10	3，16，17，18，19，20，21，22，23	0.955
	自我驱策	5	7，9，10，11，12	0.906
	调整适应	4	8，13，14，15	0.898
	角色外行为	4	1，2，4，5	0.744
全体		22	1—5，7—23	0.969

4.2.5 幼儿园园长领导行为量表

本量表采用韩国황유경（2010）修订的幼儿园园长领导行为量表，该量表分为变革型和交易型两个维度。

---

① 吴叔.(2012).湖南省公办中小学教师工作热情调查研究（硕士学位论文，南昌大学）.

（1）变革型领导行为

变革型领导力的下位因素在不同学者中呈现差异并提出了不同的观点，Bass（1985）[1]将变革型领导力定义为领袖气质：灵感，变革引领，提出了个人关怀。Tichy（1986）[2]认为变革型领导力是变革促进者：勇气、对人的信赖、价值取向、终身学习者对不确定性的应对能力具有非全向的特性。김창걸（1999）[3]作为变革型领导力的下位变量提出了"提出展望""个人关怀""引领性""推进性"和"期待"，노종희（1996）[4]提出了"变革引领""尊重人类""以身作则"等基本要素。

황유경（2010）以노종희（1996）幼儿教育机构院长的变革型领导行为测量而制作的校长变革型领导行为问卷（PTLQ）的研究结果为基础，将变革型领导行为的下位因素定为变革引领、尊重教师、率先垂范三个基本概念。

① 变革引领：摆脱因袭的思维和思维。提出对旧的惯例的问题。提出面向未来的方向，同时鼓励成员承担挑战性的目标任务、接受新理论和采用创新的授课方法的领导者的行动。

② 尊重教师：接受教职员工的要求和意见，信任他们，同等对待他们，为他们提供权力、能力发展的机会等。

③ 率先垂范：言行一致自我牺牲无私追求决策目标体现价值取向、对工作的热情等领导行为。

3个下位因素各5题共15题组成，总体信度系数（Cronbach's α）为0.89。

（2）交易型领导行为

发挥交易型领导行为的领导者认识到追随者为实现目标结果所要扮演的角色，清楚认识到下属的需求是什么，并明确部下的努力和成果是如何交换来满足

① Bass B. M. (1985). Leadership: Good, Better, Best, Organizational Dynamics, 13(1), 9–13.

② Tichy, N. M., & Devanna, M. A (1986). The Transformational Leader. New York :John Wiley.

③ 김창걸 .(1999). 학교장의 변혁적 지도성과 귀인과의 관계 연구 . 교육행정학 연구 ,17(12).131–161.

④ 노종희 .(1996). 교육행정가의 변혁적 리더십의 진단 및 육성방안 연구 .교육행정학 연구 ,14(4)265–284.

的。交易型领导行为是领导者和下属的交换关系。适合作为一种强化策略，即负载为了获得奖励或避免惩罚，为了实现这一目标而必须做些什么（Wortman，1986）[1]。

交易型领导力根源于House（1971）[2]的路径——目标理论，它是指领导者为获得他们所拥有的需求而提供他们所拥有的劳动力、知识思想等。是在交换过程中发生的，以满足成员的需求，即领导者的需求（取得成就）和下属想要的（外在补偿）。

交易型领导行为的下位因素有状况补偿和例外管理。

① 状况补偿

情境补偿实际上是指对部下付出的努力给予补偿，部下必须做些什么才能得到补偿和惩罚（Bass & Avolio, 1990）[3]。指的是领导和下属在"应该做什么才能避免"的问题上达成的协议。一旦达成这些协议，领导和部下为了设定的目标，接受相互关联的角色和责任，无论是直接的还是间接的，领导都会为了达到目标，实现目标的过程和结果，向部下提出奖励，即财富。因此，交易型领导者在执行一项任务时，只要他们的成功得到了丰厚的回报，他们就会更加努力。因此，交易型领导者将更多的注意力集中在如何执行任务上，而不是快速地寻找什么是真实的。通过灵活运用他们所拥有的权力来维持和改善这一过程，这种奖励和惩罚与变革性领导不同。这表明，比起创意，他们更关心的是高效的业务执行。领导者与下属之间的交换关系就变成了简单的交易型关系，比如对领导者与下属之间达到商定标准的奖励和失败时的惩罚，领导者不能让他们的部下得到持久的尊重（Bass，1985）。在领导和部下之间也必须给予重新补偿、持续补偿和交易型关注。

---

① Wortman, M. S., (1986). Strategic Management and Changing Leader- Follower Rales, Jounal of Applied Behavioral Science, 18, 371-383.

② House(1971). Path-goal theory of leadership effectiveness. Administrative Science Quarterly, 16, 321-328.

③ Bass B. M. & Avolio, B, J. (1990). Transformantional leadership development; Manual for the multifactor leadersip questionnaire, Palo Alto, C.A., Consulting Psychologist, 41-42.

② 例外管理

例外管理是指当下属未能完成任务，达不到工作标准时，领导介入。因此，领导者主要是查找下属的偏离行为或不足。

例外管理的目的在于维护一个系统，在交易型领导力的核心统计上是合理的和公正的，只有当领导做错事的时候，才会做一些修正。作为领导者消极地存在着，直到有必要介入和修正为止，或者为了在组织成员犯错时干涉，正在积极地准备监视组织成员的工作进行。Bass曾通过实证发现，这种例外管理对下属的工作成果和努力的贡献要少于变革型领导行为和情境奖励。

在Mitchell和Wood的研究中，领导对下属的低绩效提出了这样的主张:如果被诊断为下属努力不足的原因，就应该采取惩罚性的行动。因此，在下属执行绩效不当的情况下，领导者对下属为给出随之而来的负面反馈而进行的沟通时，不能以威胁下属自尊的形式进行（Bass，1985）。

交易型领导的过程认识到了部属需要做什么才能得到他们想要的回报，并明确了部属的角色，同时也认识到了部属的需求，从而财富。明确这些需求将如何被满足，鼓励下属们付出努力得到相应的回报，即让下属明确认识到薪酬的价值。

황유경（2010）为了衡量幼儿教育机构负责人的交易型领导行为，在Bass开发的多领导行为指数（MLQ）的基础上，针对幼儿教育现场进行了修改完善并使用。交易型领导行为为下位因素，由情境补偿和例外管理两个部分组成，情境补偿为5题，例外管理为5题，共10题。该问卷的总体信度系数（Cronbach's α）显示为0.75。

在本研究中，变革型园长领导行为量表的信度Cronbach's α系数为0.979，交易型园长领导行为量表的信度Cronbach's α系数为0.888，园长领导行为整体验证性因素分析结果为x^2=6712.004，df=265，CFI=0.929，TLI=0.919，$RMSEA$=0.088（90%置信区间为0.086～0.090），$SRMR$=0.098，确保了量表的信效度。

本研究中，幼儿园园长领导行为测量工具的子因素问题构成及信度与表4-9

相同。

表4-9　幼儿园园长领导行为的测量工具各子因素问题及可信度分析

构成	下位因素	问题数	问题编号	信度（Cronbach's α）
变革型领导行为	尊重教师	5	1～5	0.954
	变革引领	5	6～10	0.955
	率先垂范	5	11～15	0.970
	全体	15	1～15	0.979
交易型领导行为	例外管理	5	16～20	0.732
	状况补偿	5	21～25	0.929
	全体	10	16～25	0.888

4.2.6　工作压力问卷

工作压力是一个复杂的概念，是环境与个体特征交互作用的结果，因此建立一个普遍适用的测量工具十分不容易。因不同职业有着独特的工作特征，而工作压力在很大程度上受到其工作特征的影响，其测量工具中应该包含着此职业中普遍性的核心问题，所以很难有统一的测量工具来综合进行工作压力的测量（石林，2003）[①]。所以，在不同的职业领域中（如企业员工、教师、警察、公务员等），学者们根据不同的研究群体和工作特征，开发出多种适合其研究对象实际工作特征的工作压力测量工具，并在这一领域内逐渐推广使用。目前国内外学者对幼儿教师工作压力的测量也多采用自编问卷，结合幼儿教师的实际工作特征，采用文献分析、问卷调查、访谈法等相结合的方式，编制出适合其研究对象的测量工具，根据笔者对幼儿教师工作压力相关研究的文献检索结果，在此列举以下几个测量工具，见表4-10。

---

① 石林. (2003). 工作压力的研究现状与方向. 心理科学, 26(3), 494-497.

表4-10 幼儿教师工作压力的测量工具

学者	时间	量表	概况
黄淑嫆	2004	工作感受量表	共24个题项，包括人际关系、教学自主、工作负荷、工作回馈4个维度，采用6点计分
卢长娥 韩艳玲	2006	幼儿教师工作压力调查问卷	共35个题项，包括自我期望和工作条件、工资待遇、组织氛围、社会地位和要求、幼儿和家长、工作负荷6个维度
刘力全	2007	幼儿教师工作压力源问卷	共38个题项，包括工作负荷、地位发展、幼儿因素、人际环境和职业期望5个维度，采用5点计分
Chih-Lun Hung	2012	工作压力问卷	共20个项目，包括教学自主性、工作要求、工资待遇、人际相处4个维度，采用5点计分

目前对于幼儿教师工作压力的测量尚没有公认的、统一的测量工具，但众学者根据幼儿教师实际工作特征，所编制的问卷在研究中被证明具有良好的信度，且在之后的研究过程中得到了一定程度的运用（赵海云，2013）[1]。

石林（2003）提出的在工作压力研究中好的测量工具的标准及特点，如包含工作中的核心问题、包括压力的强度和频率以及强调压力情景中的心理动力等。中国台湾地区学者黄淑嫆（2004）[2]编制的《工作感受量表》目的在于调查幼儿教师的工作压力，编制者为了消除被试的防卫心理，将量表名称中的"工作压力"改为"工作感受"。量表包含24个题目，分为人际关系、教学自主、工作负荷、工作回馈四个维度，采用Likert 6点计分，从1"非常不符合"到6"非常符合"，总分越高表示被试知觉到的压力越大，全量表α系数为0.88。

根据工作压力测量量表先行研究，本研究决定选用中国台湾地区学者黄淑嫆（2004）[3]编制的《工作感受量表》来开展对幼儿教师工作压力的调查研究。在本研究中，幼儿教师工作压力量表的信度Cronbach's α系数为0.974，验证性因素分析结果为x^2=84.37，df=13，CFI=0.974，TLI=0.958，$RMSEA$=0.056（90%置信区间

① 赵海云.(2013).幼儿教师工作压力、应对策略与职业倦怠的关系研究（硕士学位论文).哈尔滨工程大学.

② 黄淑嫆.(2004).幼儿园教师工作压力及其因应策略之研究.台湾,国立台南师范学院,05.

③ 黄淑嫆.(2004).幼儿园教师工作压力及其因应策略之研究.台湾,国立台南师范学院,05.

为0.051～0.064），*SRMR*=0.030，确保了量表的信效度。

本研究中，幼儿教师工作压力测量工具的子因素问题构成及信度与表4-11相同。

表4-11 工作压力的测量工具各子因素问题及信任度分析

构成	下位因素	问题数	问题编号	Cronbach's α
幼儿教师工作压力	人际关系	8	1，2，3，4，5，6，7，8	0.947
	教学自主	6	9，10，11，12，13，14	0.974
	工作负荷	6	15，16，17，18，19，20	0.946
	工作回馈	4	21，22，23，24	0.865
全体		24	1～24	0.974

4.2.7 人际信任问卷

基于情感和认知的信任是McAllister（1995）在《组织人际合作的信任形式》一文研究中提出的，该研究提出了一种评估基于情感和认知的信任水平的新方法。该措施包括11个项目，6个评估基于认知的信任水平，5个评估基于影响的信任；被调查者在1（强烈不同意）到7（强烈同意）的范围内，他们同意关于工作中特定同伴的各种陈述。根据对文献的回顾和现有的人际信任措施（Cook & Wall，1980年；Johnson-George & Swap，1982年；Rempel etal.，1985年；Rotter，1971年），McAllister创建了一个由48个项目组成的初始问卷。11位组织行为学者提供了基于影响和基于认知的信任的定义，将这些项目归类为挖掘基于情感的信任、基于认知的信任两种形式。根据对专家评估的分析，McAllister创建了20个明确项目的子集，每个信任形式有10个项目。使用了一组就业M.B.A的预测试数据的探索性因素分析的结果，并和本科的商业学生进一步减少措施到11个最强负荷项目。验证性分析结果，可靠性估计（Cronbach's α）用于认知和基于影响的信任措施是0.91和0.89。

Kok-Yee Ng和Roy Y. J. Chua在McAllister（1995）编制《基于情感和认知的信任量表》基础上进行修订，删除了基于情感信任的第三题"团队人员有人离开，一起工作的人都会感到失落"，还有认知信任的第二题和第四题。从原来的11题减少到本量表的8题，采用7点计分法，得分越高，则信任程度越高。量表原来的情感和信任两个维度没有改变。

在本研究中，人际信任量表的信度Cronbach's α系数为0.952，验证性因素分析结果为x^2=536.955，df=19，CFI=0.983，TLI=0.975，$RMSEA$=0.093（90%置信区间为0.087～0.100），$SRMR$=0.019，确保了量表的信效度。

本研究中，人际信任测量工具的子因素问题构成及信度与表4-12相同。

表4-12　人际信任的测量工具各子因素问题及信任度分析

构成	下位因素	问题数	问题编号	信度（Cronbach's α）
人际信任	情感信任	4	1，2，3，4	0.915
	认知信任	4	5，6，7，8	0.965
全体		8	1～8	0.952

4.3　研究程序

本研究旨在了解幼儿教师的职业韧性影响因素，幼儿教师的个人内部因素（一般自我效能、工作热情、职业认同）和学校环境因素（变革型园长领导行为、交易型园长领导行为、学校人际信任），还有工作本身的压力对幼儿教师职业韧性的影响如何，并采用问卷调查的方法收集资料。问卷调查分为预备调查和正式调查两期进行。

4.3.1　预备调查

为了研究更加的科学，本研究进行了预备调查。

预备调查在2020年12月9日—12月11日三天时间用问卷星的方式进行，问卷星二维码选取浙江省某县的各级各类幼儿园进行推送，回收有效答卷数113份，完成率为100.00%。

本次预备调查各量表的信度（Cronbach's α）系数如表4-13。

表4-13 对预调查测量工具各子因素问题及置信度分析

构成	问题数	信度（Cronbach's α）	样本量
幼儿教师职业韧性	30	0.890	
一般自我效能	10	0.912	
教师工作热情	23	0.967	
幼儿教师职业认同	18	0.960	
学校人际信任	8	0.969	113
变革型园长领导行为	15	0.985	
交易型园长领导行为	10	0.909	
工作压力	24	0.967	

上述各问卷在预备调查中的Cronbach's α系数为在0.890～0.967之间，信度良好，可以进行进一步的研究。

4.3.2 正式调查

本研究正式调查于2020年12月15日—12月30日历时15天，对中国浙江省杭州、宁波、温州、嘉兴、金华、台州、舟山和丽水8个地区各级各类幼儿园园长联系，并对问题单上的问题进行说明，运用中国网络问卷调查系统"问卷星"生成二维码请园长对本幼儿园的教师进行问卷直接推送，通过手机微信或手机直接访问进行问卷填写和提交。回收答卷数3127份，其中通过微信填写的教师有2455名，占比78.50%；通过手机直接提交访问填写提交的教师672名，占比21.49%。为了让分析的数据更加科学性，根据前期预测，完成该问卷的最短用时平均在6分30秒。本研究根据回收的3127份有效问卷，将正式问卷中用时在390秒以下的247份问卷视为无效问卷，最终得到2880份有效数据作为最后研究的资料，有效率为92.10%。

4.4 数据分析方法

本研究对收集到的问卷资料进行统计处理，基础分析部分利用SPSS20.0统计软件进行了分析，中介效应分析部分采用Mplus 8.3统计软件进行结构方程模型分析。为了解测量工具问卷的内在一致性，利用Cronbach's α系数值进行了信度分析。

本研究的结果，采用了以下研究步骤和方法。

第一，为得出研究对象（幼儿教师）的整体状况，实施了描述性统计分析，得出了各个变量的平均数和标准差。

第二，根据幼儿教师的特点，为了解幼儿教师职业韧性在各个人口学变量上是否存在差异，实施了一元变量分析（单因素方差分析）和独立样本t-test，并进行多重比较分析。

第三，为了考察幼儿教师的个人内部因素（一般自我效能、工作热情与职业认同），学校环境因素（变革型园长领导行为、交易型园长领导风格、学校人际信任与工作压力）与幼儿园教师职业韧性的关系，进行Pearson相关性分析得出相关系数。

第四，为考察幼儿教师的个人内部因素（一般自我效能、工作热情与职业认同），学校环境因素（变革型园长领导行为、交易型园长领导风格、学校人际信任与工作压力）对幼儿教师职业韧性的影响，进行回归分析。

第五，为从个体内部与学校环境两个不同方面探讨上述影响因素对幼儿教师职业韧性的作用过程，分别构建幼儿教师职业韧性个体内部影响因素模型与幼儿教师职业韧性学校环境影响因素模型，应用结构方程并行多重中介效应分析。

5 研究结果

5.1 幼儿教师职业韧性与相关变量的整体状况

为考察幼儿教师的职业韧性，影响幼儿教师职业韧性的个体内部因素（一般自我效能、工作热情、职业认同），外部学校环境因素（变革型园长领导行为、交易型园长领导行为、学校人际信任），工作本身因素如工作压力的整体状况，对上述各个变量进行了描述性统计分析，结果见表5-1。

表 5-1　幼儿教师职业韧性与各前因变量的描述性统计结果（N=2880）

变量	平均值	标准差
职业韧性	4.297	0.443
一般自我效能	3.106	0.477
工作热情	4.112	0.609
职业认同	4.490	0.489
变革型园长领导行为	4.508	0.623
交易型园长领导行为	3.472	0.867
工作压力	2.495	1.122
学校人际信任	6.268	0.846

幼儿教师职业韧性平均为4.297，一般自我效能平均为3.106，工作热情平均为4.112，职业认同平均为4.490，变革型园长领导行为平均为4.508，交易型园长领导行为平均为3.472，工作压力平均为2.495，学校人际信任平均为6.268。

为考察幼儿教师的职业韧性，幼儿教师个人内部因素（一般自我效能、工作热情、职业认同），所处学校环境因素（变革型园长领导行为、交易型园长领导行为、学校人际信任），工作本身因素工作压力的子因素特性，进行了基础统计分析，结果与表5-2相同。

表5-2　幼儿教师职业韧性与各前因变量的下位因素的描述性统计结果（N=2880）

变量	下位因素	平均	标准偏差
职业韧性	社交关系	4.583	0.446
	教学效能感	4.423	0.471
	社会支持	4.449	0.496
	情绪智力	3.567	0.854
一般自我效能感	一般自我效能感	3.106	0.477
工作热情	工作态度	4.106	0.664
	自我驱策	4.123	0.662
	调整适应	4.156	0.659
	角色外行为	4.093	0.725
职业认同	角色价值观	4.417	0.639
	职业行为倾向	4.567	0.491
	职业价值观	4.649	0.503
	角色归属感	4.293	0.780
变革型园长领导行为	尊重教师	4.399	0.715
	变革引领	4.568	0.604
	率先垂范	4.557	0.654
交易型园长领导行为	例外管理	3.418	0.851
	状况补偿	3.525	1.088
工作压力	人际关系	2.463	1.220
	教学自主	2.108	1.181
	工作负荷	2.605	1.307
	工作回馈	2.972	1.321
人际信任	情感信任	6.179	0.911
	认知信任	6.357	0.888

在幼儿教师职业韧性下位因素中，社交关系表现为4.583，教学效能感表现为4.423，社会支持表现为4.449，情绪智力表现为3.567。在幼儿教师职业韧性下位因素中，情绪智力表现最低。

在教师工作热情方面，工作态度表现为4.106，自我驱策表现为4.123，调整适应表现为4.156，角色外行为表现为4.093；在教师职业认同方面，四个下位因素分别表现为角色价值观4.417，职业行为倾向4.567，职业价值观4.649，角色归属感4.293，相对都在高水平上。

变革型领导行为的下位因素中，尊重教师4.399，变革引领4.568，率先垂范4.557；交易型领导行为的下位因素中，例外管理表现为3.418，状况补偿表现为3.525。变革型领导行为的下位因素比交易型领导行为的下位因素表现要高。在人际信任下位因素中，情感信任表现为6.179，认知信任表现为6.357。

在工作压力下位因素中，人际关系表现为2.463，教学自主表现为2.108，工作负荷表现为2.605，工作回馈表现为2.972。在幼儿教师工作压力的下位因素都不到3，表现都不高。

5.2 幼儿教师职业韧性在一般特征上的差异分析

为了了解幼儿教师的一般特点，即幼儿教师职业韧性在人口学变量上是否存在差异，实施了独立样本t-test和单因素方差分析（一元变量分析oneway ANOVA）。对于单因素方差分析，当群体间出现统计上的显著差异时，进一步进行了事后验证（Scheffé、Duncan）等的验证，并进行了多重比较。注意概率在*P<0.05（显著差异），**P<0.01（极其显著差异），***P<0.001（极其极其显著差异）水平上进行了验证。

5.2.1 幼儿教师职业韧性在教龄上的差异分析

VITAE项目列出了6个与经验相关的职业生涯阶段，而不是与年龄或岗位职责相关的阶段（Day, 2008）。6个阶段是:0～3年——承诺:支持和挑战；4～7年——在课堂上的认同与效能；8～15年——管理角色和身份的变化:日益紧张和过渡；16～23年——工作——生活压力:动力和承诺的挑战；24～30年——动力维持的挑战；31年以上——动力维持或下降，应对变化，寻求退休。本研究根据Day的职业生涯阶段进行教龄划分，幼儿教师职业韧性在教龄上是否存在差异，结果与表5-3相同。

据表5-3检验显示，幼儿教师职业韧性在不同教龄上存在显著性差异（F=2.641，P<0.05），8～15、16～23年教龄的幼儿教师比0～3、4～7年教龄的幼儿教师，具有更强的职业韧性。在构成职业韧性的四个子因素中，社交关系（F=6.783，P<0.001）在统计上存在着显著性的差异。8～15、16～23、24～30年教龄的幼儿教师比0～3、4～7年教龄的幼儿教师，具有更强的社交关系。教学效能感（F=6.489，P<0.001）在统计上存在着显著性的差异，8～15、16～23、24～30、31年以上教龄的幼儿教师比0～3、4～7年教龄的幼儿教师，具有更强的教学效能感。在社会支持和情绪智力这两个子因素没有显著性差异。

表5-3　幼儿教师职业韧性在教龄上差异检验

构成	教龄	N	均值	标准差	F	P	多重比较
社交关系	0～3年（a）	795	4.529	0.431	6.783***	0.000	a,b<c,d,e
	4～7年（b）	866	4.555	0.491			
	8～15年（c）	806	4.641	0.388			
	16～23年（d）	238	4.622	0.474			
	24～30年（e）	100	4.648	0.361			
	31年以上（f）	75	4.624	0.566			
	总数	2880	4.583	0.446			
教学效能感	0～3年（a）	795	4.370	0.479	6.489***	0.000	a,b<c,d,e,f
	4～7年（b）	866	4.391	0.505			
	8～15年（c）	806	4.474	0.426			
	16～23年（d）	238	4.490	0.468			
	24～30年（e）	100	4.494	0.408			
	31年以上（f）	75	4.489	0.457			
	总数	2880	4.423	0.471			

续表5-3

构成	教龄	N	均值	标准差	F	P	多重比较
社会支持	0～3年（a）	795	4.425	0.489	1.879	0.095	
	4～7年（b）	866	4.430	0.525			
	8～15年（c）	806	4.485	0.467			
	16～23年（d）	238	4.486	0.487			
	24～30年（e）	100	4.438	0.450			
	31年以上（f）	75	4.403	0.589			
	总数	2880	4.449	0.496			
情绪智力	0～3年（a）	795	3.604	0.863	0.578	0.717	
	4～7年（b）	866	3.552	0.874			
	8～15年（c）	806	3.550	0.837			
	16～23年（d）	238	3.586	0.855			
	24～30年（e）	100	3.500	0.717			
	31年以上（f）	75	3.547	0.875			
	总数	2880	3.567	0.854			
职业韧性	0～3年（a）	795	4.270	0.453	2.641*	0.022	a,b<c,d
	4～7年（b）	866	4.275	0.469			
	8～15年（c）	806	4.333	0.409			
	16～23年（d）	238	4.341	0.432			
	24～30年（e）	100	4.320	0.391			
	31年以上（f）	75	4.309	0.466			
	总数	2880	4.297	0.443			

注：* $p<0.05$, ** $p<0.01$,*** $p<0.001$

5.2.2 幼儿教师职业韧性在学历上的差异分析

幼儿教师职业韧性在学历上是否存在差异，结果与表5-4相同。

据表5-4检验显示，幼儿教师不同学历的职业韧性统计上不存在显著性差异。但是调查显示，在构成职业韧性的四个子因素中，情绪智力在统计上有非常显著性的差异（F=11.604，$P<0.001$），专科及以下学历的教师比本科学历的教师，本科学历的教师比研究生学历的教师具有更强的情绪智力。社交关系、教学效能感和社会支持这三个子因素没有显著性差异。

表5-4　幼儿教师职业韧性在学历上差异检验

构成	学历	N	均值	标准差	F	P	多重比较
社交关系	专科及以下（a）	1369	4.568	0.464	1.678	0.187	
	本科（b）	1505	4.595	0.430			
	研究生及以上（c）	6	4.750	0.230			
	总数	2880	4.583	0.446			
教学效能感	专科及以下（a）	1369	4.424	0.481	0.048	0.953	
	本科（b）	1505	4.422	0.464			
	研究生及以上（c）	6	4.370	0.260			
	总数	2880	4.423	0.472			
社会支持	专科及以下（a）	1369	4.454	0.499	0.441	0.644	
	本科（b）	1505	4.444	0.493			
	研究生及以上（c）	6	4.292	0.323			
	总数	2880	4.449	0.496			
情绪智力	专科及以下（a）	1369	3.647	0.853	11.604***	0.000	a>b>c
	本科（b）	1505	3.495	0.850			
	研究生及以上（c）	6	3.389	0.630			
	总数	2880	3.567	0.854			
职业韧性	专科及以下（a）	1369	4.311	0.449	1.280	0.278	
	本科（b）	1505	4.285	0.439			
	研究生及以上（c）	6	4.244	0.194			
	总数	2880	4.297	0.443			

注：*** $p<0.001$

5.2.3　幼儿教师职业韧性在专业背景上差异检验

幼儿教师职业韧性在专业背景上是否存在差异，结果与表5-5相同。

据表5-5检验显示，幼儿教师不同专业背景的职业韧性在统计上不存在显著性差异。但是调查显示，在构成职业韧性的四个子因素中，情绪智力在统计上有非常显著性的差异（F=7.410，$P<0.01$），这个因素中非教育专业的教师比学前教育专业的教师，具有更高的情绪智力。社交关系、教学效能感和社会支持这三个子因素没有显著性差异。

表5-5 幼儿教师职业韧性在专业背景上差异检验

构成	专业背景	N	均值	标准差	F	P	多重比较
社交关系	学前教育（a）	2419	4.586	0.449	0.418	0.658	
	非学前的教育类（b）	219	4.566	0.403			
	非教育类（c）	242	4.564	0.456			
	总数	2880	4.583	0.446			
教学效能感	学前教育（a）	2419	4.422	0.472	0.034	0.967	
	非学前的教育类（b）	219	4.421	0.460			
	非教育类（c）	242	4.430	0.483			
	总数	2880	4.423	0.471			
社会支持	学前教育（a）	2419	4.448	0.496	0.616	0.54	
	非学前的教育类（b）	219	4.422	0.489			
	非教育类（c）	242	4.474	0.505			
	总数	2880	4.449	0.496			
情绪智力	学前教育（a）	2419	3.541	0.856	7.410**	0.001	a<c
	非学前的教育类（b）	219	3.649	0.861			
	非教育类（c）	242	3.745	0.806			
	总数	2880	3.567	0.854			
职业韧性	学前教育（a）	2419	4.293	0.443	1.120	0.327	
	非学前的教育类（b）	219	4.301	0.429			
	非教育类（c）	242	4.337	0.458			
	总数	2880	4.297	0.443			

注：** $p < 0.01$

5.2.4 幼儿教师职业韧性在职称上差异检验

幼儿教师职业韧性在职称上是否存在差异，结果与表5-6相同。

据表5-6检验显示，幼儿教师不同职称的职业韧性在统计上存在显著性差异。调查显示，未评级的教师比二级职称的教师更具有职业韧性。在构成职业韧性的4个子因素中，情绪智力在统计上有非常显著性的差异（F=13.688，$P < 0.001$），未定级教师比一级教师和二级教师，具有更高的情绪智力。社交关系、教学效能感和社会支持这三个子因素没有显著性差异。

表5-6　幼儿教师职业韧性在职称上差异检验

构成	职称	N	均值	标准差	F	P	多重比较
社交关系	高级教师（a）	29	4.690	0.277	1.010	0.387	
	一级教师（b）	450	4.599	0.480			
	二级教师（c）	1000	4.586	0.430			
	未评级（d）	1401	4.573	0.449			
	总数	2880	4.583	0.446			
教学效能感	高级教师（a）	29	4.529	0.420	1.336	0.261	
	一级教师（b）	450	4.433	0.476			
	二级教师（c）	1000	4.403	0.475			
	未评级（d）	1401	4.432	0.468			
	总数	2880	4.423	0.471			
社会支持	高级教师（a）	29	4.547	0.386	1.059	0.365	
	一级教师（b）	450	4.443	0.513			
	二级教师（c）	1000	4.432	0.497			
	未评级（d）	1401	4.460	0.491			
	总数	2880	4.449	0.496			
情绪智力	高级教师（a）	29	3.431	0.885	13.688***	0.000	b,c<d
	一级教师（b）	450	3.475	0.820			
	二级教师（c）	1000	3.466	0.859			
	未评级（d）	1401	3.671	0.850			
	总数	2880	3.567	0.854			
职业韧性	高级教师（a）	29	4.354	0.410	3.099*	0.026	c<d
	一级教师（b）	450	4.285	0.447			
	二级教师（c）	1000	4.268	0.442			
	未评级（d）	1401	4.321	0.443			
	总数	2880	4.297	0.443			

注：* $p<0.05$，*** $p<0.001$

5.2.5　幼儿教师职业韧性在承担工作上差异检验

幼儿教师职业韧性在承担工作上是否存在差异，结果与表5-7相同。

据表5-7检验显示，幼儿教师承担不同工作的职业韧性在统计上存在显著性差异。调查显示，管理人员和其他岗位的教师比配班老师具有更强的职业韧性；在构成职业韧性的4个子因素中，社交关系在统计上有非常显著性的差异（F=8.376，*P*<0.001），这个因素中管理人员和主班教师比配班教师，具有更强的社交关系。教学效能感统计上有非常显著性的差异（F=5.190，*P*<0.01），管理人员和其他工作的教师比配班教师具有更强的教学效能感。情绪智力在统计上有非常显著性的差异（F=9.483，*P*<0.001），这个因素中做其他工作的教师比在班级带班的主班和配班教师，具有更强的情绪智力。社会支持这个子因素没有显著性差异。

表5-7 幼儿教师职业韧性在承担工作上差异检验

构成	承担工作	N	均值	标准差	F	P	多重比较
社交关系	管理人员（a）	184	4.682	0.442	8.376***	0.000	a,b>c
	主班教师（b）	1333	4.605	0.433			
	配班教师（c）	1013	4.533	0.453			
	其他（d）	350	4.589	0.463			
	总数	2880	4.583	0.446			
教学效能感	管理人员（a）	184	4.514	0.484	5.190**	0.001	a,d>c
	主班教师（b）	1333	4.428	0.466			
	配班教师（c）	1013	4.386	0.472			
	其他（d）	350	4.462	0.474			
	总数	2880	4.423	0.471			
社会支持	管理人员（a）	184	4.519	0.485	2.212	0.085	
	主班教师（b）	1333	4.447	0.496			
	配班教师（c）	1013	4.428	0.492			
	其他（d）	350	4.477	0.508			
	总数	2880	4.449	0.496			
情绪智力	管理人员（a）	184	3.604	0.875	9.483***	0.000	b,c<d
	主班教师（b）	1333	3.502	0.863			
	配班教师（c）	1013	3.575	0.832			
	其他（d）	350	3.771	0.838			
	总数	2880	3.567	0.854			

续表5-7

构成	承担工作	N	均值	标准差	F	P	多重比较
	管理人员（a）	184	4.373	0.440			
	主班教师（b）	1333	4.291	0.438			
职业韧性	配班教师（c）	1013	4.271	0.445	5.294**	0.001	a,d>c
	其他（d）	350	4.358	0.453			
	总数	2880	4.297	0.443			

注：** p<0.01 *** p<0.001

5.2.6 幼儿教师职业韧性在工作时间上差异检验

韩国学者최소연（2018），把幼儿教师上班时间划分8h未满、8～9h未满、9～10h未满、10～11h未满、11～12h未满和12h以上来进行研究，该研究中上班时间11h以上的教师只有4人。根据中国的国情，对최소연（2018），把幼儿教师上班时间划分进行适合中国幼儿教师的时间划分如下：7h以下、7～8h未满、8～9h未满、9～10h未满、10h以上。

幼儿教师职业韧性在工作时间上是否存在差异，结果与表5-8相同。

据表5-8检验显示，幼儿教师不同工作时间的职业韧性统计上存在显著性差异（F=15.332，P<0.001）。具体而言，工作时间在7h以下的幼儿教师比工作时间在10h以上的教师具有更强的职业韧性；工作时间在7～8h未满的教师比工作时间在8～9h未满、9～10h未满和10h以上的幼儿教师，有更强的职业韧性；工作时间8～9h未满的教师比工作时间在9～10h未满和10h以上的幼儿教师，有更强的职业韧性。调查显示，在构成职业韧性的四个子因素中，教学效能感在统计上存在着十分显著性的差异（F=9.782，P<0.001），工作时间7～8h未满的教师比工作时间在8～9h未满、9～10h未满、10h以上的教师，具有更强的教学效能感；工作时间8～9h未满的教师比工作时间9～10h未满、10h以上的教师，具有更强的教学效能感。社会支持在统计上存在着十分显著性的差异（F=9.015，P<0.001），工作时间7～8h未满小时的教师比工作时间在8～9h未满、9～10h未满、10h以上的教师，具有更强的社会支持；情绪智力在统计上存在着十分显著性的差异（F=24.017，

$P<0.001$），工作时间在7h以下的教师比工作时间9～10h未满和10h以上的幼儿教师，具有更强的情绪智力；工作时间在7～8h未满的教师比工作时间8～9h未满、9～10h未满、10h以上的教师，具有更强的情绪智力；工作时间在8～9小时未满的教师比工作时间在9～10h未满、10h以上教师，具有更强的情绪智力。

表5-8 幼儿教师职业韧性在工作时间上差异检验

构成	工作时间	N	均值	标准差	F	P	多重比较
社交关系	7h以下（a）	26	4.577	0.472	0.922	0.450	
	7～8h未满（b）	842	4.607	0.452			
	8～9h未满（c）	1335	4.575	0.466			
	9～10h未满（d）	514	4.568	0.396			
	10h以上（e）	163	4.567	0.395			
	总数	2880	4.583	0.446			
教学效能感	7h以下（a）	26	4.470	0.507	9.782***	0.000	b>c,d,e c>d,e
	7～8h未满（b）	842	4.486	0.472			
	8～9h未满（c）	1335	4.424	0.474			
	9～10h未满（d）	514	4.357	0.454			
	10h以上（e）	163	4.288	0.442			
	总数	2880	4.423	0.471			
社会支持	7h以下（a）	26	4.548	0.515	9.015***	0.000	b>c,d,e
	7～8h未满（b）	842	4.521	0.483			
	8～9h未满（c）	1335	4.438	0.509			
	9～10h未满（d）	514	4.387	0.470			
	10h以上（e）	163	4.338	0.478			
	总数	2880	4.449	0.496			
情绪智力	7h以下（a）	26	3.955	0.837	24.017***	0.000	a>d,e b>c,d,e c>d,e
	7～8h未满（b）	842	3.703	0.874			
	8～9h未满（c）	1335	3.600	0.822			
	9～10h未满（d）	514	3.367	0.837			
	10h以上（e）	163	3.166	0.828			
	总数	2880	3.567	0.854			

续表5-8

构成	工作时间	N	均值	标准差	F	P	多重比较
职业韧性	7h以下（a）	26	4.417	0.497	15.332***	0.000	a>e b>c, d, e c>d, e
	7～8h未满（b）	842	4.368	0.447			
	8～9h未满（c）	1335	4.300	0.448			
	9～10h未满（d）	514	4.217	0.414			
	10h以上（e）	163	4.142	0.392			
	总数	2880	4.297	0.443			

注：* $p<0.05$，*** $p<0.001$

5.2.7 幼儿教师职业韧性在加班次数上差异检验

幼儿教师职业韧性在加班次数上是否存在差异，结果与表5-9相同。

据表5-9调查显示，幼儿教师不同加班次数的职业韧性统计上存在显著性差异（F=44.021，$P<0.001$），无加班的教师比加班5次以下、5～10次未满、10次以上的教师，具有更强的职业韧性；加班5次以下的教师比5～10次未满、10次以上的教师，具有更强的职业韧性。调查显示，在构成职业韧性的4个子因素中，社交关系统计上存在显著性差异（F=9.089，$P<0.001$），无加班的教师比加班5次以下、5～10次未满、10次以上的教师，具有更强的社交关系。教学效能感在统计上存在着十分显著性的差异（F=28.792，$P<0.001$），无加班的教师比加班5次以下、5～10次未满、10次以上的教师，具有更强的教学效能感；加班5次以下的教师比5～10次未满、10次以上的教师，具有更强的教学效能感。社会支持在统计上存在着十分显著性的差异（F=23.344，$P<0.001$），无加班的教师比加班5次以下、5～10次未满、10次以上的教师，具有更强的社会支持；加班5次以下的教师比5～10次未满的教师，具有更强的社会支持。情绪智力在统计上存在着十分显著性的差异（F=53.031，$P<0.001$），无加班的教师比加班5次以下、5～10次未满、10次以上的教师，具有更高的情绪智力；加班5次以下的教师比5～10次未满、10次以上的教师，具有更高的情绪智力。

表5-9 幼儿教师职业韧性在加班次数上差异检验

构成	加班情况	N	均值	标准差	F	P	多重比较
社交关系	无加班（a）	1003	4.638	0.466	9.089***	0.000	a>b,c,d
	5次未满（b）	1224	4.565	0.440			
	5～10次未满（c）	438	4.519	0.431			
	10次以上（d）	215	4.554	0.389			
	总数	2880	4.583	0.446			
教学效能感	无加班（a）	1003	4.516	0.480	28.792***	0.000	a>b,c,d
	5次未满（b）	1224	4.412	0.460			
	5～10次未满（c）	438	4.311	0.443			
	10次以上（d）	215	4.280	0.460			
	总数	2880	4.423	0.471			
社会支持	无加班（a）	1003	4.544	0.496	23.344***	0.000	a>b,c,d b>c,d
	5次未满（b）	1224	4.426	0.487			
	5～10次未满（c）	438	4.342	0.487			
	10次以上（d）	215	4.348	0.485			
	总数	2880	4.449	0.496			
情绪智力	无加班（a）	1003	3.785	0.864	53.031***	0.000	a>b,c,d b>c
	5次未满（b）	1224	3.550	0.827			
	5～10次未满（c）	438	3.300	0.793			
	10次以上（d）	215	3.189	0.785			
	总数	2880	3.567	0.854			
职业韧性	无加班（a）	1003	4.407	0.447	44.021***	0.000	a>b,c,d b>c,d
	5次未满（b）	1224	4.281	0.432			
	5～10次未满（c）	438	4.166	0.419			
	10次以上（d）	215	4.145	0.412			
	总数	2880	4.297	0.443			

注：*** p<0.001

5.2.8 幼儿教师职业韧性在婚姻状况上的差异分析

幼儿教师职业韧性在婚姻状况上是否存在差异，结果与表5-10相同。

据表5-10调查显示，幼儿教师不同婚姻状况的职业韧性统计上存在显著性差异（F=8.417，P<0.001），已婚和离异的教师比未婚的教师具有更强的职业韧

性。调查显示，在构成职业韧性的四个子因素中，社交关系统计上存在显著性差异（F=8.277，$P<0.001$），已婚和离异的教师比未婚的教师具有更强的社交关系。教学效能感在统计上存在着显著性的差异（F=10.812，$P<0.001$），已婚的教师比未婚的教师，具有更强的教学效能感；社会支持（F=3.267，$P<0.05$）和情绪智力（F=3.508，$P<0.05$）在统计上存在着显著性的差异。

表5-10 幼儿教师职业韧性在婚姻状况上差异检验

构成	婚否	N	均值	标准差	F	P	多重比较
社交关系	已婚（a）	1865	4.602	0.456	8.277 ***	0.000	a,c>b
	未婚（b）	968	4.539	0.427			
	离异（c）	47	4.706	0.353			
	总数	2880	4.583	0.446			
教学效能感	已婚（a）	1865	4.451	0.474	10.812 ***	0.000	a>b
	未婚（b）	968	4.366	0.466			
	离异（c）	47	4.478	0.354			
	总数	2880	4.423	0.471			
社会支持	已婚（a）	1865	4.463	0.501	3.267*	0.038	a>b
	未婚（b）	968	4.418	0.488			
	离异（c）	47	4.527	0.428			
	总数	2880	4.449	0.496			
情绪智力	已婚（a）	1865	3.586	0.855	3.508*	0.030	a,c>b
	未婚（b）	968	3.518	0.854			
	离异（c）	47	3.780	0.741			
	总数	2880	3.567	0.854			
职业韧性	已婚（a）	1865	4.318	0.443	8.417 ***	0.000	a,c>b
	未婚（b）	968	4.252	0.445			
	离异（c）	47	4.406	0.372			
	总数	2880	4.297	0.443			

注：* p<0.05，*** p<0.001

5.2.9 幼儿教师职业韧性在有无孩子上差异检验

幼儿教师职业韧性在有无孩子上是否存在差异，结果与表5-11相同。

据表5-11调查显示，幼儿教师不同孩子个数的职业韧性统计上存在显著性差异（F=6.927，$P<0.001$），有两个孩子的教师比未婚未育和暂时没有孩子的教师，具有更强的职业韧性。在构成职业韧性的4个子因素中，社交关系在统计上存在着非常显著性的差异（F=4.677，$P<0.01$），育有一个和两个孩子的教师比未婚未育的教师，具有更强的社交关系。教学效能感在统计上存在着非常显著性的差异（F=8.126，$P<0.001$），育有一个和两个孩子的教师比未婚未育的教师，具有更强的教学效能感。社会支持在统计上存在着显著性的差异（F=2.999，$P<0.05$），育有两个孩子的教师比未婚未育的教师，具有更强的社会支持。情绪智力在统计上存在着显著性的差异（F=4.339，$P<0.01$），育有两个孩子的教师比未婚未育的教师，具有更高的情绪智力。

表5-11 幼儿教师职业韧性在有无孩子上差异检验

构成	婚否	N	均值	标准差	F	P	多重比较
社交关系	未婚未育（a）	968	4.539	0.427	4.677**	0.001	a<c,d
	暂时没有（b）	158	4.553	0.492			
	一个（c）	1024	4.599	0.442			
	两个（d）	712	4.622	0.465			
	三个（e）	18	4.722	0.291			
	总数	2880	4.583	0.446			
教学效能感	未婚未育（a）	968	4.366	0.466	8.126***	0.000	a<c,d
	暂时没有（b）	158	4.364	0.521			
	一个（c）	1024	4.444	0.459			
	两个（d）	712	4.478	0.477			
	三个（e）	18	4.642	0.382			
	总数	2880	4.423	0.471			
社会支持	未婚未育（a）	968	4.417	0.488	2.999*	0.018	a<d
	暂时没有（b）	158	4.430	0.511			
	一个（c）	1024	4.445	0.493			
	两个（d）	712	4.498	0.505			
	三个（e）	18	4.549	0.462			
	总数	2880	4.449	0.496			

续表5-11

构成	婚否	N	均值	标准差	F	P	多重比较
情绪智力	未婚未育（a）	968	3.518	0.854	4.339**	0.002	a<d
	暂时没有（b）	158	3.452	0.827			
	一个（c）	1024	3.562	0.821			
	两个（d）	712	3.654	0.896			
	三个（e）	18	3.963	0.912			
	总数	2880	3.567	0.854			
职业韧性	未婚未育（a）	968	4.252	0.444	6.927***	0.000	a,b<d
	暂时没有（b）	158	4.244	0.484			
	一个（c）	1024	4.305	0.433			
	两个（d）	712	4.353	0.443			
	三个（e）	18	4.496	0.362			
	总数	2880	4.297	0.443			

注：* p<0.05, ** p<0.01, *** p<0.001

5.2.10 幼儿教师职业韧性在原生家庭（父母）是否离异上的差异分析

幼儿教师职业韧性在原生家庭（父母）是否离异上是否存在差异，结果与表5-12相同。

据表5-12调查显示，幼儿教师原生家庭（父母）是否离异的职业韧性统计上不存在显著性差异。但是调查显示，在构成职业韧性的4个子因素中，教学效能感在统计上存在着显著性的差异（F=5.347，P<0.01），原生家庭（父母）没有离异的教师比原生家庭（父母）离异的教师，具有更强的教学效能感。

表5-12 幼儿教师职业韧性在原生家庭（父母）是否离异上差异检验

		N	均值	标准差	F	P	多重比较
社交关系	是（a）	234	4.542	0.451	1.962	0.141	
	否（b）	2610	4.587	0.446			
	其他（c）	36	4.486	0.433			
	总数	2880	4.583	0.446			

		N	均值	标准差	F	P	多重比较
教学效能感	是（a）	234	4.349	0.513	5.347**	0.005	a<b
	否（b）	2610	4.432	0.467			
	其他（c）	36	4.265	0.477			
	总数	2880	4.423	0.471			
社会支持	是（a）	234	4.428	0.521	1.052	0.349	
	否（b）	2610	4.452	0.494			
	其他（c）	36	4.344	0.484			
	总数	2880	4.449	0.496			
情绪智力	是（a）	234	3.494	0.892	1.033	0.356	
	否（b）	2610	3.574	0.850			
	其他（c）	36	3.509	0.896			
	总数	2880	3.567	0.854			
职业韧性	是（a）	234	4.246	0.466	2.837	0.059	
	否（b）	2610	4.303	0.441			
	其他（c）	36	4.190	0.447			
	总数	2880	4.297	0.443			

注：* $p<0.05$，** $p<0.01$

5.2.11 幼儿教师职业韧性在园所性质上的差异分析

幼儿教师职业韧性在园所性质上是否存在差异，结果与表5-13相同。

根据表5-13，与幼儿教师园所性质不同的职业韧性T检验结果统计上有显著性差异（T=-3.043，$P<0.01$），民办园的教师比公办园的教师，具有更强的职业韧性。在构成幼儿教师职业韧性的4个子因素中，教学效能感在统计上存在显著性差异（T=-2.231，$P<0.05$），民办园的教师比公办园的教师，具有更强的教学效能感。情绪智力在统计上存在十分显著性差异（T=-5.323，$P<0.001$），民办园的教师比公办园的教师，具有更强的情绪智力。

表5-13 幼儿教师职业韧性在园所性质上差异检验

	园所性质	N	均值	标准差	T	P
社交关系	公办园（a）	1850	4.578	0.447	−0.789	0.430
	民办园（b）	1030	4.591	0.445		
教学效能感	公办园（a）	1850	4.408	0.470	−2.231*	0.026
	民办园（b）	1030	4.449	0.473		
社会支持	公办园（a）	1850	4.443	0.497	−0.746	0.455
	民办园（b）	1030	4.458	0.494		
情绪智力	公办园（a）	1850	3.504	0.844	−5.323***	0.000
	民办园（b）	1030	3.680	0.860		
职业韧性	公办园（a）	1850	4.278	0.445	−3.043**	0.002
	民办园（b）	1030	4.331	0.439		

注：* $p<0.05$，** $p<0.01$，*** $p<0.001$

5.2.12 幼儿教师职业韧性在园所级别上差异检验

幼儿教师职业韧性在园所级别上是否存在差异，结果与表5-14相同。

根据表5-14，与幼儿教师园所级别不同的职业韧性单因素方差检验结果统计上没有显著性差异。但是调查显示，下位4个子因素中的情绪智力具有显著性差异（$T=4.605$，$P<0.01$）二级园、三级园的教师比一级园的教师，具有更强的情绪智力。

表5-14 幼儿教师职业韧性在园所级别上差异检验

		N	均值	标准差	F	P	多重比较
社交关系	一级园（a）	616	4.614	0.428	1.475	0.207	
	二级园（b）	1567	4.573	0.442			
	三级园（c）	592	4.583	0.474			
	准办园（d）	49	4.578	0.460			
	其他（e）	56	4.497	0.425			
	总数	2880	4.583	0.446			

续表5-14

		N	均值	标准差	F	P	多重比较
教学效能感	一级园（a）	616	4.452	0.462	1.983	0.094	
	二级园（b）	1567	4.407	0.470			
	三级园（c）	592	4.443	0.478			
	准办园（d）	49	4.440	0.493			
	其他（e）	56	4.321	0.495			
	总数	2880	4.423	0.471			
社会支持	一级园（a）	616	4.492	0.476	2.042	0.086	
	二级园（b）	1567	4.443	0.500			
	三级园（c）	592	4.431	0.504			
	准办园（d）	49	4.390	0.476			
	其他（e）	56	4.362	0.495			
	总数	2880	4.449	0.496			
情绪智力	一级园（a）	616	3.448	0.879	4.605**	0.001	a<b,c
	二级园（b）	1567	3.583	0.834			
	三级园（c）	592	3.652	0.868			
	准办园（d）	49	3.537	0.842			
	其他（e）	56	3.554	0.877			
	总数	2880	3.567	0.854			
职业韧性	一级园（a）	616	4.303	0.435	0.736	0.568	
	二级园（b）	1567	4.292	0.448			
	三级园（c）	592	4.315	0.440			
	准办园（d）	49	4.279	0.440			
	其他（e）	56	4.222	0.440			
	总数	2880	4.297	0.443			

注：** p<0.01

5.2.13 幼儿教师职业韧性在有无编制上的差异分析

幼儿教师职业韧性在有无编制上是否存在差异，结果与表5-15相同。

根据表5-15，与幼儿教师不同编制的职业韧性T检验结果统计上有显著性差异（T=-3.149，$P<0.01$），无编制的教师比有编制的教师具有更强的职业韧性。

在构成幼儿教师职业韧性的4个子因素中，教学效能感在统计上存在显著性差异（T=−1.994，P<0.05），无编制的教师比有编制的教师，具有更强的教学效能感；情绪智力在统计上存在十分显著性差异（T=−5.372，P<0.001），无编制的教师比有编制的教师，具有更强的情绪智力。

表5−15　幼儿教师职业韧性在有无编制上差异检验

构成	用工性质	N	均值	标准差	T	P
社交关系	有编制	1283	4.581	0.459	−0.207	0.836
	无编制	1597	4.584	0.436		
教学效能感	有编制	1283	4.403	0.488	−1.994*	0.046
	无编制	1597	4.439	0.457		
社会支持	有编制	1283	4.433	0.520	−1.500	0.134
	无编制	1597	4.461	0.475		
情绪智力	有编制	1283	3.472	0.841	−5.372***	0.000
	无编制	1597	3.643	0.857		
职业韧性	有编制	1283	4.268	0.457	−3.149**	0.002
	无编制	1597	4.320	0.431		

注：* p<0.05，** p<0.01，*** p<0.001

5.2.14　幼儿教师职业韧性在幼儿园所在地上差异检验

幼儿教师职业韧性在幼儿园所在地上是否存在差异，结果与表5−16相同。

据表5−16检验显示，幼儿教师不同所在地的职业韧性统计上存在显著性差异（F=5.179，P<0.001）。具体而言，县城所在地的幼儿教师比乡镇所在地的幼儿教师，有更强的职业韧性。调查显示，在构成职业韧性的4个子因素中，社交关系统计上存在显著性差异（F=3.949，P<0.01），跟职业韧性总体一样县城所在地的幼儿教师比乡镇所在地的幼儿教师，有更强的社交关系；教学效能感在统计上存在着非常显著性的差异（F=3.481，P<0.05），县城所在地的幼儿教师比乡镇所在地的幼儿教师，具有更强的教学效能感；社会支持在统计上存在着十分显著性差异（F=8.836，P<0.001），市区范围内的教师比乡镇所在地的教师，具有更强的社会支持；县城所在地的教师比乡镇和乡村所在地的教师，具有更强的社会支持。

情绪智力在统计上不存在显著差异。

表5-16 幼儿教师职业韧性在幼儿园所在地上差异检验

构成	所在地	N	均值	标准差	F	P	多重比较
社交关系	市区范围内（a）	530	4.592	0.412	3.949**	0.008	b>c
	县城范围内（b）	1036	4.613	0.432			
	乡镇所在地（c）	993	4.546	0.469			
	乡村幼儿园（d）	321	4.582	0.468			
	总数	2880	4.583	0.446			
教学效能感	市区范围内（a）	530	4.421	0.451	3.481*	0.015	b>c
	县城范围内（b）	1036	4.452	0.464			
	乡镇所在地（c）	993	4.387	0.480			
	乡村幼儿园（d）	321	4.443	0.494			
	总数	2880	4.423	0.471			
社会支持	市区范围内（a）	530	4.484	0.461	8.836***	0.000	a>c b>c,d
	县城范围内（b）	1036	4.495	0.467			
	乡镇所在地（c）	993	4.394	0.522			
	乡村幼儿园（d）	321	4.407	0.537			
	总数	2880	4.449	0.496			
情绪智力	市区范围内（a）	530	3.515	0.854	2.348	0.071	
	县城范围内（b）	1036	3.615	0.874			
	乡镇所在地（c）	993	3.535	0.829			
	乡村幼儿园（d）	321	3.594	0.861			
	总数	2880	3.567	0.854			
职业韧性	市区范围内（a）	530	4.299	0.424	5.179**	0.001	b>c
	县城范围内（b）	1036	4.335	0.440			
	乡镇所在地（c）	993	4.258	0.450			
	乡村幼儿园（d）	321	4.295	0.458			
	总数	2880	4.297	0.443			

注：* $p<0.05$, ** $p<0.01$,*** $p<0.001$

5.2.15 幼儿教师职业韧性在行政级别上的差异分析

幼儿教师职业韧性在行政级别上是否存在差异，结果与表5-17相同。

根据表5-17调查结果，幼儿教师不同行政级别的职业韧性差异单因素方差检验结果没有统计上的显著性差异，下位4个子因素检验中社会支持统计上有非常显著差异（F=6.282，$P<0.01$），市级教育局直属幼儿园教师和县级教育局直属幼儿园教师比乡镇中心幼儿园的教师，具有更强的社会支持。

表5-17　幼儿教师职业韧性在行政级别上差异检验

		N	均值	标准差	F	P	多重比较
社交关系	市级教育局直属（a）	379	4.609	0.391	2.162	0.115	
	县级教育局直属（b）	1472	4.591	0.461			
	乡镇中心幼儿园（c）	1029	4.561	0.444			
	总数	2880	4.583	0.446			
教学效能感	市级教育局直属（a）	379	4.446	0.436	1.765	0.171	
	县级教育局直属（b）	1472	4.432	0.481			
	乡镇中心幼儿园（c）	1029	4.402	0.470			
	总数	2880	4.423	0.471			
社会支持	市级教育局直属（a）	379	4.502	0.429	6.282**	0.002	a,b>c
	县级教育局直属（b）	1472	4.463	0.503			
	乡镇中心幼儿园（c）	1029	4.408	0.506			
	总数	2880	4.449	0.496			
情绪智力	市级教育局直属（a）	379	3.529	0.860	0.623	0.537	
	县级教育局直属（b）	1472	3.581	0.865			
	乡镇中心幼儿园（c）	1029	3.560	0.836			
	总数	2880	3.567	0.854			
职业韧性	市级教育局直属（a）	379	4.318	0.414	2.418	0.089	
	县级教育局直属（b）	1472	4.309	0.450			
	乡镇中心幼儿园（c）	1029	4.273	0.443			
	总数	2880	4.297	0.443			

注：*** $P<0.01$

5.3　幼儿教师职业韧性与前因变量之间的关系

5.3.1　幼儿教师职业韧性与前因变量之间的相关分析

为了考察幼儿教师职业韧性与各前因变量（一般自我效能感、工作热情、职业认同、园长变革型领导行为、园长交易型领导行为、学校人际信任、工作压力）之间的关系，进行了Pearson相关性分析，结果与表5-18相同。

表5-18 幼儿教师职业韧性与各前因变量之间的相关关系

	自我效能感	职业认同	工作热情	变革型	交易型	工作压力	人际信任	职业韧性
自我效能感	1							
职业认同	.435***	1						
工作热情	.594***	.685***	1					
变革型	.307***	.490***	.526***	1				
交易型	.385***	.246***	.276***	.363***	1			
工作压力	−.097***	−.287***	−.335***	−.330***	.075***	1		
人际信任	.395***	.638***	.665***	.451***	.218***	−.299***	1	
职业韧性	.441***	.563***	.661***	.554***	.139***	−.446***	.515***	1

注：*** P<0.001

幼儿教师职业韧性、自我效能感、工作热情、职业认同、变革型园长领导行为、交易型园长领导行为、学校人际信任、工作压力都有十分显著的相关。

一般自我效能和工作热情、职业认同之间也有十分显著的正相关，工作热情和职业认同两者之间也有十分显著的正相关。通过以上结果可以发现一般自我效能越好，工作热情越高，职业认同越好幼儿教师的职业韧性就越强。

变革型园长领导行为和学校人际信任之间有显著的正相关，交易型园长领导行为和学校人际信任之间有显著的正相关。通过以上结果可以发现变革型和交易型园长领导行为越高，学校人际信任越好，幼儿教师的职业韧性就越大。

工作压力与幼儿教师职业韧性、自我效能感、工作热情、职业认同、变革型园长领导行为、学校人际信任之间都有显著的负相关，工作压力与交易型园长领导行为有显著的正相关。

为考察幼儿教师职业韧性与各前因变量（一般自我效能感、工作热情、职业认同、变革型园长领导风格、交易型园长领导风格、工作压力、学校人际信任）的下位因子之间的关系，进一步进行Pearson相关性分析，结果与表5-19相同。

表5-19 幼儿教师职业韧性与各前因变量下位因子之间的关系。

	自我效能感	角色价值观	职业行为倾向	职业价值观	角色归属感	工作态度	自我限制	调整适应	角色外行为	尊重教师	变革引领	事先垂范	例外管理	状况补偿	人际关系	教学自主	工作负荷	工作回馈	情感信任	认知信任	社交关系	教学效能感	社会支持	情绪智力
自我效能感	1																							
角色价值观	.416***	1																						
职业行为倾向	.420***	.693***	1																					
职业价值观	.345***	.655***	.782***	1																				
角色归属感	.215***	.361***	.446***	.499***	1																			
工作态度	.526***	.709***	.564***	.514***	.233***	1																		
自我限制	.560***	.649***	.558***	.518***	.262***	.805***	1																	
调整适应	.620***	.605***	.573***	.520***	.281***	.772***	.848***	1																
角色外行为	.559***	.564***	.522***	.460***	.270***	.732***	.733***	.717***	1															
尊重教师	.320***	.479***	.401***	.396***	.213***	.499***	.482***	.444***	.427***	1														
变革引领	.284***	.446***	.439***	.453***	.240***	.458***	.454***	.432***	.393***	.826***	1													
事先垂范	.266***	.433***	.397***	.401***	.194***	.460***	.437***	.400***	.377***	.834***	.890***	1												
例外管理	.304***	.144***	.143***	.092***	.151***	.172***	.161***	.203***	.189***	.243***	.224***	.228***	1											
状况补偿	.376***	.256***	.229***	.187***	.174***	.283***	.289***	.296***	.291***	.400***	.338***	.359***	.595***	1										
人际关系	-.059***	-.239***	-.235***	-.225***	.015	-.231***	-.213***	-.178***	-.140***	-.254***	-.245***	-.246***	.185***	.041*	1									
教学自主	-0.033	-.263***	-.278***	-.279***	-.050*	-.237***	-.226***	-.190***	-.156***	-.312***	-.299***	-.302***	.178***	.027	.839***	1								
工作负荷	-.140***	-.360***	-.256***	-.245***	-.023	-.360***	-.318***	-.274***	-.254***	-.332***	-.260***	-.281***	.093***	-.039*	.723***	.766***	1							
工作回馈	-.132***	-.352***	-.229***	-.219***	-.01	-.324***	-.301***	-.251***	-.237***	-.322***	-.269***	-.282***	.094***	-.077***	.657***	.638***	.759***	1						
情感信任	.402***	.578***	.553***	.508***	.301***	.623***	.584***	.594***	.514***	.385***	.377***	.361***	.163***	.237***	-.208***	-.218***	-.281***	-.251***	1					
认知信任	.340***	.577***	.545***	.526***	.276***	.584***	.553***	.535***	.478***	.435***	.433***	.420***	.106***	.205***	-.244***	-.272***	-.300***	-.268***	.767***	1				
社交关系	.422***	.521***	.530***	.493***	.223***	.528***	.528***	.554***	.476***	.474***	.513***	.476***	.137***	.199***	-.238***	-.247***	-.265***	-.234***	.457***	.440***	1			
教学效能感	.489***	.559***	.539***	.482***	.207***	.603***	.602***	.619***	.529***	.469***	.491***	.462***	.130***	.197***	-.234***	-.242***	-.322***	-.275***	.473***	.442***	.844***	1		
社会支持	.403***	.549***	.500***	.471***	.221***	.553***	.542***	.538***	.478***	.583***	.579***	.561***	.153***	.263***	-.277***	-.292***	-.335***	-.328***	.455***	.468***	.806***	.797***	1	
情绪智力	.176***	.320***	.230***	.214***	-.041*	.335***	.343***	.286***	.272***	.250***	.203***	.221***	-.175***	-.019	-.418***	-.386***	-.694***	-.431***	.245***	.246***	.297***	.364***	.322***	1

注：* p<0.05，** p<0.01，*** p<0.001

表5-19中职业韧性下位因素与一般自我效能之间的相关关系分析表明，社交关系、教学效能感、社会支持、情绪智力和一般自我效能存在十分显著的正相关关系。

职业韧性下位因素与工作热情下位因素之间的相关关系分析显示，职业韧性下位因素社交关系、教学效能感、社会支持、情绪智力与工作热情所有下位因素之间存在着十分显著的正相关关系。

职业韧性下位因素和职业认同下位因素之间的相关关系分析结果显示，职业韧性下位因素社交关系、教学效能感、社会支持与职业认同所有下位因素之间存在着十分显著的正相关关系。情绪智力与职业认同下位因素角色价值观、职业行为倾向、职业价值观之间存在着十分显著的正相关关系，与职业认同下位因素角色归属感之间存在着显著的负相关。

职业韧性下位因素与变革型园长领导风格下位因素之间的相关关系分析表明，社交关系、教学效能感、社会支持、情绪智力和变革型园长领导风格下位3个因素存在十分显著的正相关关系；社交关系、教学效能感、社会支持和交易型园长领导风格下位两个因素存在十分显著的正相关关系，情绪智力与交易型园长领导风格下位因素例外管理存在十分显著的负相关关系。职业韧性下位因素与学校人际关系下位因素之间的相关关系分析显示，所有的下位因素之间存在显著的正相关。

职业韧性下位因素与工作压力下位因素之间的相关关系分析表明，所有的下位因素之间存在显著的负相关。自我效能与工作压力的下位3个因素人际关系、工作负荷、工作回馈存在显著的负相关。工作热情下位因素与工作压力下位因素之间的相关关系分析表明，所有的下位因素之间存在显著的负相关。职业认同下位3个因素角色价值观、职业行为倾向、职业价值观与工作压力下位4个因素之间的相关关系分析表明存在显著的负相关；职业认同下位因素角色归属感与工作压力下位因素教学自主存在显著的负相关。变革型园长领带风格下位因素与工作压力下位因素之间的相关关系分析表明，所有的下位因素之间存在显著的负相关。交易型园长领导行为下位因素与工作压力下位因素之间的相关关系分析表明，交易型园长领导行为下位因素例外管理与工作压力下位所有因素存在显著的正相关；交易型园长领导行为下位因素状况补偿与工作压力下位因素人际关系存在显著的正相关，与工作负荷和工作回馈存在显著的负相关。人际信任下位因素与工作压力下位因素之间的相关关系分析表明，所有的下位因素之间存在显著的负相关。

5.3.2 各前因变量对幼儿教师职业韧性及下位因子的回归分析

相关分析结果显示，各个变量存在显著相关，相关系数在0.075–0.685（见表5–18），因此，可能存在多重共线性的问题。

容忍度（Tolerance）和方差膨胀系数(variance inflation factor，VIF)是判断自变量之间是否有多元共线性问题的主要指标。容忍度的值界于0至1之间，当容忍度值较小时，表示此自变量与其他自变量之间存在共线性。一般认为，当容忍度小于0.10时，自变量间可能存在共线性问题。方差膨胀系数是容忍度的倒数，VIF越大，表示自变量的容忍度越小，越有共线性问题。通常以10作为判断边界。当VIF<10，不存在多重共线性；当10<=VIF<100，存在较强的多重共线性；当VIF>=100，存在严重多重共线性。Durbin–Watson指数越接近2，残差之间的自相关越独立。Durbin–Watson指数越接近0或4，残差之间的自相关性越强。在本研究中，回归模型的容差为0.336–0.792，方差膨胀系数为1.263–2.974，可以认为自变量之间不存在严重的共线性问题。Durbin–Watson指数为1.972，说明满足独立性假设，可以进行多元回归分析。

（1）各前因变量对幼儿教师职业韧性的回归分析

在控制教龄、学历、专业背景、职称、承担工作、工作时间、加班次数、婚姻、孩子、原生家庭是否离异、园所性质、园所级别、单位用工性质、园所在地等人口学变量的影响后，自我效能感、工作热情、职业认同、园长变革型领导行为、园长交易型领导行为、人际信任与工作压力对幼儿教师职业韧性的总解释率为50.8%（F=489.27，$P<0.001$）。自我效能感、工作热情、职业认同、园长变革型领导行为、园长交易型领导行为与工作压力对幼儿教师职业韧性的影响显著，而

人际信任对幼儿教师职业韧性的影响不显著（β=0.02，P>0.05）。按照回归路径系数大小，其影响效果从大到小依次为：工作热情（β=0.287，P<0.001）、园长变革型领导行为（β=0.258，P<0.001）、工作压力（β=-0.186，P<0.001）、职业认同（β=0.142，P<0.001）、自我效能感（β=0.140，P<0.001）、园长交易型领导行为（β=-0.129，P<0.001）（见表5-19）。其中，工作热情、园长变革型领导行为、职业认同与自我效能感对幼儿教师职业韧性的影响是正向的，而工作压力与园长交易型领导行为对幼儿教师职业韧性的影响是负向的。

表5-19 各前因变量对幼儿教师职业韧性的回归分析

模型	预测变量	非标准化系数		标准系数β	T	P	F	R^2	ΔR^2
		B	标准误						
1	（常量）	1.904	0.11		17.523	0.000	13.454***	0.066	0.508***
	教龄	0.006	0.01	0.017	1.037	0.300			
	学历	0.001	0.01	0.001	0.043	0.966			
	专业背景	0.006	0.01	0.008	0.602	0.547			
	职称	0.005	0.01	0.008	0.467	0.641			
	承担工作	-0.007	0.01	-0.012	-0.828	0.407			
	工作时间	-0.003	0.01	-0.006	-0.402	0.687			
	加班次数	-0.033	0.01	-0.066	-4.306	0.000			
	婚姻	0.031	0.02	0.036	1.487	0.137			
	孩子	0.009	0.01	0.053	2.050	0.040			
	原生家庭是否离异	-0.004	0.02	-0.003	-0.213	0.831			
	园所性质	0.061	0.02	0.065	4.094	0.000			
	园所级别	-0.012	0.01	-0.022	-1.543	0.123			
	单位用工性质	0.017	0.01	0.019	1.258	0.208			
	园所在地	-0.007	0.01	-0.014	-0.788	0.431			
	行政级别	0.004	0.01	0.005	0.312	0.755			

续表5-19

模型	预测变量	非标准化系数		标准系数β	T	P	F	R^2	ΔR^2
		B	标准误						
2	自我效能感	0.130	0.02	0.140	8.755	0.000	174.978***	0.574	0.508***
	职业认同	0.129	0.02	0.142	7.662	0.000			
	工作热情	0.208	0.02	0.287	13.440	0.000			
	变革型	0.184	0.01	0.258	16.056	0.000			
	交易型	−0.066	0.01	−0.129	−9.009	0.000			
	工作压力	−0.074	0.01	−0.186	−13.425	0.000			
	人际信任	0.011	0.01	0.021	1.205	0.228			

注：*** $P<0.001$

（2）各前因变量对幼儿教师职业韧性下位因素社交关系的回归分析

在控制教龄、学历、专业背景、职称、承担工作、工作时间、加班次数、婚姻、孩子、原生家庭是否离异、园所性质、园所级别、单位用工性质、园所在地等人口学变量的影响后，自我效能感、工作热情、职业认同、园长变革型领导行为、园长交易型领导行为、人际信任与工作压力对幼儿教师职业韧性下位因素社交关系的总解释率为41.5%（F=304.325，$P<0.001$）。自我效能感、工作热情、职业认同、园长变革型领导行为、园长交易型领导行为、人际信任与工作压力对幼儿教师职业韧性下位因素社交关系的影响显著。按照回归路径系数大小，其影响效果从大到小依次为：园长变革型领导行为（$\beta=0.273$，$P<0.001$）、职业认同（$\beta=0.195$，$P<0.001$）、工作热情（$\beta=0.187$，$P<0.001$）、自我效能感（$\beta=0.141$，$P<0.001$）、园长交易型领导行为（$\beta=-0.073$，$P<0.001$）、人际信任（$\beta=0.054$，$P<0.001$）、工作压力（$\beta=-0.040$，$P<0.001$）（见表5-20）。其中，工作热情、园长变革型领导行为、职业认同与自我效能感对幼儿教师职业韧性下位因素社交关系的影响是正向的，而工作压力与园长交易型领导行为对幼儿教师职业韧性下位因素社交关系的影响是负向的。但是，园长交易型领导行为、人际信任与工作压力对幼儿教师职业韧性下位因素社交关系的影响尽管显著，但系数较小（$\beta<0.10$），几乎没有什么实际意义。

表5-20 各前因变量对幼儿教师职业韧性下位因素社交关系的回归分析

模型	预测变量	非标准化系数		标准系数β	T	P	F	R^2	ΔR^2
		B	标准误						
1	（常量）	1.742	0.125		13.946	0.000	5.848***	0.030	0.414***
	教龄	0.013	0.007	0.034	1.823	0.068			
	学历	0.011	0.016	0.013	0.713	0.476			
	专业背景	0.004	0.012	0.005	0.314	0.754			
	职称	−0.003	0.012	−0.004	−0.216	0.829			
	承担工作	−0.013	0.010	−0.023	−1.389	0.165			
	工作时间	0.029	0.008	0.056	3.551	0.000			
	加班次数	−0.007	0.009	−0.013	−0.747	0.455			
	婚姻	0.034	0.024	0.039	1.407	0.160			
	孩子	0.009	0.005	0.049	1.647	0.100			
	原生家庭是否离异	−0.004	0.021	−0.003	−0.190	0.849			
	园所性质	0.047	0.017	0.050	2.744	0.006			
	园所级别	−0.010	0.009	−0.019	−1.168	0.243			
	单位用工性质	0.006	0.015	0.007	0.387	0.698			
	园所在地	0.000	0.010	−0.001	−0.041	0.968			
	行政级别	0.004	0.013	0.006	0.330	0.742			
2	自我效能感	0.132	0.017	0.141	7.681	0.000	103.774***	0.444	0.414***
	职业认同	0.178	0.019	0.195	9.205	0.000			
	工作热情	0.137	0.018	0.187	7.689	0.000			
	变革型	0.195	0.013	0.273	14.858	0.000			
	交易型	−0.037	0.008	−0.073	−4.430	0.000			
	工作压力	−0.016	0.006	−0.040	−2.543	0.011			
	人际信任	0.028	0.011	0.054	2.664	0.008			

注：*** P<0.001

（3）各前因变量对幼儿教师职业韧性下位因素教学效能感的回归分析

在控制教龄、学历、专业背景、职称、承担工作、工作时间、加班次数、婚姻、孩子、原生家庭是否离异、园所性质、园所级别、单位用工性质、园所在地等人口学变量的影响后，自我效能感、工作热情、职业认同、园长变革型领导行为、园长交易型领导行为、人际信任与工作压力对幼儿教师职业韧性下位因素教学效能感的总解释率为45.5%（F=375.959，P<0.001）。

自我效能感、工作热情、职业认同、园长变革型领导行为、园长交易型领导行为与工作压力对幼儿教师职业韧性下位因素教学效能感的影响显著，而人际信任对幼儿教师职业韧性下位因素教学效能感的影响不显著（$\beta=-0.001$，$P>0.05$）。按照回归路径系数大小，其影响效果从大到小依次为：工作热情（$\beta=0.309$，$P<0.001$）、园长变革型领导行为（$\beta=0.211$，$P<0.001$）、自我效能感（$\beta=0.189$，$P<0.001$）、职业认同（$\beta=0.169$，$P<0.001$）、园长交易型领导行为（$\beta=-0.098$，$P<0.001$）、工作压力（$\beta=-0.041$，$P<0.001$）（见表5-21）。其中，工作热情、园长变革型领导行为、职业认同与自我效能感对幼儿教师职业韧性下位因素教学效能感的影响是正向的，而园长交易型领导行为与工作压力对幼儿教师职业韧性下位因素教学效能感的影响是负向的。同样，园长交易型领导行为与工作压力对幼儿教师职业韧性下位因素教学效能感的影响尽管显著，但系数较小（$\beta<0.10$），几乎没有什么实际意义。

表5-21　各前因变量对幼儿教师职业韧性下位因素教学效能感的回归分析

模型	预测变量	非标准化系数		标准系数β	T	P	F	R^2	ΔR^2
		B	标准误						
1	（常量）	1.592	0.124		12.824	0.000	11.051***	0.055	0.453***
	教龄	0.020	0.007	0.053	2.994	0.003			
	学历	0.010	0.016	0.010	0.621	0.534			
	专业背景	0.008	0.012	0.010	0.652	0.515			
	职称	0.005	0.012	0.008	0.391	0.695			
	承担工作	−0.008	0.009	−0.014	−0.886	0.376			
	工作时间	−0.002	0.008	−0.004	−0.239	0.811			
	加班次数	−0.034	0.009	−0.064	−3.912	0.000			
	婚姻	−0.006	0.024	−0.006	−0.245	0.806			
	孩子	0.002	0.005	0.011	0.376	0.707			
	原生家庭是否离异	0.008	0.021	0.005	0.369	0.712			
	园所性质	0.037	0.017	0.038	2.217	0.027			
	园所级别	−0.014	0.009	−0.024	−1.587	0.113			
	单位用工性质	0.018	0.015	0.019	1.205	0.228			
	园所在地	0.007	0.010	0.013	0.677	0.499			
	行政级别	−0.010	0.013	−0.014	−0.746	0.456			

续表5-21

模型	预测变量	非标准化系数		标准系数β	T	P	F	R²	ΔR²
		B	标准误						
2	自我效能感	0.187	0.017	0.189	10.975	0.000	134.064***	0.508	0.453***
	职业认同	0.163	0.019	0.169	8.471	0.000			
	工作热情	0.239	0.018	0.309	13.482	0.000			
	变革型	0.159	0.013	0.211	12.182	0.000			
	交易型	−0.053	0.008	−0.098	−6.318	0.000			
	工作压力	−0.017	0.006	−0.041	−2.770	0.006			
	人际信任	−0.001	0.011	−0.001	−0.056	0.955			

注：*** P<0.001

（4）各前因变量对幼儿教师职业韧性下位因素社会支持的回归分析

在控制教龄、学历、专业背景、职称、承担工作、工作时间、加班次数、婚姻、孩子、原生家庭是否离异、园所性质、园所级别、单位用工性质、园所在地等人口学变量的影响后，自我效能感、工作热情、职业认同、园长变革型领导行为、园长交易型领导行为、人际信任与工作压力对幼儿教师职业韧性下位因素社会支持的总解释率为45.8%（F=376.850，$P<0.001$）。自我效能感、工作热情、职业认同、园长变革型领导行为、人际信任与工作压力对幼儿教师职业韧性下位因素社会支持的影响显著，而园长交易型领导行为（β=−0.025，$P>0.05$）对幼儿教师职业韧性下位因素社会支持的影响不显著。按照回归路径系数大小，其影响效果从大到小依次为：园长变革型领导行为（β=0.361，$P<0.001$）、工作热情（β=0.177，$P<0.001$）、职业认同（β=0.152，$P<0.001$）、自我效能感（β=0.098，$P<0.001$）、工作压力（β=−0.087，$P<0.001$）、人际信任（β=0.048，$P<0.05$）（见表5-22）。其中，园长变革型领导行为、工作热情、职业认同、自我效能感与人际信任对幼儿教师职业韧性下位因素社会支持的影响是正向的，而工作压力对幼儿教师职业韧性下位因素社会支持的影响是负向的。但是，自我效能感、工作压力与人际信任对幼儿教师职业韧性下位因素社会支持的影响尽管显著，但系数较小（$\beta<0.10$），几乎没有什么实际意义。

表5-22　各前因变量对幼儿教师职业韧性下位因素社会支持的回归分析

模型	预测变量	非标准化系数		标准系数β	T	P	F	R^2	ΔR^2
		B	标准误						
1	（常量）	1.673	0.131		12.767	0.000	9.295***	0.046	0.458***
	教龄	−0.005	0.007	−0.012	−0.652	0.514			
	学历	−0.019	0.017	−0.019	−1.149	0.251			
	专业背景	0.005	0.012	0.006	0.391	0.696			
	职称	−0.012	0.013	−0.019	−0.961	0.337			
	承担工作	−0.007	0.010	−0.011	−0.691	0.490			
	工作时间	0.006	0.009	0.011	0.711	0.477			
	加班次数	−0.022	0.009	−0.040	−2.433	0.015			
	婚姻	0.021	0.025	0.022	0.842	0.400			
	孩子	0.007	0.005	0.035	1.231	0.218			
	原生家庭是否离异	−0.024	0.022	−0.015	−1.114	0.266			
	园所性质	0.038	0.018	0.037	2.157	0.031			
	园所级别	−0.020	0.009	−0.033	−2.208	0.027			
	单位用工性质	0.015	0.016	0.015	0.943	0.346			
	园所在地	−0.022	0.010	−0.041	−2.186	0.029			
	行政级别	0.005	0.014	0.007	0.377	0.706			
2	自我效能感	0.102	0.018	0.098	5.680	0.000	132.067***	0.504	0.458***
	职业认同	0.155	0.020	0.152	7.630	0.000			
	工作热情	0.144	0.019	0.177	7.699	0.000			
	变革型	0.287	0.014	0.361	20.810	0.000			
	交易型	−0.015	0.009	−0.025	−1.641	0.101			
	工作压力	−0.038	0.007	−0.087	−5.785	0.000			
	人际信任	0.028	0.011	0.048	2.547	0.011			

注：*** P<0.001

（5）各前因变量对幼儿教师职业韧性下位因素情绪智力的回归分析

在控制教龄、学历、专业背景、职称、承担工作、工作时间、加班次数、婚姻、孩子、原生家庭是否离异、园所性质、园所级别、单位用工性质、园所在地等人口学变量的影响后，自我效能感、工作热情、职业认同、园长变革型领导行为、园长交易型领导行为、人际信任与工作压力对幼儿教师职业韧性下位因素情绪智力的总解释率为27.1%（F=166.991，P<0.001）。自我效能感、工作热情、园长变革型领导行为、园长交易型领导行为与工作压力对幼儿教师职业韧性下位因素情绪智力的影响显著，而职业认同（β=-0.014，P>0.05）、人际信任（β=-0.017，P>0.05）对幼儿教师职业韧性下位因素情绪智力的影响不显著。按照回归路径系数大小，其影响效果从大到小依次为：工作压力（β=-0.356，P<0.001）、工作热情（β=0.249，P<0.001）、园长交易型领导行为（β=-0.193，P<0.001）、自我效能感（β=0.049，P<0.05）、园长变革型领导行为（β=0.046，P<0.05）（见表5-23）。其中，工作热情、自我效能感与园长变革型领导行为对幼儿教师职业韧性下位因素情绪智力的影响是正向的，而工作压力与园长交易型领导行为对幼儿教师职业韧性下位因素情绪智力的影响是负向的。但是，自我效能感与园长变革型领导行为对幼儿教师职业韧性下位因素情绪智力的影响尽管显著，但系数较小（β<0.10），几乎没有什么实际意义。

表5-23　各前因变量对幼儿教师职业韧性下位因素情绪智力的回归分析

模型	预测变量	非标准化系数		标准系数β	T	P	F	R^2	ΔR^2
		B	标准误						
1	（常量）	2.829	0.261		10.851	0.000	13.963***	0.068	0.271***
	教龄	-0.006	0.014	-0.008	-0.395	0.693			
	学历	-0.004	0.033	-0.002	-0.126	0.900			
	专业背景	0.009	0.024	0.006	0.373	0.709			
	职称	0.040	0.025	0.036	1.597	0.110			
	承担工作	0.003	0.020	0.003	0.158	0.874			
	工作时间	-0.053	0.017	-0.054	-3.121	0.002			
	加班次数	-0.071	0.018	-0.074	-3.903	0.000			
	婚姻	0.094	0.050	0.057	1.886	0.059			
	孩子	0.024	0.011	0.072	2.226	0.026			
	原生家庭是否离异	0.008	0.044	0.003	0.186	0.852			
	园所性质	0.149	0.035	0.084	4.201	0.000			
	园所级别	0.002	0.018	0.002	0.107	0.915			
	单位用工性质	0.027	0.032	0.015	0.828	0.408			
	园所在地	-0.011	0.020	-0.012	-0.559	0.576			
	行政级别	0.021	0.027	0.016	0.779	0.436			

| 模型 | 预测变量 | 非标准化系数 | | 标准系数β | T | P | F | R^2 | ΔR^2 |
		B	标准误						
2	自我效能感	0.088	0.036	0.049	2.474	0.013	66.516***	0.339	0.271***
	职业认同	−0.024	0.040	−0.014	−0.595	0.552			
	工作热情	0.348	0.037	0.249	9.346	0.000			
	变革型	0.063	0.027	0.046	2.304	0.021			
	交易型	−0.190	0.018	−0.193	−10.796	0.000			
	工作压力	−0.271	0.013	−0.356	−20.602	0.000			
	人际信任	−0.017	0.022	−0.017	−0.764	0.445			

注：*** $P<0.001$

5.3.3 前因变量对幼儿教师职业韧性的中介作用过程

为了探讨本研究中影响幼儿教师职业韧性的相关变因，从个体内部与学校环境两个方面建立了以下两个研究模型：幼儿教师职业韧性的个体内部影响因素模型（见图5-1）与幼儿教师职业韧性的学校环境因素影响因素模型（见图5-2）。

（1）工作热情和职业认同是一般自我效能和幼儿教师职业韧性的中介变量

为确定工作热情和职业认同是一般自我效能和幼儿教师职业韧性的中介变量的拟合程度，按绝对拟合程度指数统计量，利用根平均方差误差（RMSEA）和相对拟合度指数Tuker-Lewis指数（TLI）、Comparative Fit指数（CFI）。x^2值对样本量高度敏感，样本量越大，x^2值越大。再次，x^2值随模型中变量数量的增加而增加。因此，我们不应完全根据x^2值本身拒绝模型。应该综合考虑其他拟合指标。CFI、TLI一般应大于0.90，越接近1越好。RMSEA应小于0.08，Mplus软件会同时报告RMSEA的90%置信区间。如果模型拟合良好，90%置信区间的下限应包括0或非常接近0，上限应小于0.08。SRMR小于0.08，则认为模型拟合良好（王济川、王小倩、姜宝法，2011）。

得到的结果如表5-24所示。各项拟合指数为x^2=1076.90，df=57，CFI=0.965，TLI=0.952，RMSEA=0.079（90%置信区间0.075～0.083），SRMR=0.032，说明研究所设计的结构方程模型对数据的整体拟合效果良好。

表5-24　幼儿教师职业韧性的个体内部影响因素模型的各项拟合指标

Model	x^2	df	CFI	TLI	RMSEA	SRMR
Structural Model	1076.90	57	0.965	0.952	0.079	0.032

注：*** P<0.001

幼儿教师职业韧性的个体内部影响因素测量模型的分析结果得出了各子因素的非标准化系数B、标准化系数β、标准误差S.E.、临界比C.R.如表5-25所示。将非标准化系数除以标准误差得到C.R.。如果C.R.大于1.96，将显示统计显著性。在本研究中，C.R.远远大于1.96，在0.001的水平上显著，具有统计学上的意义。

表5-25　幼儿教师职业韧性的个体内部中介作用测量模型的路径系数与显著性检验

构成	因素	路径系数		标准误差S.E.	C.R.
潜变量	测量变因	非标准化系数B	标准化系数β		(critical ratio)
职业认同	角色价值观	1	0.882		
	角色行为倾向	0.687	0.788	0.015	46.008***
	职业价值观	0.657	0.737	0.015	42.421***
	角色归属感	0.539	0.390	0.027	20.138***
工作热情	工作态度	1	0.877		
	自我驱策	1.012	0.919	0.014	72.754***
	调整适应	0.980	0.904	0.014	69.752***
	角色外行为	0.924	0.808	0.016	56.783***
职业韧性	社交关系	1	0.908		
	教学效能感	1.079	0.928	0.014	78.868***
	社会支持	1.066	0.871	0.015	69.822***
	情绪智力	0.787	0.373	0.039	20.433***

注：*** P<0.001

各条路径的作用系数见图5-1。自我效能对幼儿教师职业认同（β=0.49，P<0.001）与工作热情（β=0.33，P<0.001）均具有正向作用；职业认同对工作热情（β=0.65，P<0.001）与职业韧性（β=0.41，P<0.001）也具有显著影响；工作热

情对职业韧性（β=0.30，P<0.001）的正向影响也显著。

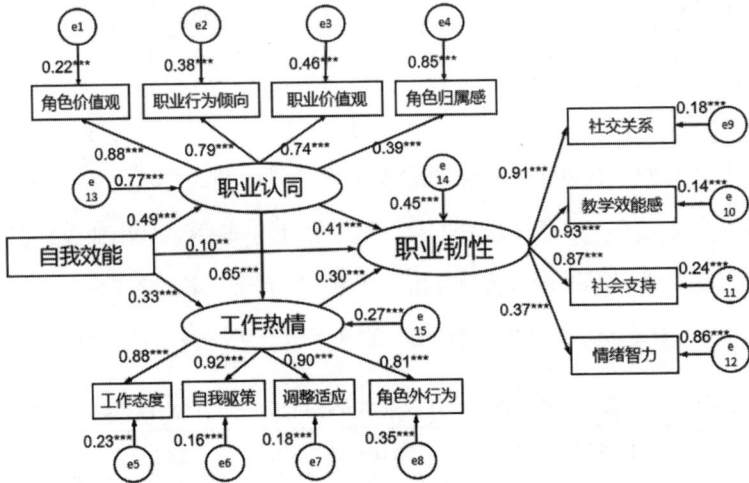

图5-1 职业认同、工作热情对自我效能和职业韧性的中介效应

注：图中为标准化系数，***；**；*分别代表在0.001；0.01和0.05水平上显著。

在研究模型中设置的每个路径之间的直接效果，为探讨间接效应、总效应的结构关系，利用引导效应对效应进行了分析，并验证了媒介效应的显著性，结果如表5-25所示。自我效能对幼儿教师职业韧性的影响很显著（β=0.10，P<0.01），该直接效应为0.099[95%的置信区间0.045，0.176]，其总效应为0.492[95%的置信区间0.451，0.527]。自我效能对幼儿教师职业韧性的3条中介作用路径均显著，M1、M2与M3路径显著，中介估计值分别为0.198、0.099、0.095，中介效应量分别为24.3%、30.2%、25.1%，总中介效应估计值为0.392[95%的置信区间0.337，0.438]，效应量为79.8%（见表5-26）。其中，M2与M3路径之间差异不显著（P>0.05），但M1>M2（P<0.01），M1>M3（P<0.01）。分析结果证实，在自我效能感与职业韧性的关系中，职业认同、工作热情具有有意义的中介效应。这些结果证实了自我效能感可以通过提高职业认同、工作热情来提高职业韧性。上述中介结果表明，自我效能通过职业认同和工作热情的单独中介作用，以及职业认同—工作热情的链式中介作用对幼儿教师职业韧性产生影响。其中，自我效能—职业认同—职业韧性的路径效果要大于自我效能—工作热情—职业韧性，自我效能—职业认同—工

作热情—职业韧性的路径效果。也就是，自我效能对职业韧性的中介作用主要是通过职业认同施加影响的。

表5-26 职业认同、工作热情的媒介效果总效应

路径	估计值	标准误	95%置信区间	效应量（占总效应）
自我效能→职业韧性	0.099	0.033	0.045,0.176	20.2%
M1:自我效能→职业认同→职业韧性	0.198	0.022	0.158,0.242	40.3%
M2:自我效能→工作热情→职业韧性	0.099	0.017	0.067,0.132	20.2%
M3:自我效能→职业认同→工作热情→职业韧性	0.095	0.014	0.066,0.122	19.3%

（2）教师工作压力在园长变革型领导行为与幼儿教师职业韧性、园长交易型领导行为与幼儿教师职业韧性之间的中介效应

为确定学校工作压力是园长变革型领导行为与幼儿教师职业韧性、园长交易型领导行为与幼儿教师职业韧性之间的中介变量的拟合程度，按绝对拟合程度指数统计量；得到的各项拟合指数为x^2=1468.25，df=56，CFI=0.952，TLI=0.933，$RMSEA$=0.094，$SRMR$=0.079，说明研究所设计的结构方程模型对数据的整体拟合效果良好。如表5-27所示。

表5-27 幼儿教师职业韧性的学校环境因素影响因素模型的各项拟合指标

Model	x^2	df	CFI	TLI	$RMSEA$	$SRMR$
Structural Model	1468.25	56	0.952	0.933	0.094	0.079

注：*** P<0.001

表5-28 幼儿教师职业韧性的学校环境中介作用测量模型的路径系数与显著性检验

构成	因素	路径系数		标准误差	C.R
潜变量	测量变因	非标准化系数	标准化系数		
变革型	尊重教师	1	0.933		
	变革引领	0.803	0.886	0.018	44.859***
	率先垂范	0.875	0.893	0.017	51.895***

续表5-28

构成	因素	路径系数		标准误差	C.R
潜变量	测量变因	非标准化系数	标准化系数		
交易型	例外管理	1	0.701		
	状况补偿	1.548	0.848	0.91	16.967***
工作压力	人际关系	1	0.895		
	教育自主	1.011	0.935	0.014	73.646***
	工作负荷	0.977	0.817	0.016	59.433***
	工作回馈	0.852	0.704	0.019	44.014***
职业韧性	社交关系	1	0.837		
	教学效能感	1.048	0.830	0.018	57.019***
	社会支持	1.275	0.960	0.031	41.576***
	情绪智力	0.810	0.354	0.071	11.475***

注：***P<0.001

各条路径的作用系数见图5-2。园长变革型领导行为对工作压力与幼儿教师职业韧性均具有显著影响（β=-0.50，P<0.001；β=0.59，P<0.001）；园长交易型领导行为对工作压力具有显著正向影响（β=0.31，P<.001），但对幼儿教师职业韧性没有影响（β=0.03，P>0.05）；工作压力对幼儿教师职业韧性的负向影响显著（β=-0.15，P<0.01）。

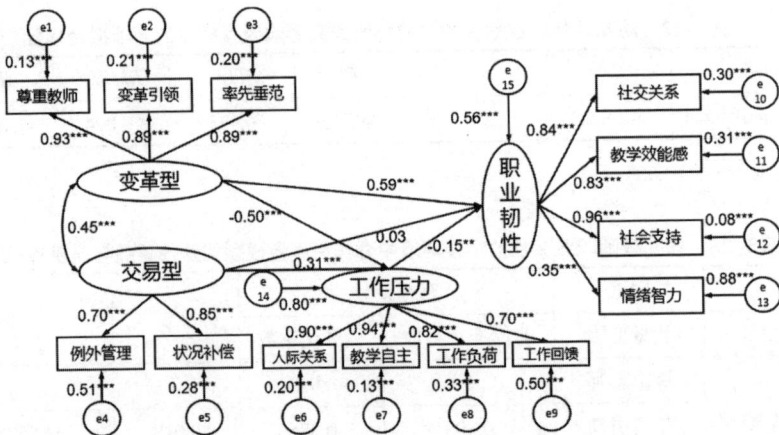

图5-2　工作压力对变革型领导行为、交易型领导行为和职业韧性的中介效应

注：图中为标准化系数，***；**；*分别代表在0.001；0.01和0.05水平上显著。

园长变革型领导行为对幼儿教师职业韧性的直接影响还显著，该直接效应为0.586[95%的置信区间0.541，0.639]，中介效应估计值为0.073[95%的置信区间0.049，0.095]，其总效应为0.658[95%的置信区间0.621，0.698]，中介效应量为11.0%。也就是说，园长变革型领导行为部分通过工作压力的中介作用，进而影响幼儿教师职业韧性。

园长交易型领导行为对幼儿教师职业韧性的直接影响不显著，该直接效应为0.033[95%的置信区间-0.005，0.070]，中介效应估计值为-0.046[95%的置信区间-0.063，-0.031]，其总效应为-0.013[95%的置信区间-0.049，0.023]。也就是说，园长交易型领导行为完全通过工作压力的中介作用，进而影响幼儿教师职业韧性。

考察工作压力在变革型园长领导行为与职业韧性、交易型园长领导行为与职业韧性之间的中介效应，分析结果证实，在变革型园长领导行为与职业韧性、交易型园长领导行为与职业韧性的关系中工作压力具有有意义的中介效应。这些结果证实了变革型园长领导行为一方面通过给教师带来工作压力的降低，进而提升了幼儿教师职业韧性，另一方面还直接正向影响幼儿教师职业韧性；交易型园长领导行为给教师带来了更大的工作压力，从而降低了幼儿教师职业韧性。结果如表5-29所示。

表5-29　工作压力的媒介效果总效应

路径	估计值	标准误	95%置信区间	总效应
园长变革型领导行为→职业韧性	0.586	0.025	0.541, 0.639	89.0%
园长变革型领导行为→工作压力→职业韧性	0.073	0.012	0.049, 0.095	11.0%
园长交易型领导行为→职业韧性	0.033	0.020	-0.005, 0.070	
园长交易型领导行为→工作压力→职业韧性	-0.046	0.008	-0.063, -0.031	

6 分析与讨论

本研究目的是了解中国幼儿教师职业韧性的状况，考察影响幼儿教师职业韧性的因素，并从学校环境与个体两个不同方面探讨这些影响因素对幼儿教师职业韧性的作用过程。

为此，本研究通过选取中国浙江省幼儿园工作的2880名幼儿教师作为被试，采用问卷法，首先运用描述性统计，考察了幼儿教师职业韧性及相关变量的实际状况。其次，使用独立样本t-test、单因素方差分析与多重比较，考察了幼儿教师职业韧性在教龄、学历、职称、专业背景、承担工作、工作时间、加班次数、婚姻、孩子个数、原生家庭是否离异、园所性质、园所级别、单位用工性质、园所在地与园所行政级别等人口学变量的表现特征。

再次，运用Pearson相关性分析，考察幼儿教师职业韧性与自我效能感、工作热情、职业认同、园长变革型领导行为、园长交易型领导行为、学校人际信任、工作压力之间的关系。

第四，运用回归分析，考察了幼儿教师的个人内部因素（一般自我效能、工作热情与职业认同），学校环境因素（变革型园长领导行为、交易型园长领导风格、学校人际信任与工作压力）对幼儿教师职业韧性的影响。

最后，使用结构方程进行并行多重中介效应分析，通过分别构建幼儿教师职业韧性个体内部影响因素模型与幼儿教师职业韧性学校环境影响因素模型，从个体内部与学校环境两个不同方面探讨上述影响因素对幼儿教师职业韧性的作用过程。

根据设定的研究目的和研究问题出现的研究结果，讨论如下：

6.1 幼儿教师职业韧性及相关变量的实际状况

6.1.1 幼儿教师职业韧性的实际状况

通过对幼儿教师职业韧性总量表及各维度的描述性分析后发现，幼儿园教师职业韧性均值是4.297。社交关系、教学效能感、社会支持与情绪智力的均值分别为4.583、4.423、4.449、3.567。情绪智力的均值最低，涂华婷（2017）的研究也表明幼儿教师的情绪智力得分在所有因子上的得分最低。研究中出现情绪智力均值跟其他维度相比偏低的原因，可能是幼儿教师本身性格的原因，很多幼儿教师不太喜欢去麻烦别人，遇到问题，都是自己去想办法，解决不了的时候宁可自己焦虑，也不去麻烦别人。幼儿老师在带班的现实中，最困难的一点就是和家长沟通，当遇到无理取闹的家长，会导致出现辞职不干了的念头。

在量表各维度对职业韧性贡献率上，社交关系对职业韧性的贡献率最大，这与贾普君（2011）的研究结果基本相吻合。这说明社交关系对增强幼儿教师的职业韧性有着举足轻重的作用。因此，幼儿教师建立和谐的同事关系，广交朋友，尤其是志同道合的朋友，能够提升自我应对消极生活事件的能力。

本研究中社会支持均值仅次于社交关系，在幼儿教师良好的职业韧性表现中占据了重要的地位，与唐文雯（2015）和李丹(2018)研究的幼儿教师的社会支持处于中等偏上水平基本一致。个体支持系统包括能够提供个体所需要的物质支持和精神支持的一切人际交往关系以及个体自身如何利用自己人际关系中的物质和精神的支持。廖晓平(1997)研究指出社会支持是个体在应激时能从家族、朋友或同事等处获得的物质支持和精神支援。Andrews G (1981)研究表明，个体在高应激状态下，如果缺乏良好的应付方式和社会支持，则心理问题产生的危险可达43.3%，为普通人群的两倍。种种研究也发现，社会支持水平高的个体在问题解决策略上表现出更高的积极性与信心（Veronica，2007），来自他人的鼓励、信任为教师工作提供了强有力的后盾，从而产生较强的工作信心与积极性（高萍&张宁2009）。社会支持水平主要反映的是幼儿教师对自己周围所提供的客观支持、主观支持以及其对支持的利用度的一种感知与体验（肖水源，1994）。因此，社会支持水平较高的幼儿教师，能够感知到家人、朋友、特别是领导的信任与鼓励，获得积极的情绪体验，从而在教育教学中，也会表现出更高的成就感和信念水平，进而在遇到教育教学中的困难时，以一种积极的态度，去应对压力、克服困难。在职业韧性的研究中，把社会支持系统作为个体职业韧性的积极性因子，包括家人、亲戚朋友、同事在内的良好的社会关系，可以在个体遇到不适应的工作环境或者工作压力过大时，提供物质帮助或对其进行劝说、安慰、鼓励，从而促使个体能够采取积极的正向的应对策略，进而表现出较高的职业韧性水平。

本研究中，教学效能感的均值也在4.0以上，与李丹（2018）研究的幼儿教师的教学效能感处于中等偏上水平基本一致。吴国来（2002）研究认为教师教学效能感是教师通过自己的专业知识和技能能够完成教育教学的工作、实现教育教学目标，并对学生学习与发展起促进作用的一种知觉和成就感。杨乐英，袁慧（2015）等认为知识储备、技能、理解力、执行力、处事能力对教师的教学效能感有影响。李丹（2018）研究认为，幼儿教师在幼儿园的工作中对其教育的价值及其能高效的完成教育和保育工作、实现教育教学目标的能力的一种信念和评价。因此，本研究中的幼儿教师具有良好且稳定的教学效能感，良好而稳定的教学效能感促使幼儿教师在教育教学中遇到挫折或困难时，相信教育是有力量的，相信自己是有能力的，进而敢于直面困难，尝试多种途径去寻求解决途径，在压力面前能够很好地的控制和缓解自己的情绪，并能够使自己恢复冷静，保持豁达的心境。

6.1.2 个人内部影响因素的实际状况

一般自我效能平均为3.106，高于理论中值，这与王才康，杨宁（2001），贾普君（2011）的研究的幼儿教师的一般自我效能总体水平较高结果基本一致。

工作热情平均为4.112，在教师工作热情下位因素中，工作态度表现为4.106，自我驱策表现为4.123，调整适应表现为4.156，角色外行为表现为4.093；与先行研究吴叔（2012）研究中国湖南省公办中小学教师，张燕（2018）研究中国大理市高中教师，工作热情的水平总体较高的结果相一致。

职业认同平均为4.490，在教师职业认同下位因素中，角色价值观4.417，职业行为倾向4.567，职业价值观4.649，角色归属感4.293，相对都在高水平上。与魏淑华（2008）研究中小学教师职业认同总体量表平均分M=4.265，高于临界值3,说明中国中小学教师的职业认同水平比较高研究相一致。姚佳敏（2018）研究的新疆幼儿教师、吕欢欢（2019）研究的西安市幼儿教师对其职业认同水平总体较高相一致，与李婉文（2019）研究的佛山市幼儿教师职业认同平均分为2.36分，得分低于中等临界值（3分），总体水平较低的结果相反。究其原因，研究对象的不同，导致的结果也不同，本研究对象是浙江省的幼儿教师，浙江省在中国境内来说，政府和社会对于学前教育相对重视，幼儿教师的职业认同感相对较高。

6.1.3 学校环境影响因素的实际状况

本研究中，园长变革型领导行为平均为4.508，园长变革型领导行为的各个维度中，尊重教师4.399，智力刺激4.568，率先垂范4.557；园长交易型领导行为平均为3.472，园长交易型领导行为的各个维度中，例外管理表现为3.418，状况补偿表现为3.525。园长变革型领导行为均值比园长交易型领导行为均值表现要高。园长变革型领导各个维度均值都超过了4.0，表明园长变革型领导各个维度均处于较高水平。园长交易型领导具体维度中，情境补偿高于例外管理，说明样本中园长使用奖励手段多于惩罚手段。与卓子欣 & 蔡文伯（2021）研究结果相一致，卓子欣 & 蔡文伯（2021）研究认为幼儿园园长变革型领导风格、交易型领导风格总体均分均高于3分，可以看出它们均处于较高水平，变革型领导得分高于交易型领导。

本研究中，工作压力平均值为2.495。在工作压力各个维度中，人际关系、教学自主、工作负荷、工作回馈四个分维度均分依序分别为 2.463，2.108，2.605，2.972。在幼儿教师工作压力的各个维度都不到3，表现都不高。幼儿教师所感受到的整体工作压力趋于中等水平，这与黄淑嫆（2004）、赵海云（2013）、杨丽姝（2017）的研究结果一致，他们的研究对象分别是台湾地区、东北地区和天津地区的幼儿教师，但与卢长娥和王勇（2008）针对四川、山西、广东、辽宁、安徽五省幼儿教师和李敏（2011）针对南京市幼儿教师的研究结果不一致，他们认为幼儿教师感受到的工作压力普遍较高。而本研究的调查对象为中国浙江省的幼儿教师，这可能与研究样本的地区不同以及使用的调查问卷不同有关。在四个分维度上，按均分高低排序依次为工作回馈、工作负荷、人际关系、教学自主，这与黄淑嫆（2004）、杨丽姝（2017）的研究结果一致，刘力全（2007）的调查显示工作负荷是幼儿教师压力主要的来源，赵海云（2013）的研究表明幼儿教师在工作回馈和工作负荷方面的压力较大，但在教学自主维度上的压力感受高于人际关系维度。由此可见，幼儿教师在工作回馈和工作负荷方面感受到的压力整体偏高，在工作负荷方面，幼儿教师除了完成日常教学工作和保育工作外，还要完成上级教育部门和幼儿园安排的各类评比、检查工作，有些幼儿教师还要协助承担一些行政工作，这些都造成了幼儿教师工作负荷过高（Cheng, 2009; Tsai, Fung, & Chow, 2006）；在工作回馈方面，幼儿教师普遍认为这一职业社会地位低且报酬较少，过高的工作负荷也使教师们可能失去外出培训的机会和接受继续教育的机会，这使幼儿教师感受到较大的工作回馈压力（王钢等，2014）；在人际关系方面，幼儿教师感受到的压力一般，其中主要是幼儿教师与幼儿家长的关系方面，一些幼儿家长对幼儿教师的过高要求和期望造成幼儿教师的压力（Wong, Cheuk, & Rosen, 2000）；在教学自主方面，大多数教师感受到较轻的压力，因为幼儿园的授课形式不同于中小学，教师具有更多的教学自主性，教师可以根据各年龄段幼儿不同的发展水平相对自由地设计教学内容，教学形式也比较灵活（黄淑嫆，2004）。

学校人际信任平均为6.269，在人际信任下位因素中，情感信任表现为6.179，认知信任表现为6.357。幼儿教师在人际信任中表现出非常的高的信任度，均值都超过了6.0。与彭飞霞（2011）研究的幼儿教师人际信任持正面态度，人际信任度高结果相吻合。

6.2 幼儿教师职业韧性在一般特征上的差异分析

6.2.1 幼儿教师职业韧性在教龄上存在显著性差异

不同教龄的幼儿教师在职业韧性上存在显著性差异。8～15年教龄的幼儿教师比0～3、4～7年教龄的幼儿教师，具有更强的职业韧性。在下位子因素中，8～15、16～23、24～30年教龄的幼儿教师比0～3、4～7年教龄的幼儿教师，具有更强的社交关系；8～15、16～23、24～30、31年以上教龄的幼儿教师比0～3、4～7年教龄的幼儿教师，具有更强的教学效能感。这与教师职业韧性的先行研究发现在教龄0～5年这一阶段最低（涂华婷，2017），教龄在11至15年间的教师的心理韧性总体情况最好（罗正为，2014），16年以上教龄的教师得分最高，教龄在11～15的教师得分其次，3～5年和6～10年教龄的教师得分再次，3年以下教龄的教师得分最低（陈则飞，2018）[1]。与韩国学者观察关于幼儿教师个体变因韧性差异的研究发现，在不同年龄段幼儿教师中，大致上年龄越大，韧性越高（이소영，2014; 김민영，2016）[2][3]。오인지（2017）以全国特殊学校和残障儿专幼之家工作的幼儿特殊教师为研究对象，探讨教师不同年龄段心理消受的差异，由于40岁以上幼儿特殊教师的韧性高于20岁幼儿特殊教师，这些研究结果解释一脉相承。多项研究结果支持了职业中期的教师要比职业初期的教师职业韧性更高。

6.2.2 幼儿教师职业韧性在学历上不存在显著性差异

幼儿教师职业韧性在学历上不存在显著性差异，但是结果显示在构成职业韧性的4个子因素中，情绪智力在统计上有非常大的显著性差异，专科及以下学历

---

[1] 陈则飞 .(2018).幼儿教师心理弹性的结构、特点及作用 (博士学位论文 ,福建师范大学).

[2] 이소영 (2014). 유아교사의 회복탄력성 조사 연구 . 동국대학교 교육대학원 석사학위논문 .

[3] 김민영 (2016). 유아교사 개인변인에 따른 심리적소진과 회복탄력성에 관한 연구 . 우석대학교 대학원 유아특수교육학과 석사학위논문 .

的教师比本科学历的教师，本科学历的教师比研究生学历的教师具有更强的情绪智力，学历越低，情绪智力反而越高。

6.2.3 幼儿教师职业韧性在专业背景上不存在显著性差异

幼儿教师职业韧性在专业背景上不存在显著性差异，但是结果显示在构成职业韧性的4个子因素中，情绪智力在统计上有非常大的显著性差异，这个因素中其他非学前教育专业的教师比学前教育专业的教师，具有更强的职业韧性。这个研究跟先行研究发现（涂华婷，2017）情绪智力维度，不同专业背景的幼儿园教师不存在显著差异的研究结论不一致。其原因可能是（涂华婷，2017）研究的对象有较大一部分来自近3年毕业于天津师范大学的本科生和研究生，这部分幼儿教师基本处于还未评上职称或刚评上初级职称。而本研究中的研究对象包含浙江省各级各类幼儿园中的各种不同专业背景的老师，对象的差别导致研究结果不一致。

6.2.4 幼儿教师职业韧性在职称上存在显著性差异

幼儿教师不同职称的职业韧性在统计上存在显著性差异。未评级的教师比二级职称的教师更具有职业韧性。在构成职业韧性的4个子因素中，情绪智力在统计上有非常大的显著性差异，未定级教师比一级教师和二级教师，具有更高的情绪智力。这个结果跟（涂华婷，2017）研究结果职称差异对幼儿园教师职业韧性的影响效果不显著不一致。并且跟（罗正为，2014）研究结果幼儿教师职称越高，其心理韧性状况则越趋于良好也不一致。其原因是（罗正为，2014）研究对象是海口市10所幼儿园近320名一线教师，参与调查的教师类型比较单一，就是一线教师。本研究的研究对象是浙江省各级各类175所幼儿园2880名教师，样本数量比较大，参与调查的教师类型比较全面的原因导致结果不一致。

6.2.5 承担不同工作的幼儿教师在职业韧性上存在显著性差异

幼儿教师承担不同工作的职业韧性在统计上存在显著性差异。调查显示，管理人员和其他岗位的教师比配班老师具有更强的职业韧性；在构成职业韧性的4个子因素中，社交关系这个因素中管理人员和主班教师比配班教师，具有更强的社交关系；教学效能感这个因素中管理人员和其他工作的教师比配班教师具有更强的教学效能感。与先行研究（涂华婷，2017）主班教师的水平显著高于配班教师；在效能感、社交关系及总体情况方面主班教师和配班教师在效能感、社交关系及总体情况上存在显著差异，且主班教师显著高于配班教师相一致。

6.2.6　幼儿教师职业韧性在工作时间上存在显著性差异

幼儿教师的职业韧性、下位4个子因素中的教学效能感、社会支持与情绪智力在工作时间上存在差异。具体而言，工作时间在7h以下的幼儿教师比工作时间在10h以上的教师具有更强的职业韧性；工作时间在7—8h的教师比工作时间在8～9、9～10和10h以上的幼儿教师，有更强的职业韧性；工作时间8～9h的教师比工作时间在9～10和10h以上的幼儿教师，有更强的职业韧性。总之，工作时间越短，幼儿教师职业韧性就越强，这是因为工作时间越长，教师就越容易倦怠，压力也会越大，这样的工作场景就不利于教师职业韧性的发展。

6.2.7　幼儿教师职业韧性在加班次数上存在显著性差异

幼儿教师的职业韧性、下位4个子因素中的社交关系、教学效能感、社会支持与情绪智力在加班次数上存在差异。无加班的教师比加班5次以下、5～10次、10次以上的教师，具有更强的职业韧性；加班5次以下的教师比5～10次、10次以上的教师，具有更强的职业韧性。加班给教师带来了更大的负担与压力，因此，加班次数越少，幼儿教师职业韧性就越强。

6.2.8　幼儿教师职业韧性在婚姻状况上存在显著性差异

幼儿教师职业韧性在婚姻状况上存在显著性差异，已婚和离异的教师比未婚的教师具有更强的职业韧性。何金玉（2002）对中学已婚女教师的研究也表明，不同个人背景的已婚女性教师其职业动机存在差异，职业动机中职业韧性程度最好。已婚教师的组织风格显著高于未婚教师，已生育教师的组织风格显著高于未生育教师（史正果2014），已婚教师的职业应对能力显著强于其他婚姻状况的教师（王东升，2012）。因此已婚和离异的教师比未婚的教师具有更强的职业韧性。已婚教师的韧性高于未婚教师，这是因为他们更容易从家庭中获得相应支持，进而较好地应对工作挫折和压力，朝着更加积极健康的方向发展。

6.2.9　幼儿教师的职业韧性在孩子个数上存在显著性差异

幼儿教师的职业韧性在孩子个数上存在显著性差异，有两个孩子的教师比未婚未育和暂时没有孩子的教师，具有更强的职业韧性。先行研究（涂华婷，2017）已生育的幼儿园教师的职业韧性在四个维度上均高于未婚幼儿园教师。在中国，计划生育政策已放宽，因而生育小孩更多是基于家庭经济、养育成本等方面的考虑。生育两个小孩的家庭一般可能在经济、时间等方面的压力较小，因而相对具有更高的职业韧性。

6.2.10　幼儿教师的职业韧性在原生家庭（父母）是否离异上不存在显著性差异

幼儿教师的职业韧性在原生家庭（父母）是否离异统计上不存在显著性差异，但在构成职业韧性的4个子因素中，教学效能感在统计上存在着显著性的差异，原生家庭（父母）没有离异的教师比原生家庭（父母）离异的教师，具有更强的教学效能感。教学效能感是教师对完成教学任务，影响学生的能力评价，也是自信或信心的在教学这一特殊任务领域的体现，当然会受一般效能感或自信的影响。原生家庭离异的经历可能给教师的自信或自我概念带来消极影响，因而其教学效能感也较低。

6.2.11　幼儿教师职业韧性在园所性质上有显著性差异

幼儿教师职业韧性在园所性质上有显著性差异，民办园的教师比公办园的教师具有更强的职业韧性。在园所级别上没有显著差异，但是下位4个子因素中的情绪智力具有显著性差异，二级园、三级园的教师比一级园的教师具有更强的情绪智力。幼儿教师的职业韧性、下位4个子因素中的社交关系、教学效能感与社会支持在所在地上存在显著性差异，县城所在地的幼儿教师比乡镇所在地的幼儿教师有更强的职业韧性。幼儿教师职业韧性在园所行政级别上没有差异，但是下位4个子因素中的社会支持具有显著性差异，市级教育局直属幼儿园教师和县级教育局直属幼儿园教师要强于乡镇中心幼儿园的教师。但是，幼儿教师的职业韧性及其下位4个子因素在所带班级人数上也没有统计上的显著性差异。已有研究也发现，幼儿园级别越高，幼儿园教师职业韧性越低，普通幼儿园教师在自我知觉、未来计划及社交能力方面显著好于示范园，一级园、二级园的教师（王祥，罗凯2016）。本研究结论也得出相似结论。

6.2.12 幼儿教师的职业韧性在不同编制上存在显著性差异

幼儿教师的职业韧性、下位4个子因素中的教学效能感与情绪智力在不同编制上有显著性差异，无编制的教师比有编制的教师具有更强的职业韧性。已有研究表明，具有编制的幼儿教师的工作能力明显好于没有编制的幼儿教师（罗正为2014），但无编制幼儿教师的社交能力显著高于有编制教师（史正果2015），可能她们在经历挫折与面对困境时，要比有编制的教师具有更强的韧性。

6.3 幼儿教师职业韧性与前因变量之间的关系

鉴于建立职业韧性是一个复杂的过程，实证探讨哪些因素或资源对教师的职业韧性可能具有积极的影响，哪些因素对教师的职业韧性可能具有消极的影响，具有非常重要的理论与实践意义。为考察幼儿教师职业韧性与自我效能感、工作热情、职业认同、园长变革型领导行为、园长交易型领导行为、学校人际信任、工作压力之间的关系，进行了Pearson相关性分析。幼儿教师职业韧性与自我效能感、工作热情、职业认同、变革型园长领导行为、交易型园长领导行为、学校人际信任、工作压力都有十分显著的相关。其中，幼儿教师职业韧性与自我效能感、工作热情、职业认同、变革型园长领导行为、交易型园长领导行为、学校人际信任呈正相关，与工作压力呈负相关。

在上述相关基础上，为进一步考察幼儿教师的个人内部因素（一般自我效能、工作热情与职业认同），学校环境因素（园长变革型领导行为、园长交易型领导行为、学校人际信任与工作压力）对幼儿教师职业韧性的影响，进行回归分析。在控制教龄、学历、专业背景、职称、承担工作、工作时间、加班次数、婚姻、孩子、原生家庭是否离异、园所性质、园所级别、单位用工性质、园所在地等人口学变量的影响后，自我效能感、工作热情、职业认同、园长变革型领导行为、园长交易型领导行为与工作压力对幼儿教师职业韧性的影响显著，而人际信任对幼儿教师职业韧性的影响不显著。按照回归路径系数大小，其影响效果从大到小依次为：工作热情、园长变革型领导行为、工作压力、职业认同、自我效能感、园长交易型领导行为。其中，工作热情、园长变革型领导行为、职业认同与自我效能感对幼儿教师职业韧性的影响是正向的，而工作压力与园长交易型领导行为对幼儿教师职业韧性的影响是负向的。

为从个体内部与学校环境两个不同方面探讨上述影响因素对幼儿教师职业韧性的作用过程，分别构建幼儿教师职业韧性个体内部影响因素模型与幼儿教师职业韧性学校环境影响因素模型，应用结构方程进行并行多重中介效应分析。中介结果表明，在个体内部，自我效能通过职业认同和工作热情的单独中介作用，以及职业认同—工作热情的链式中介作用对幼儿教师职业韧性产生影响。在学校环境上，园长变革型领导行为部分通过工作压力的中介作用，进而影响幼儿教师职业韧性，而园长交易型领导行为完全通过工作压力的中介作用，进而影响幼儿教师职业韧性。分别从幼儿教师个体内部与学校环境两个不同方面探讨影响因素对幼儿教师职业韧性的中介作用过程，具有一定的理论意义与创新。

目前文献中的大多数研究并没有探究特定变量影响职业韧性的机制，虽然了解与职业韧性相关的变量很重要，但当了解变量是如何影响职业韧性时，这些知识就变得非常有用（Mishra, & McDonald, 2017）[1]。先前的研究只是表明自我效能是影响职业韧性的重要变量（Kitching, Morgan, & O'Leary, 2009；Luthanset al., 2006；Mansfield, Beltman, Broadley, & Weatherby-Fell, 2016），但自我效能是如何影响职业韧性的，已有研究并未深入探讨。同样，先前的研究只是表明园长（校长）在提高教师职业韧性上扮演重要角色（Peters, & Pearce, 2012），但园长是如何影响幼儿教师职业韧性，已有研究也未曾明了。本研究通过大样本的量化数据不但从教师个体内部深入探讨了自我效能对职业韧性的作用机制，也从外部学校环境考察了园长领导行为（包括园长变革型领导行为与园长交易型领导行为）对幼儿教师职业韧性的作用过程。

自我效能感对教师职业韧性很重要。教学需要教师进行重大的投入（Day, 2008），教师消极的自我信念对教师工作提出了许多挑战（Day, 2008；Fleet, Kitson, Cassady, & Hughes, 2007；Kitching, Morgan, & O'Leary, 2009；McCormack & Gore, 2008），教师的自我效能感在教师教学遇到困难和克服挑战中可以得到增强。自我效能感是指一个人感知自己有能力调动动机、认知资源和行动来行使控制自己的生活（Judge et al., 1998），已经被证明与职业成功呈正相关（Abele和Spurk, 2009）。Luthans等人（2006）将自我效能等同于相信自己有能力承担具有挑战性的任务并付出必要的努力来完成它们。Bandura（1997）认为，自我效能感通过在逆境出现时提供自信和克服逆境的能力，影响一个人对逆境的适应力。Luthans等人（2006）认为，自我效能感是韧性的一个重要前提，因为人们在完成任务时越自信，他们就越有可能拥有一条通往韧性的路径，在这条路径中，他们将消极事件或失败视为一种学习经验。具有韧性的教师拥有某种意义上的自我效能感，充满自信和有能力。为了使得教师韧性有效，他们需要强烈并持久的效能感（Day, 2008）。教师自我效能感是一种具有巨大影响力的想法（Tschannen-Moran & Woolfolk Hoy, 2007），对韧性和毅力有深刻的影响（Kitching, Morgan, &

---

[1]　Mishra, P., & McDonald, K. (2017). Career resilience: An integrated review of the empirical literature. Human Resource Development Review, 16, 207-234.

O'Leary, 2009）。自我效能感在教学早期阶段似乎最容易受到影响，并且一般很难改变（Tait, 2008）。

教师自我对职业的态度不仅包括教师自我效能，还有教师工作热情、教师职业认同等。教师的职业自我使他们在具有挑战性的环境中能有效地、坚定地改变学生的生活（Gu, 2017）。已有研究认为，情感因素是高校教师韧性发展的内在驱动力，主要包含工作情感、学术获得感和个人体验三个方面（毛智辉、眭依凡，2018）。情感力量不仅指教师对工作积极投入，而且指教师对教学工作有发自内心的喜爱和热情，这种工作中的情感力量会极大调动教师工作的积极性，是教师工作动力的源泉，而动机是影响教师职业韧性最为重要的因素（Mansfield, Beltman, Broadley, & Weatherby-Fell, 2016）[1]。

认同是指个人对自己价值观和实践经历的感觉与解释的持续动力过程（Flores & Day, 2006）。Bobek（2002）认为，教师应该注意日常的行为，力争做到"该做什么"和"不该做什么"。Brianna Barker Caza（2007）在博士论文《工作中逆境的经验：基于认同的韧性研究》中研究发现，个人的职业认同促进认知、情感、行为的产生，导致工作中逆境情境下的行为结果。职业认同对职业韧性的形成通过两条路径实现：第一、工作中的职业认同对职业韧性具有积极作用，职业认同感越高的护士，其职业韧性越强，这种关系通过中介变量情感承诺得以实现。第二、职业认同通过影响应对方式对护士的职业韧性产生作用。意识到工作的重要性，并具备工作动力特征（如自主性、积极的工作反馈、工作满意度、正确认识挑战）的员工，其职业韧性水平较高（Noe等，1997）。职业认同是成为韧性教师的支点（Bruce Johnson 等，2009）。在教师的成长过程中，职业认同不可或缺。提高教师职业认同要求教师首先对自我有清晰而正确的认识，拥有自己正确的价值取向，能够客观地评价自己。在此基础上正确地看待教师这个职业，从而可能对教师职业产生认同。已有研究表明，职业认同是影响教师韧性的关键内因（Le

---

[1] Mansfield, C. F. , Beltman, S., Broadley, T., & Weatherby-Fell,N..(2016). Building resilience in teacher education: an evidenced informed framework. Teaching & Teacher Education, 54, 77-87.

Cornu, 2013）。当一位教师处于身份认同危机时，其在职场中就会表现出混乱的状态，进而直接影响教师的职业生活质量。教师只有对自我认同，实现自我价值，才能持续地积极工作。教师职业认同是影响职业韧性重要的内部因素。成功地协商教师身份是成为一名有韧性的教师的关键（Day & Gu, 2010；Pearce & Morrison, 2011）。

校长在提高教师职业韧性上扮演重要角色（Peters, & Pearce,2012）。如果说，变革型领导是指通过领导者的个人魅力、激励、个人关怀、变革引领和组织愿景的方式提升被领导者的需求层次，以其达到更高层次的组织目标；那么，交易型领导则是指通过澄清工作角色或需求，运用不同的利益交换方式换取下属的服从，以达成组织目标的激励机制。变革型领导与下属的互动关系是建立在依附于深层价值信念的交流、能转化下属追求更高层次的工作目的，而不只是获得利益，而交易型领导与下属之间的互动关系是建立在功利交易、互相谈判与妥协的互动关系上，彼此依赖的关系较为薄弱。学校管理者提供令人鼓舞的回馈，可以为教师韧性提供有力支持。强有力、富有人文关怀的领导可为教师提供最重要的支持，这对新教师尤为重要，管理层需要给予他们足够的支持和关怀，使之适应教师岗位的要求，并能很好地完成教学任务（范琳，2017）。研究发现对积极情感的关注和管理与韧性的形成关系密切，并可以在充满挑战的情境下实现韧性的发展（毛智辉、睢依凡，2018）。领导强大、开放、组织良好和资源分摊公平能够给教师韧性提供支持作用。强大的领导关怀是教师支持的主要来源（Howard & Johnson，2004）。变革型领导有利于创建一种信任、支持与尊重为特征的学校文化，从而带来了教师工作压力的降低。而交易性领导以任务为中心，以任务为驱动，以任务目标与实际表现之间的差异论功行赏。因此，有学者认为交易型领导既不利于创建一个积极有益的群体环境，也不利于培养团队的互动（Bhat, Verma，Rangnekar，& Barua，2012），从而给教师带来了更大的工作压力，阻碍了教师韧性的发展。

7 结论与建议

7.1 结论

7.1.1 幼儿教师职业韧性及相关变量的实际状况

（1）幼儿教师职业韧性的总体水平较高，但情绪智力相对较低。

（2）幼儿教师的一般自我效能处于中等水平，工作热情和职业认同总体水平较高。

（3）园长变革型领导行为和人际信任园总体水平较高，交易型长领导行为与工作压力处于中等水平。

7.1.2 幼儿教师职业韧性在一般特征上的差异

（1）幼儿教师职业韧性、下位4个子因素中的社交关系、教学效能感在教龄上存在显著性差异，职业中期的教师要比职初教师的职业韧性更高。

（2）幼儿教师职业韧性下位4个子因素中的情绪智力在学历、专业背景上存在差异，学历越低，情绪智力反而越高。非教育专业的教师比学前教育专业的教师，具有更高的情绪智力。

（3）幼儿教师职业韧性、下位4个子因素中的情绪智力在职称上存在差异，未评级的教师比二级职称的教师更具有职业韧性。

（4）幼儿教师的职业韧性、下位4个子因素中的社交关系、教学效能感在承担不同工作上存在显著性差异。管理人员和其他岗位的教师比配班老师具有更强的职业韧性。

（5）幼儿教师的职业韧性、下位4个子因素中的教学效能感、社会支持与情绪智力在工作时间上存在差异，工作时间越短，幼儿教师职业韧性就越强。

（6）幼儿教师的职业韧性、下位4个子因素中的社交关系、教学效能感、社会支持与情绪智力在加班次数上存在差异，加班次数越少，幼儿教师职业韧性就越强。

（7）幼儿教师职业韧性在婚姻状况上存在显著性差异，已婚和离异的教师比未婚的教师具有更强的职业韧性。

（8）幼儿教师的职业韧性在孩子个数上存在显著性差异，有两个孩子的教师比未婚未育和暂时没有孩子的教师，具有更强的职业韧性。

（9）幼儿教师的职业韧性在原生家庭（父母）是否离异统计上不存在显著性差异，但在构成职业韧性的4个子因素中，教学效能感在统计上存在着显著性差异，原生家庭（父母）没有离异的教师比原生家庭（父母）离异的教师，具有更强的教学效能感。

（10）幼儿教师职业韧性在园所性质上有显著性差异，民办园的教师比公办园的教师具有更强的职业韧性。

（11）幼儿教师职业韧性在园所级别上没有显著差异，但是下位4个子因素中的情绪智力具有显著性差异，二级园、三级园的教师比一级园的教师具有更强的情绪智力。

（12）幼儿教师的职业韧性、下位4个子因素中的教学效能感与情绪智力在不同编制上有显著性差异，无编制的教师比有编制的教师具有更强的职业韧性。

（13）幼儿教师的职业韧性、下位4个子因素中的社交关系、教学效能感与社会支持在所在地上存在显著性差异，县城所在地的幼儿教师比乡镇所在地的幼儿教师有更强的职业韧性。

（14）幼儿教师职业韧性在园所行政级别上没有差异，但是下位4个子因素中的社会支持具有显著性差异，市级教育局直属幼儿园教师和县级教育局直属幼儿园教师要强于乡镇中心幼儿园的教师。

7.1.3　幼儿教师职业韧性与前因变量之间的关系

（1）幼儿教师职业韧性与自我效能感、工作热情、职业认同、变革型园长领导行为、交易型园长领导行为、学校人际信任、工作压力都有显著的相关。

（2）在控制教龄、学历、专业背景、职称、承担工作、工作时间、加班次数、婚姻、孩子、原生家庭是否离异、园所性质、园所级别、单位用工性质、园所在地等人口学变量的影响后，自我效能感、工作热情、职业认同、园长变革型领导行为、园长交易型领导行为与工作压力对幼儿教师职业韧性的影响显著，而人际信任对幼儿教师职业韧性的影响不显著。其中，工作热情、园长变革型领导行为、职业认同与自我效能感对幼儿教师职业韧性的影响是正向的，而工作压力与园长交易型领导行为对幼儿教师职业韧性的影响是负向的。

7.1.4　影响因素对幼儿教师职业韧性的中介作用过程

中介结果表明，在教师个体内部层面，自我效能通过职业认同和工作热情的单独中介作用，以及职业认同—工作热情的链式中介作用对幼儿教师职业韧性产生影响。在学校环境层面上，园长变革型领导行为部分通过工作压力的中介作用，进而影响幼儿教师职业韧性，而园长交易型领导行为完全通过工作压力的中介作用，进而影响幼儿教师职业韧性。

7.2　建议

职业韧性并不仅仅与个人属性有关（Luthar & Brown, 2007）。相反，它是一个社会建构的过程（Ungar, 2004），受每个情境中独特的多维因素的影响（Ungar, 2004）。可以从教师个体层面和外部学校环境来提升幼儿教师的韧性，以促进幼儿教师在专业上的发展。

7.2.1　提升幼儿教师专业素养，做好个人职业规划

近年来，研究人员开始从社会生态角度对韧性进行概念化，其中韧性"被定

义为一组随时间变化的行为，这些行为反映了个体与其环境之间的相互作用，特别是个人成长的可用和可获得的机会"（Ungar，2012）。在英国，Murray和Passy（2014）表达了对教师教育者的关注，即如何帮助未来的教师应对职业中出现的"未来课程需求、教学变革以及新的角色和责任"。韧性涉及教师个体利用个人的能力和情境资源应对挑战，教师使用特定策略其个体特征与职业情境持续交互作用的动态过程，使教师经历和获得职业投入与成长，承诺，热情、满意度和幸福感的结果（Beltman，2011）[1]。

因此，在幼儿园方面，作为幼儿园教师工作学习的场所，幼儿园应该为教师的专业素养提升创设环境，组织形式各样的教研和学习活动，鼓励教师积极参与。尽量满足幼儿教师主动要求的各项自我专业素养提升的要求，如创设专业书籍阅读室、搭建各种网络学习平台、提供经费送教师外出培训等。会为幼儿教师共同探讨教师专业成长的路径，为教师的职业规划提供助力，让幼儿教师人人都有自己的职业梦想，幼儿教师在充满动力的工作环境中，自然而然的具有坚强的职业韧性。在幼儿教师个人方面，自身应不断提升自己的专业素养，对自己的职业有一个清晰的规划。在提升专业素养方面，不仅需要积极参加幼儿园的各项学习教研活动，更要抓住各种学习的机会，如申请外出培训、网络课程学习、自己查找相关的专业书籍阅读等方式，让自己的专业素养与时俱进；在自己的职业规划方面，职业目标清晰，会为自己制定明确的实施路径，既有长远的梦想，也有短期要实现的计划。幼儿教师有了专业素养提升的愿望和行动，有了对自己职业规划的清晰蓝图，对于工作中出现的一些挫折、困难、压力，就会有一个强烈的自我暗示，所有的艰难都是暂时的，只要自己坚持，就一定能达成目标。做到这些，不自觉的就能增强自身的职业韧性。

7.2.2 降低幼儿教师工作强度，提供宽松工作环境

最常见的专业工作环境挑战是由于繁重的工作负担和非教学任务（如文书工

---

[1] Beltman, S., Mansfield, C., & Price, A. (2011). Thriving not just surviving: A review of research on teacher resilience. Educational research review, 6(3), 185−207.

作或会议）而导致的时间不足（Castro, Kelly,& Shih, 2010）[1]。在VITAE项目中，高工作量、令人沮丧的政策举措和缺乏支持对教师在各个阶段的投入都产生了负面影响（Day, 2008）[2]。赋予幼儿教师的工作强度是所在工作的幼儿园环境带来的，幼儿园的管理风格就显得尤为重要。教师感受的工作强度，不仅仅只有工作时间和加班次数，还有很多其他的因素，如上级部门对幼儿园的检查和督导，幼儿园课程不断地推陈出新，幼儿园的教育理念不断转变，幼儿园的环境创设不断更新等，导致了工作时间的延长和加班次数的增多。针对以上的弊病，教育主管部门和幼儿园应及时采取有效的应对方式，减少不必要的检查和重复劳动，将幼儿教师上班时间控制在一个合理的7～8h范围内，并且尽量减少教师的加班要求。

7.2.3 关注幼儿教师社会环境，给予最大社会支持

社会支持是个体通过人际间交流，传递彼此的情感，对对方行为、知觉及观点的表达等予以肯定并提供实质或象征性协助[3]。幼儿教师的社会支持应涵盖同事支持、家庭支持、家长支持三方面：

同事支持。引用Jordan的关系韧性模式，Le Cornu（2013）[4]认为加强关系对于提升韧性至关重要，特别是对于早期职业教师。关系韧性是通过教师与领导、教师与教师、教师与学生之间强大和信任的关系网络形成的，并强调在韧性过程中相互授权、相互成长和相互支持的重要性（Day & Gu, 2014; Gu, 2014）[5]。

教师-领导关系是最常被提及的情境资源（Bobek, 2002; Day, 2008; 2014;

---

[1] Castro, A. J. , Kelly, J. , & Shih, M. . (2010). Resilience strategies for new teachers in high-needs areas. Teaching and Teacher Education, 26(3), 622-629.

[2] Day, C. (2008). Committed for life? Variations in teachers' work, lives and effectiveness.Journal of Educational Change, 9(3), 243-260.

[3] Bandura, A. (1997). Self-efficacy and health behaviour. In A. Baum, S. Newman, J. Wienman, R. West, & C. Mc Manus (Eds.), Cambridge handbook of psychology, health and medicine (pp. 160-162). Cambridge: Cambridge University Press.

[4] Le Cornu, R. (2013). Building Early Career Teacher Resilience: The Role of Relationships. Australian Journal of Teacher Education, 38(4),1-16.

[5] Gu, Q.(2014). The role of relational resilience in teachers' career-long commitment and effectiveness. Teachers and Teaching: theory and practice, 20:5, 502-529. DOI: 10.1080/13540602.2014.937961.

Howard & Johnson, 2004）[1][2][3]。当学校领导认可教师的成就并提供支持和鼓励"伸展和成长"时，关系得到了加强（Cameron & Lovett, 2014）。Meister和Ahrens（2011）发现，对于有经验的教师来说，"认可这些教师的能力和优势，并提供自主权和支持的领导者，是提高教师热情并激励他们成长为专业人士的人"。在当今时代，学校领导本身也需要个人和环境资源来维持他们的专业韧性（Day, 2014; Steward, 2014）。

教师之间的关系也很重要（Brunetti, 2006）[4]，与值得信任的同事一起做每日任务汇报能够"提高士气，因为他们知道你正在经历什么，可以帮助你保持精神振作"（Howard & Johnson, 2004）[5]。Hong（2012）[6]认为，这种关系对教师效能感很重要，进而影响教师承诺、韧性和留任的结果。教师同伴可以提供非评判性的支持和现状检查（Papatraianou & Le Cornu, 2014）。她在南非学校的研究中，Ebers和Cohn（2012）使用了术语"关系资源适应力（RRR）"来强调复原力是作为一个集体过程发生的，在这个过程中，个体"聚集"在一起获取、动员和共享资源，以在不利条件下积极适应。因此，关系对于个人和集体的复原力都很重要。作为重要同事的园长管理风格，直接会影响幼儿教师的职业韧性。作为园长在管理过程中，需要为教师创设丰富的物质环境和宽松的精神氛围，为幼儿园教师之间的沟通创设人际信任的基础，鼓励教师之间相互支持，相互帮助，共进共赢。

家庭支持，家庭支持能满足人们亲和与归属的需要，有助于调节困境产生压

---

[1]　Bobek.(2002).B-Teacher resiliency: A key to career longevity.The Clearing House, (75):202-205.

[2]　Day, C. (2008). Committed for life? Variations in teachers' work, lives and effectiveness.Journal of Educational Change, 9(3), 243-260.

[3]　Howard, S., & Johnson, B. (2004). Resilient teachers: Resisting stress and burnout. Social Psychology of Education, 7(4), 399-420.

[4]　Brunetti, G. J. (2006). Resilience under fire: Perspectives on the work of experienced, inner city high school teachers in the United States. Teaching and teacher education, 22(7), 812-825.

[5]　Howard, S., & Johnson, B. (2004). Resilient teachers: Resisting stress and burnout. Social Psychology of Education,7(4), 413.

[6]　Hong, J. Y. (2012) Why do some beginning teachers leave the school, and others stay? Understanding teacher resilience through psychological lenses, Teachers and Teaching, 18:4, 417-440, DOI: 10.1080/13540602.2012.696044

力时出现的消极情绪，协助自己谋划个人无法面对的问题，增强面对压力的韧性。社会支持可以增强身体健康，Kulys（1980）家庭所发挥的支持功能对老人的生活照顾有重大的影响，在老人相关的健康研究中，个人的社会支持可维持健康和减少罹病率、致死率[1]。与父母、同事和学校社区的有效沟通也是一个重要的策略（Bobek, 2002;Schelvis, Zwetsloot, Bosa, & Wiezer, 2014; Sharplin, 2011）[2][3]。幼儿园可以定期举办家属联谊会，拉近幼儿教师亲属对幼儿园的归属感，通过最亲近家人对自身工作的支持，引发幼儿教师的需求和动机，激发他们的职业认同感，调动他们的工作热情，使其充满韧性地朝着职业目标努力前进。

家长支持。教育文献中有大量证据表明，学校管理对教师学习和发展的支持、领导信任以及来自家长和学生的积极反馈是教师动机和韧性的关键积极影响（Brunetti, 2006; Castro, Kelly, & Shih, 2010; Day, 2007; Leithwood, 2006; Meister & Ahrens, 2011）[4]。成功的校长如何调解宏观政策背景和中观外部学校背景的负面影响，并以此创造积极的学校文化，培养教师的学习能力和学习能力发展也很强劲和明显（Day & Leithwood, 2007; Gu & Johansson, 2013; Gu, 2008; Leithwood, 2006; Leithwood, Harris, & Strauss, 2010;Robinson Hohepa, & Lloyd, 2009;Sammons,2011）。为更好地进行家园沟通，幼儿园应多举办家园联系的活动，建立家园联系的多方平台，让幼儿教师有主动与其沟通的多种渠道。主动沟通的行为可以帮助幼儿教师获得来自家长的信任和精神支持，缓冲教师在教学生活中的压力，促进其职业韧性发展。

---

[1] Kulys, R., & Tobin, S. S. (1980). Older people and their responsible others. Social Work, March, 138–145.

[2] Bobek.(2002).B-Teacher resiliency: A key to career longevity.The Clearing House, (75):202–205.

[3] Schelvis, R. M. C. , Zwetsloot, G. I. J. M. , Bos, E. H. , & Wiezer, N. M. . (2014). Exploring teacher and school resilience as a new perspective to solve persistent problems in the educational sector. Teachers & Teaching, 20(5), 622–637.

[4] Castro, A., Kell J. & Shih, M.(2010).Resilience strategies for new teachers in high-needs areaes, Teaching and Teacher Education,(26): 622–629.

7.2.4 增强幼儿教师自我效能，发展提升职业韧性

教师的能力是有韧性的，主要不是与"反弹"的能力或从高度创伤经历和事件中恢复有关，而是在教师教学的日常生活中保持平衡的能力、承诺和自主感有关"（Gu & Day, 2013）。要使教师具有韧性和效率，他们需要强烈和持久的效能感（Day, 2008）。自我效能的形成和发展受到个体的成败经验、替代经验、社会劝说和情绪状态的影响（Bandura, 1997）。要使教师具有韧性和效率，他们需要强烈和持久的效能感（Day, 2008）。"教师的自我效能感是一个具有重大影响的概念"（Tschannen-Moran & Woolfolk Hoy, 2007）[1]，具有"对韧性和毅力的深远影响"（Kitching, Morgan, & O ' leary, 2009, ）。效能信念"似乎在教学经验的早期最容易受到影响，并且一旦建立起来，就会对改变有所抵制"（Tait, 2008）[2]。因此，应让幼儿教师在学校多成功少失败，并提供观察学习机会。看到类似特征的他人在教学中取得成功，教师的自我效能也被提高了。具有替代学习机会的教师间的学术交流与观摩教学、系统的教师职业培训以及对教学行为的有效及时反馈，都有利于增强教师的自我效能。社会劝说是增强个体对于他能够实现目标信念的又一途径。劝说可以通过鼓励成员付出更多的努力而最终取得成功，劝说还可以增强个体在困难和挑战面前的信心。

7.2.5 提高幼儿教师职业认同，激发职业工作热情

教师对职业的认同是教师从内心对工作的本质和价值的认同。当教师感到工作的价值与自己的理想或标准越接近，即认同感越高，就越有助于教师全身心投入工作中，即使在工作不利的条件下也能保持较高水平的投入和工作热情（张燕，2018）。至少可以从以下三个方面提高教师的职业认同，以激发教师的工作热情。

---

[1] Tschannen-Moran, M. , & Hoy, A. W. . (2007). The differential antecedents of self-efficacy beliefs of novice and experienced teachers. Teaching & Teacher Education, 23(6), 944-956.

[2] Tait, M. (2008). Resilience as a contributor to novice teacher success, commitment, and retention. Teacher Education Quarterly, 35(4), 57-75.

一是增加教育投入，提高幼儿教师工资水平和工资满意度。美国心理学家 Frederick Herzberg（1959）的双因素理论指出：工作之外的福利与薪酬是一种"保健因素"。如果对这样一些因素处理不当，教师就会产生不满情绪。这种不满对教师的影响很大，它会导致教师不安心于教学工作，从而对教学没有积极性。因此，不断提高教师的福利待遇，满足其生存与发展的需要，对提升教师职业认同，提高教师工作热情有很大的助益。李莉娜（2011）[1]的研究表明，幼儿教师工资水平和工资满意度对幼儿教师的职业认同水平有着重要的影响。对工资满意度高的幼儿教师与满意度一般、不满意和很不满意的幼儿教师在职业认识、职业情感、职业意志和职业价值观上存在显著性差异，前者普遍比后者高。在杨华团和罗卫东（1996）[2]对金川公司部分中小学教师进行的调查中显示，物质因素对教师工作热情的影响占18.2%。根据美国心理学家Adams（1963）[3]的公平理论，当教师认为自己受到是不公平待遇时，他们会感到不满，工作热情也会锐减，从而导致工作效率下降等各种消极甚至逆反行为。因此，校长及学校行政人员在考核教师时要努力实现公平、公正与公开。同时，学校的薪酬和考核制度也应体现内部公平性和外部竞争力，总之，要科学合理运用权变式奖励，反映劳动能力和差异。

二是加大教师支持的力度，培育教育工作的价值感。吴叔（2012）[4]认为提高教师的工作热情，离不开政府和相关部门对教师的支持，这些支持不仅可以帮助教师更好认知自身的职业，还能进一步提高教师的职业认同感和工作热情。辛涛，邱炳武与申继亮（1994）[5]研究也表明，教师工作积极性与教育工作为教师提供的发展条件、教育工作的价值及其总体工作因素之间有显著的正相关。也就是说，如果教师认为教育工作为自己提供的发展条件越多，教育工作的价值越大，

① 李莉娜 . (2011). 幼儿教师职业认同研究 . (Doctoral dissertation, 广州大学).

② 杨华团，罗卫东 . (1996). 寻找着力点 调动积极性——关于影响教师积极性因素的调查分析 . 甘肃教育 (Z2), 18–20.

③ Adams, J. S. (1963)Toward all understanding of inequi 哆 . Journal of Abnormal and Social Psychology,67，422. 436.

④ 吴叔 . (2012). 湖南省公办中小学教师工作热情调查研究 . (Doctoral dissertation, 南昌大学).

⑤ 辛涛，邱炳武，& 申继亮 . (1994). 中小学教师工作积极性及影响因素的研究 . 教育科学研究 (03), 17–21.

其工作积极性就越高。

三是鼓励教师参与更多的教育实践，对自己的实践进行批判性反思，多创造同事之间交流与沟通的机会。Ismaelabu—saad和Vernonl.hendrix（1995）的研究显示，教师的工作满意度容易受同事与领导的关系影响，这种关系进而会影响教师的工作热情。教师职业认同的发展变化是教师在职业实践中持续建构，伴随着教师职业生涯的全过程。Flores和Day（2006）[1]研究发现，教师能够享受到工作的乐趣，这主要得益于他们与学生的友好关系和学校的支持性的氛围，以及自治、教学的自由和与指导教师之间的协同工作。参与到与教育有关的社会和文化实践中去，对于发展教师的职业认同是至关重要的（Ten Dam & Bolm, 2006）[2]。Antoneketal（1997）认为反思是与自我相联的关键要素。Antonek等人强调要想把自我向教师发展，就必须发展反思技能。通过自我反思，教师把经验与他们的知识和感觉相联，愿意并能够把与社会性相关的东西综合到他们作为教师的自我形象中去（Korthagen, 2001;Nias,1989）[3][4]。教师将自己的教学故事与同事交流与分享，能够为教师之间交流对学校教育、学科知识、教育学等的想法提供机会，而且还能引发关于教学实践更加积极、更加活跃的辩论，是一个能让教师明确他们的职业认同的有效方法（Clandinin,1992；Mclean, 1999）[5]。

7.2.6 转变园长领导行为，适当降低幼儿教师工作压力

变革型领导行为和交易型领导行为在校长管理中并存。变革型校长是指校长

[1] Flores, Maria Assuncão & Day, Christopher. Contexts which shq)e and reshape new teachers* identities: A multi—perspective study. Teaching & Teacher Education, 2006,22(2): 219—232.

[2] Ten Dam, Geert TM., Bolm, Sarah.(2006) Learning through participation. The potential of schookbased teacher' education for developing a professional identity. Teaching and Teacher Education,22(6): 647—660.

[3] Korthagen, F. A. J.(2001). Waar docn we het voor Op zoek naar de essentie van goed leraarschap (What are we doing it for Searching for the essence of good teaching). University of Utrecht: IVLOS.

[4] Nias, J. Teaching and the self. In M. L. Holly & C. S. Mcloughlin (Eds.), (1989).Perspective on teacher professional development. London: Falmer Press, 151—171.

[5] Clandinin, D. J. Narrative and story in teacher education. In T. Russell & H. Munby (Eds.), (1992). Teachers and teaching: From classroom to reflection. Lisse: Swets & Zeitlinger, 7—20.

自身具有独特的个人魅力，能够敏锐把握教育改革的先机，清晰表述变革的愿景，与教师共谋发展。交易型校长是指校长明确教师角色和工作要求，通过制定学校规章，尤其是奖惩制度来规范教师行为实现学校发展目标。学校文化在韧性过程中发挥了作用（Peters & Pearce, 2012）[①]。促进员工复原力和幸福感的学校的特征是支持性的领导和同事、协作、有意义的参与机会和对决策过程的贡献（Cameron & Lovett, 2014年; Johnson等，2014）。信任、自主、合作和领导元素对促进韧性的学校文化至关重要（Gu, 2014; Malloy & Allen, 2007），以及情感支持，可以在挑战时期起到缓冲作用（Keogh, Garvis, Pendergast，& Diamond, 2012）。因此，适当降低教师工作压力，要从更多交易型领导力的"技术"层面，转向变革型领导力的"艺术"层面，引领和满足教师更高层面的需求，达到自我实现。在有支持性的、信息通畅的和鼓励性的领导—教师关系的学校中教学的教师更倾向于展示出对教学的积极态度（Flores& Day, 2006）[②]。愿景激励对幼儿园教师工作投入有显著的正向预测作用。处于变革中的园长，构建幼儿园愿景是践行领导的第一步，园长要充分利用愿景来激发教师工作的动力（刘霖芳和柳海民，2015）[③]。幼儿园发展愿景的制定要考虑教师的想法，吸取幼儿园教师的意见和建议，制定出切实可行的目标和具体的、动态性的实施策略，利用本园教师的独特优势，激发幼儿园教师高层次需要，进而实现自身价值以及幼儿园的发展目标（程正方，2010）。知识和能力是领导的武器，园长具备过硬的专业知识和专业能力，懂得管理、领导理论，能够为教师解决现实问题，就会对教师产生较强的心理磁力，增强教师对园长的敬佩感，提高非权力性影响力（易凌云，2014）。园长的理解和关怀可以改善教师与园长的关系，提高教师工作积极性，因此需要园长在管理上"刚柔并举"，把教师看成是"社会人""决策人"，满足其合理要求，在情感上给

---

① Peters, J. & Pearce, J.. (2012). Relationships and early career teacher resilience: a role for school principals. Teachers and Teaching,18(2),249-262.

② Flores, Maria Assuncão & Day, Christopher.(2006).Contexts which shqe and reshape new teachers identities: A multi-perspective study. Teaching & Teacher Education,22(2): 219-232.

③ 刘霖芳，柳海民 . (2015). 教育变革背景下幼儿园园长领导力的现状及提升策略 . 现代教育管理 (2), 81-86.

予关怀，在工作上进行鼓励和支持（刘艳珍和马鹰，2010）。因此，作为幼儿园的领导，园长要反思和转变自己的领导行为，通过共享发展愿景，加强自身品德涵养，给予教师特别的关怀和支持，适当减轻教师工作压力，使教师产生职业归属感、认同感，增加幼儿园教师集体的凝聚力，形成创新、合作的组织氛围。

7.2.7 将教师韧性教育纳入教师教育的培训内容

韧性教师的特征不是天生的（Day & Gu, 2007）[1]，而是可以学习的（Howard & Johnson, 2004）。Castro（2009）将韧性视为适应的过程，而不是一组个体属性。与其他职业相比，教师被认为是压力很大的职业，并被认为具有特别高的倦怠和离职率（Kahn, 1993; Travers & Cooper, 1993）。鉴于教学固有的挑战，以及高强度的压力和倦怠体验，韧性可能是教师成功的一个重要因素（Kyriacou, 1987; Robertson, & Dunsmuir, 2013; Tang, Leka, & MacLennan, 2013），被认为是教师教育课程中教师的重要能力（Bowles, & Arnup,2016 Pearce and Morrison 2011; Tait 2008），是当今时代背景下每一位教师的必备素质（Day，2007；毛菊，吴凯欣，2018），是选拔教师的关键心理能力之一（Sautelle, Bowles, Hattie, & Arifin, 2015）。Day和Gu（2014）有针对性地提出："提高教学质量、提高所有学生的学习水平和成就的努力，必须集中在努力建立、维持和更新教师的恢复力，这些努力必须在最初的教师培训中进行"。因此，应该把韧性教育纳入教师培训内容，无论是在师范教育还是专门培训，应开展为发展教师个性特质的干预性培训，着重培养自我效能感、自我核心评价、动机、职业反思等这些被证实对提高教师韧性起着重要作用的个体特质。教师教育应通过增强准教师职业目标、职业能力（专业知识与技能）、个人与学生的交流能力三方面来提高其职业韧性。在教师职前与职后培训时，就可以有针对性地对以上涉及的方面进行有效干预，以提升教师职业韧性。在职前与职后教育中还要对教师进行抗挫能力的培养。在教师职前与职后教育中，要通过模拟现实课堂教学、学校工作及家庭中的冲突情境，切实提高其自

[1] Gu, Q. , & Day, C. . (2007). Teachers resilience: a necessary condition for effectiveness. Teaching & Teacher Education, 23(8), 1302−1316.

我调控能力、抗挫折能力和职业韧性水平。

7.3　研究局限与展望

本研究遵循严谨的实证研究范式，也存在一定的局限，需在未来研究中进一步完善。

本研究只是在浙江省各级各类幼儿教师中检验了前因变量与职业韧性之间的关系及其作用机制，但在全国范围内是否如此，尚需未来研究进一步验证。

本研究的所有变量测量采用问卷调查法进行随机整群抽样收集被试的相关信息。尽管也进行了一些程序控制，区分效度也表明共同方法偏差不明显，但为了保证研究结果更有说服力，未来研究对变量的测量应该尽可能使用多源测量的数据。

本研究采取横截面数据，没有在多个时点或纵向追踪的方式采择测量数据，因而降低了对研究变量之间因果关系的推论。尽管大样本的多次测量或纵向追踪具有现实的难度，但未来研究应该关注较长时间段内前因变量与幼儿教师职业韧性之间的变化关系。

由于幼儿教师职业韧性的影响因素多，给确定职业韧性的影响因素带来了较大的困难。本研究中在探究职业韧性与其前因变量的关系时，主要考察了个人内部层面的自我效能感、职业认同、工作热情，学校环境层面的园长领导行为、学校人际信任和工作压力这六个变量，涵盖面相对不够。从幼儿教师职业韧性的形成来看，是个体、学校、社会全方位的动态的过程，本研究缺乏社会环境层面的前因变量，是进一步研究时需要思考的问题。未来研究可以运用多水平方法将幼儿教师职业韧性区分为个体、学校与社会不同层面，以识别各自的影响因素。但是由于大样本数据和模型复杂度的限制，本研究只是从个体与学校的层面单独考察了幼儿教师职业韧性的影响因素，未来研究应该还要考察或控制社会层面的变量后，通过建立多水平结构方程模型同时从个体与学校的层面探讨影响幼儿教师职业韧性的因素及其作用过程。

参考文献

[1] Abu-Saad, I. , & Hendrix, V. L. . (1995). Organizational climate and teachers' job satisfaction in a multi-cultural milieu: the case of the bedouin arab schools in israel. International Journal of Educational Development, 15(2), 141–153.

[2] Adams, J. S. (1963)Toward all understanding of inequi 哆. Journal of Abnormal and Social Psychology,67, 422–436.

[3] Andrews G. (1981).Life event stress, social support, coping style, and risk of psychological impairment, J nerv Ment Dis, 166–307.

[4] Bandura, A., & McClelland, D. C. (1977). Social learning theory (Vol. 1). Prentice Hall: Englewood cliffs.

[5] Bandura, A. (1977). Self-efficacy: toward a unifying theory of behavioral change. Psychological review, 84(2), 191–215.

[6] Bass,B. M.(1997). Does the Transactional–Transformational Leadership Paradigm Transcend Organizational and National Boundaries.American Psychologist, 52(6):130–139.

[7] Bass, B. M. & Avolio, B. (1997).Full range leadership development: Manual for the multifactor leadership questionnaire.Redwood City, CA: Mind Garden.

[8] Bass, B. M. (1999)Two decades of research and development in transformational leadership . European Journal of Work and Organizational Psychology, (8):9–26.

[9] Bass, B.M.(1985). Leadership and Performance Beyond Expectations. New York, NY:Free Press, 1985.

[10] Bass,B.M. (1999).Two decades of research and development in transformational leadership. European Journal of Work and Organizational Psychology, (08):9–26.

[11] Bass B. M. (1985). Leadership: Good, Better, Best, Organizational Dynamics, 13(1), 9–13.

[12] Bass B. M. & Avolio, B, J. (1990). Transformantional leadership development; Manual for the multifactor leadersip questionnaire, Palo Alto, C.A., Consulting Psychologist, 41–42.

[13] Beauchamp, M. R., Barling, J., Li, Z., Morton, K. L., Keith, S. E., & Zumbo, B. D. (2010). Development and psychometric properties of the transformational teaching questionnaire. Journal of Health Psychology, 15(8), 1123–1134.

[14] Beltman, S., Mansfield, C., & Price, A. (2011). Thriving not just surviving: A review of research on teacher resilience. Educational research review, 6(3), 185–207.

[15] Berkman, L. F., Seeman, T. E., Albert, M., Blazer, D., Kahn, R., Mohs, R., ... & Rowe, J. (1993).

[16] Bhat, A. B., Verma, N., Rangnekar, S., & Barua, M. K. (2012). Leadership style and team processes as predictors of organisational learning. Team Performance Management: An International Journal.18(7 /8),347–369.

[17] Bobek.(2002).B–Teacher resiliency: A key to career longevity.The Clearing House, (75):202–205.

[18] Bobek, B.L.(2002).Teacher resiliency:A key to career longevity,75(4):202–206.

[19] BOYD, B. J., & SCHNEIDER, N. I. (1997).Perceptions of the work environment and burnout in Canadian child care providers. Journal of Research in Childhood Education, 11(2), 171–180.

[20] Brown, J. H., D' Emidio–Caston, M., & Benard, B. (2001). Resilience education. Califbmia: Corwin Press.

[21] Brunetti, G. J. (2006). Resilience under fire: Perspectives on the work of experienced, inner city high school teachers in the United States. Teaching and teacher education, 22(7), 812–825.

[22] Bryk, A., Sebring, P., Allensworth, E., Luppescu, S., & Easton, J. (2010). Organizing schools for improvement: Lessons from Chicago. Chicago, IL: The University of Chicago press.

[23] Bryk, A. S., & Schneider, B. (2002). Trust in schools: A core resource for improvement. Rose Series in Sociology. NY: Russell Sage Foundation.

[24] Burns,J.M.(1978).Leadership. New York:Harper and Row:11–121.

[25] Butler Jr, J. K. (1991). Toward understanding and measuring conditions of trust: Evolution of a conditions of trust inventory. Journal of management, 17(3), 643–663.

[26] Byrne,B.(1999).The nomological network of teacher burnout:A literature review and empirically validated model.In R.Vandenberghe & A.M.Huberman,Understanding and preventing teacher burnout.Cambridge,UK:Cambridge University Press,15–37.

[27] Campbell-Sills, L., Cohan, S. L., & Stein, M. B. (2006). Relationship of resilience to personality, coping, and psychiatric symptoms in young adults. Behaviour research and therapy, 44(4), 585-599.

[28] Canrinus, E. T., Helms-Lorenz, M., Beijaard, D., Buitink, J., & Hofman, A. (2012). Self-efficacy, job satisfaction, motivation and commitment: Exploring the relationships between indicators of teachers' professional identity. European journal of psychology of education, 27(1), 115-132.

[29] Carpenter, S., Walker, B., Anderies, J. M., & Abel, N. (2001). From metaphor to measurement: resilience of what to what?. Ecosystems, 4(8), 765-781.

[30] Castro, A. J. , Kelly, J. , & Shih, M. . (2010). Resilience strategies for new teachers in high-needs areas. Teaching and Teacher Education, 26(3), 622-629.

[31] Chang, R.(2001). Turning passion into organizational performance. Training & Development, 55(5), 104-112 22.

[32] ChenG, Gully S M,Whiteman J,Kilcullen R N. (2000).Examination of relationships among trait-like individual differences, state-like individual differences, and learning performance. Journal of Applied Psychology, 85（6）:835-847.

[33] Clandinin, D. J. Narrative and story in teacher education. In T. Russell & H. Munby (Eds.), (1992).Teachers and teaching: From classroom to reflection. Lisse: Swets & Zeitlinger, 7-20.

[34] Clarke, M. (2008). Understanding and managing employability in changing career contexts. Journal of European Industrial Training, 32(4), 258-284.

[35] Cook, J., & Wall, T. (1980). New work attitude measures of trust, organizational commitment and personal need non - fulfilment. Journal of occupational psychology, 53(1), 39-52.

[36] Court, D., Merav, L., & Ornan, E. (2009). Preschool teachers' narratives: a window on personal - professional history, values and beliefs. International Journal of Early Years Education, 17(3), 207-217.

[37] Cropanzano, R., & Mitchell, M. S. (2005). Social exchange theory: An interdisciplinary review. Journal of management, 31(6), 874-900.

[38] Day, C.(2008). Committed for life Variations in teachers' work, lives and effectiveness. Journal of Educational Change, 9(3), 243-260.

[39] Day, C., & Gu, Q. (2013). Resilient teachers, resilient schools: Building and sustaining

quality in testing times. London / New York:Routledge.

[40] DiPalma, C. (2004). Power at work: Navigating hierarchies, teamwork and webs. Journal of Medical Humanities, 25(4), 291–308.

[41] Dorman, J. (2003). Testing a model for teacher burnout. Australian Journal of Educational & Developmental Psychology, 3(1), 35–47.

[42] Dworkin,A.Teacher burnout in the public schools:Structural causes and consequences. New York:State University of New York Press.

[43] Elizabeth R.(2012).Shifting to a wellness paradigm in teacher education:A promoting practice for fostering teacher stress,burn–out,resilience and fostering retention.Ethical Human Psychology,14(3),178–191.

[44] Fisher,T.A. & Stafford, M. E. (2000).The impact of career and ethnic influences on career resilience.Annual meeting of the American Educational Research Association, New Orleans,LA.

[45] Flores, Maria Assuncão & Day, Christopher.(2006).Contexts which shqe and reshape new teachers identities: A multi–perspective study. Teaching & Teacher Education,22(2): 219–232.

[46] Forsyth, P. B., Barnes, L. L. B., & Adams, C. M. (2006). Trust effectiveness patterns in schools.

[47] Journal of Educational Administration, 44(2), 122–141.

[48] FREDRICKSON B L, COHN M A, COFFEYK A, et al.(2008).Open hearts build lives: Positive emotions, induced through loving–kindness meditation, build consequential personal resources.Journal of Personality and Social Psychology,95:1045–1062.

[49] Frijda N.H.Mesquita B.,Sonnemans J.(1991).The Duration of Affective phenomena or Emotions, Sentiments and passions.International Review of Studie S on Emotion, 1:187–225.

[50] Friedman–Krauss, A. H., Raver, C. C., Morris, P. A., & Jones, S. M. (2014). The role of classroom–level child behavior problems in predicting preschool teacher stress and classroom emotional climate. Early Education and Development, 25(4), 530–552.

[51] Fu, H.(2001).The relationships among career barriers, career motivation, and coping strategies of young female employees. National Ch eng chi University,Taipei, Taiwan.

[52] G. I. J. M. , Bos, E. H. , & Wiezer, N. M. . (2014). Exploring teacher and school resilience as a new perspective to solve persistent problems in the educational sector. Teachers &

Teaching, 20(5), 622–637.

[53] Gaza,Briana Barker.(2007).Experiences of adversity at work Toward an identity–based theory of resilience.University of Michigan.

[54] Gillespie, B. M., Chaboyer, W., Wallis, M., & Grimbeek, P. (2007). Resilience in the operating room: Developing and testing of a resilience model. Journal of advanced nursing, 59(4), 427–438.

[55] Giroux, P. (2007). Resilient teachers: A qualitative study of six thriving educators in urban elementary schools. Western Michigan University. 11.

[56] GOELMAN, H., & GUO, H. (1998) What we know and what we don't know about burnout among early childhood care providers. Child and Youth Care Forum,27(3), 175–199.

[57] Granovetter, M. (1985). Economic action and social structure: The problem of embeddedness. American journal of sociology, 91(3), 481–510.

[58] Greenhaus J H,Callanan G A, Godshalk V M.(2003).Career Management. 北京 : 清华大学出版社 .

[59] Griesinger, D. W. (1990). The human side of economic organization. Academy of Management Review, 15(3), 478–499.

[60] Grotberg, E. H. (1997). The international resilience project. Presented at the International Council of Psychologists Conference, Graz, Austria. Retrieved March 19, 2004, from http://resilnet.uiuc.edu/library/ groy98a.html.

[61] Gu, Q.(2014). The role of relational resilience in teachers' career–long commitment and effectiveness. Teachers and Teaching: theory and practice, 20:5, 502–529. DOI: 10.1080/13540602.2014.937961.

[62] Gu, Q., & Li, Q. (2013). Sustaining resilience in times of change: Stories from Chinese teachers. Asia–Pacific Journal of Teacher Education, 41(3), 288–303.

[63] Gu, Q., & Day, C. (2013). Challenges to teacher resilience: conditions count. British Educational Research Journal, 39(1), 22–44. http://dx.doi.org/10.1080/01411926.2011.623152.

[64] Gu, Q..(2017). Resilient Teachers, Resilient Schools: Building and Sustaining Quality in Testing Times. Quality of Teacher Education and Learning. Springer Singapore.

[65] Gu,Q.,& Day, C.. (2007).Teachers resilience: a necessary condition for effectiveness. Teaching & Teacher Education, 23(8), 1302–1316.

[66] Hall, M. J.(1990).The pilot test of the London career motivation inventory.George Mason University.

[67] Hamann,D.& Dordon,D.(2000).Bumnut:An occupational hazard.Music Educator Journal,87(3):34–39.

[68] Hargreaves, A. (2001). Emotional geographies of teaching. Teachers college record, 103(6), 1056–1080.

[69] High, usual and impaired functioning in community–dwelling older men and women: findings from the MacArthur Foundation Research Network on Successful Aging. Journal of clinical epidemiology, 46(10), 1129–1140.

[70] Ho V.T., Wang S.S., Lee C. H.(2011). A Tale of Passion:Linking Job Passion and Cognitive Engagement to Employee Work Performance.Journal of Manggement Studles,78(1):89–112.

[71] Hoad, T. F.(1996).Oxford concise Dictionary of English Etymology.Oxford University Press:400.

[72] Hong, J. Y. (2012) Why do some beginning teachers leave the school, and others stay? Understanding teacher resilience through psychological lenses, Teachers and Teaching, 18:4, 417–440, DOI: 10.1080/13540602.2012.696044.

[73] Horton, T. V., & Wallander, J. L. (2001). Hope and social support as resilience factors against psychological distress of mothers who care for children with chronic physical conditions. Rehabilitation Psychology, 46(4), 382–399.

[74] House(1971). Path–goal theory of leadership effectiveness. Administrative Science Quarterly, 16, 321–328.

[75] Howard, S., & Johnson, B. (2004). Resilient teachers: Resisting stress and burnout. Social Psychology of Education, 7(4), 399–420.

[76] Hoy, W. K., Gage, C. Q., & Tarter, C. J. (2006). School mindfulness and faculty trust: Necessary.

[77] conditions for each other? Educational Administration Quarterly, 42(2), 236–255.

[78] Hoy, A. W., & Spero, R. B. (2005). Changes in teacher efficacy during the early years of teaching: A comparison of four measures. Teaching and teacher education, 21(4), 343–356.

[79] Hu, H. H. (2007). A comparative study of the effects of Taiwan–United States employee categorization on supervisor trust. Social Behavior and Personality: an international

journal, 35(2), 229–242.

[80] Ivancevich, J. M., Matteson, M. T., & Preston, C. (1982). Occupational stress, Type A behavior, and physical well being. Academy of Management Journal, 25(2), 373–391.

[81] Janice H.Patterson.Loucrecia Collins & Gypsy Abbott.(2005). A Study of Teacher Resilience in Urban Schools. Journal of instructional Psychology,31(1):5.

[82] Jennings, P. A., Snowberg, K. E., Coccia, M. A., & Greenberg, M. T. (2011). Improving classroom learning environments by Cultivating Awareness and Resilience in Education (CARE): results of two pilot studies. The Journal of Classroom Interaction, 46(1), 37–48.

[83] Jawahar M, Liu Y. (2017).An examination of the role of work engagement.Journal of Career Development, (4): 344–358.

[84] Johnson–George, C., & Swap, W. C. (1982). Measurement of specific interpersonal trust: Construction and validation of a scale to assess trust in a specific other. Journal of personality and social psychology, 43(6), 1306–1317.

[85] Johnson, B. , Down, B. , Le Cornu, R. , Peters, J. , Sullivan, A. , & Pearce, J. , et al. (2014). Promoting early career teacher resilience: a framework for understanding and acting. Teachers & Teaching, 20(5), 530–546.http://dx.doi.org/10.1080/13540602.2014. 937957.

[86] Johnson, S. M. (2006). The Workplace Matters: Teacher Quality, Retention, and Effectiveness. Working Paper. National Education Association Research Department. Washington, DC.

[87] Judge, T. A., & Piccolo, R. F. (2004). Transformational and transactional leadership: a meta–analytic test of their relative validity. Journal of applied psychology, 89(5), 755–768.

[88] Kaldi,Olsen&Anderson(2009).Student teachers' perceptions of self–competence in and emotions/stress about teaching in initial teacher education.Education studies,35(3),349–360.

[89] Kannan–Narasimhan, R., & Lawrence, B. S. (2012). Behavioral integrity: How leader referents and trust matter to workplace outcomes. Journal of business ethics, 111(2), 165–178.

[90] Kelchtermans Greet. (2002).Telling dreams: A commentary to Newman form a European context. International Journal of Educational Research, (2):123–127.

[91] Kelchtermans,G.,&Ballet,K.(2002).The micropolitics of teacher induction.A narrative-

biographical study on teacher socialisation. Teaching and teacher education, 18(1), 105–120.

[92] Kirk, J., & Wall, C. (2010). Resilience and loss in work identities: a narrative analysis of some retired teachers' work–life histories. British Educational Research Journal, 36(4), 627e641. http://dx.doi.org/10.1080/01411920903018216.

[93] Korthagen, F. A. J.(2001). Waar docn we het voor Op zoek naar de essentie van goed leraarschap (What are we doing it for Searching for the essence of good teaching). University of Utrecht: IVLOS, 2001.

[94] Kunter, M. (2013). Motivation as an aspect of professional competence: Research findings on teacher enthusiasm. In Cognitive activation in the mathematics classroom and professional competence of teachers (pp. 273–289). Springer, Boston, New York, USA.

[95] Kunter M, Holzberger D (in press) Loving teaching: research on teachers' intrinsic orientations. In: Richardson PW, Karabenick S, Watt HMG (eds) Teacher motivation: theory and practice.

[96] Le Cornu, R. (2013). Building Early Career Teacher Resilience: The Role of Relationships. Australian Journal of Teacher Education, 38(4),1–16.

[97] Lehmann–Willenbrock, N., Meinecke, A. L., Rowold, J., & Kauffeld, S. (2015). How transformational leadership works during team interactions: A behavioral process analysis. The Leadership Quarterly, 26(6), 1017–1033.

[98] Lewis, J. D., & Weigert, A. (1985). Trust as a social reality. Social forces, 63(4), 967–985.

[99] Liu, Y. C. (2004). Relationships between career resilience and career beliefs of employees in Taiwan (Doctoral dissertation, Texas A&M University).

[100] London, M.(1983).Toward a theory of career motivation.A cademy of Management Review, ,8(4), 620–630.

[101] London, M., & Noe, R. A. (1997). London's career motivation theory: An update on measurement and research. Journal of Career Assessment, 5(1), 61–80.

[102] Luhrnann, N. (1979). Trust and power. Chichester: Wiley.

[103] Luthar, S. S., Cicchetti, D., & Becker, B. (2000). The Construct of Resilience: A Critical Evaluation and Guidelines for Future Work. Child Development, 71(3), 543–562.

[104] Malcom, L. A. C. (2007). Beginning teachers, resilience and retention. Texas State University.

[105]　Malaine Tait.(2008).Resilience as a contributor to novice teacher success,commitment and retention.Teacher Education Quarterly,57(4),61–75.

[106]　MANLOVE, E. E. (1993).Multiple correlates of burnout in child care workers. Early Childhood Research Quarterly, 8(4), 499–518.

[107]　Mansfield, C. F. , Beltman, S., Broadley, T., & Weatherby–Fell,N..(2016). Building resilience in teacher education: an evidenced informed framework. Teaching & Teacher Education, 54, 77–87.

[108]　McLean, S. V. (1999).Becoming a teacher: The person in the process. In R. P. Lipka & T. M. Brinthaupt(Eds.), The role of self in teacher development(pp.). Albany, NY: State University ofNew York Press, 55–91.

[109]　McMahon, T. J., & Luthar, S. S. (2006). Patterns and correlates of substance use among affluent, suburban high school students. Journal of Clinical Child and Adolescent Psychology, 35(1), 72–89.

[110]　Mishra, P., & McDonald, K. (2017). Career resilience: An integrated review of the empirical literature. Human Resource Development Review, 16, 207–234.

[111]　Mo è , A., Pazzaglia, F., & Ronconi, L. (2010). When being able is not enough. The combined value of positive affect and self–efficacy for job satisfaction in teaching. Teaching and Teacher Education, 26(5), 1145–1153.

[112]　Moloney, M. (2010). Professional identity in early childhood care and education: perspectives of pre–school and infant teachers. Irish educational studies, 29(2), 167–187.

[113]　Moore, M.,& Hofinan, J.E. (1998).Professional identity in institutions of higher learning in Esrael.Higher Education.17(1):69–79.

[114]　Murphy, L. B. (1974). Coping, vulnerability, and resilience in childhood. Coping and adaptation, 69–100.

[115]　Nias, J. Teaching and the self. In M. L. Holly & C. S. Mcloughlin (Eds.), (1989). Perspective on teacher professional development. London: Falmer Press, 151–171.

[116]　Nieto,S.(2003).What keeps teachers going.New YorkiTeachers College Press.

[117]　Oswald, M., Johnson, B., & Howard, S. (2003). Quantifying and evaluating resilience–promoting factors: Teachers' beliefs and perceived roles. Research in education, 70(1), 50–64.

[118]　Patond. (2007).Measuring And Monitoring Resilience inAuck– land. Auckland:

GNSScience.

[119] Patterson, J. H., Collins, L., & Abbott, G. (2004). A Study of Teacher Resilience in Urban Schools. Journal of Instructional Psychology, 31(1).

[120] Patterson   & Kelleher.(2005). R esilient school leaders – Strategies for turning adversity into achievement. Alex– andria, VA: Association for supervision and curriculum development,(11) :175.

[121] Paul Giroux.(2007).Resilient teachers: A qualitative study of six thriving educators in urban elementary schools.Western Michigan University,11:58.

[122] Pearce, J., & Morrison, C. (2011). Teacher identity and early career resilience: Exploring the links. Australian Journal of Teacher Education (Online), 36(1), 48–57.

[123] Pennings, J. M., & Woiceshyn, J. (1987). A typology of organizational control and its metaphors. In S. B. Bacharach & S. M. Mitchell (Eds.), Research in the sociology of organizations, vol. 5: 75–104. Greenwich, CT: JAI Press.

[124] Peters, J. & Pearce, J.. (2012). Relationships and early career teacher resilience: a role for school principals. Teachers and Teaching,18(2),249–262.

[125] Peterson.C.,Park.N.& Seligman, M. E. P. (2005).Assessment of character strengths, In G P. Koocher, I. C. Norcross , & S. S. Hill, III(Eds). Psychologists' desk reference.New York: Oxford University Press,(2):93–98.

[126] Plasters, C. L., Seagull, F. J., & Xiao, Y. (2003). Coordination challenges in operating–room management: an in–depth field study. In AMIA Annual Symposium Proceedings (Vol. 2003, p. 524). American Medical Informatics Association.

[127] Ponomarov, S. Y., & Holcomb, M. C. (2009). Understanding the concept of supply chain resilience. The international journal of logistics management, 20(1). 124–143.

[128] Poon, J. M. (2013). Effects of benevolence, integrity, and ability on trust - in - supervisor. Employee Relations. 35(4), 396–407.

[129] Quoted in:Susan Beltman,Caroline Mansfield,Anne Price(2011).Thriving not just surviving:A review of research on teacher resilience.Education research review,6,185–207.

[130] Rempel, J. K., Holmes, J. G., & Zanna, M. P. (1985). Trust in close relationships. Journal of personality and social psychology, 49(1), 95– 112.

[131] Ritchie, Joy S. & Wilson, David E. (2000).Teacher Narrative as Critical Inquiry. Rewriting the Script. The Practitioner Inquiry Series. Produced with Ruth Kupfer, Carol

MacDaniels, Toni Siedel, and John Skretta. Foreword by Bonnie Sunstein.

[132]   ROLF, J. E. (1999) Resilience: an interview with Norman Garmezy, in: M. D.GLANTZ & J. L. JOHNSON (Eds) Resilience and development: Positive life adaptations, 5–14 (New York, Kluwer Academic/Plenum).

[133]   Rutter,M.(1987).Psychological resilience and protective mechanism. American Journal of Orthopsychiat, 57(3), 316–331.

[134]   Schwarzer R, Babler J,Kwiatek P, Schroder K, Jianxin Zh.(1997). The assessment of optimistic self–beliefs: Comparison of the German ,Spanish, and Chinese version of the general self–efficacy scale. Applied Psychology: AnInternational Review,46(1):69–88.

[135]   Schwarzer R, Born A, Iwawaki S, et al. (1997).The assessment of optimistic self–beliefs: Comparison of the Chinese, Indonesian, Japanese, and Korean versions of the general self–efficacy scale. Psychological, 40(1): 1–13.

[136]   Schelvis, R. M. C. , Zwetsloot, G. I. J. M. , Bos, E. H. , & Wiezer, N. M. . (2014). Exploring teacher and school resilience as a new perspective to solve persistent problems in the educational sector. Teachers & Teaching, 20(5), 622–637.

[137]   Shapiro, S. P. (1987). The social control of impersonal trust. American journal of Sociology, 93(3), 623–658.

[138]   Shapiro, S. P. (1990). Collaring the crime, not the criminal: Reconsidering the concept of white–collar crime. American sociological review, 346–365.

[139]   Sherer M,Maddux J E, Mercandante B. Prentice–Dunn, S, J a–cobs B, Rogers R W. (1982)The self–efficacy scale: Constructionand validation. Psychological Reports,51:663–671.

[140]   Shulman, L. (2005). The signature pedagogies of the professions of law, medicine, engineering, and the clergy: Potential lessons for the education of teachers. Delivered at the Math Science Partnerships Workshop, hosted by the National Research Council's Centre for Education, February 6–8, Irvine, CA. Retrieved March 1,2013.

[141]   Simmel, G. (1964). The sociology of Ccorg Shmcl (K. H. Wolff, trans.). Now York: Free Press.

[142]   Smidt W, Kammermeyer G, Roux S, et al. (2017).Career success of preschool teachers in Germany–the significance of the Big Five personality traits, locus of control, and occupational self–efficacy. Early Child Development and Care,(5): 1–14.

[143]   Sinclair(2008).Initial and chaning student teacher motivation and commitment to

teaching.Asia-pacific Journal of teaching education,36(2),79-104.

[144] Smokowski, P. R., Reynolds, A. J., & Bezruczko, N. (1999). Resilience and protective factors in adolescence: An autobiographical perspective from disadvantaged youth. Journal of school psychology, 37(4), 425-448.

[145] Snyder, C. R., & McCullough, M. E. (2000). A positive psychology field of dreams: "If you build it, they will come…" . Journal of social and clinical psychology, 19(1), 151-160.

[146] Stajkovic, A. D., & Luthans, F. (1998). Self-efficacy and work-related performance: A meta-analysis. Psychological bulletin, 124(2), 240-261.

[147] STREM/vIEL, A. J. (1991).Predictors of intention to leave child care work. Early Childhood Research Quarterly, 6(2), 285-298.

[148] STREMMEL, A. J., BENSON, M. J., & POWELL, D. R. (1993). Communication,satisfaction, and emotional exhaustion among child care centre staff: directors,teachers, and assistant teachers. Early Childhood Research Quarterly, 8(2), 221-233.

[149] Sumsion, J. (2004). Early childhood teachers' constructions of their resilience and thriving: A continuing investigation. International Journal of Early Years Education, 12(3), 275-290.

[150] Sun, J., & Leithwood, K. (2015). Leadership effects on student learning mediated by teacher emotions. Societies, 5(3), 566-582.

[151] Tait, M. (2008). Resilience as a contributor to novice teacher success, commitment, and retention. Teacher Education Quarterly, 35(4), 57-75.

[152] Ten Dam, Geert TM., Bolm, Sarah.(2006) Learning through participation. The potential of schookbased teacher' education for developing a professional identity. Teaching and Teacher Education,22(6): 647-660.

[153] Tichy, N. M., & Devanna, M. A (1986). The Transformational Leader. New York :John Wiley.

[154] Tschannen-Moran, M., & Hoy, W. K. (2000). A multidisciplinary analysis of the nature, meaning, and measurement of trust. Review of educational research, 70(4), 547-593.

[155] Tschannen-Moran, M., & Hoy, A. W. (2001). Teacher efficacy: Capturing an elusive construct. Teaching and teacher education, 17(7), 783-805.

[156] Tugade, M., & Fredrickson, B. (2004). Resilient individuals use positive emotions to

bounce back from negative emotional.

[157] Tzeng, H. M. (2004). Nurses' self-assessment of their nursing competencies, job demands and job performance in the Taiwan hospital system. International journal of nursing studies, 41(5), 487–496.

[158] Veldman, I., Van Tartwijk, J., Brekelmans, M., & Wubbels, T. (2013). Job satisfaction and teacher - student relationships across the teaching career: Four case studies. Teaching and Teacher Education, 32, 55–65.

[159] Veronica, Orozco, M.A.(2007).Ethnic identity perceived social support,coping strategies,university environment,cultural congruity,and resilience of Latina college students. The Ohio State University,28.

[160] Waller Margaret.(2001).Resilience in Ecosystemic Context:Evolution of the Concept. American Journal of Orthopsychiatry,71(3):290–298.

[161] Werner, E. E. (1993). Risk and resilience in individuals with learning disabilities: Lessons learned from the Kauai longitudinal study. Learning Disabilities Research & Practice, 8(1), 28–34.

[162] Whitebook, M. (1993). National Child Care Staffing Study Revisited: Four Years in the Life of Center-Based Child Care.

[163] Wigfield, A. (1994). Expectancy-value theory of achievement motivation: A developmental perspective. Educational psychology review, 6(1), 49–78.

[164] Wolff, S., & Wolff, S. (1995). The concept of resilience. Australian and New Zealand Journal of Psychiatry, 29(4), 565–574.

[165] Woolfolk,Channnie-Moran(2005).Changes in teacher efficacy during the early years of teahing:A comparison of four measure.Teaching and teacher education,21(2), 343–356.

[166] Woodd, M.(2000).The move towards a different career pattern: Are women better prepared than men fbr a modem career Career Development International:5(2),95–105.

[167] Wortman, M. S., (1986). Strategic Management and Changing Leader- Follower Rales, Jounal of Applied Behavioral Science, 18, 371–383.

[168] Xiong, K., Lin, W., Li, J. C., & Wang, L. (2016). Employee trust in supervisors and affective commitment: The moderating role of authentic leadership. Psychological reports, 118(3), 829–848.

[169] Zucker, L. G. (1986). The production of trust: Institutional sources of economic structure, 1840- 1920. In B. M. Staw & L. L. Cummings (Eds.), Research in

organizational behavior, vol8: 55–111. Greenwich, CT: JAI Press.

[170] 艾娟, & 杨桐. (2016). 幼儿教师职业认同、职业弹性对离职倾向的影响. 教师教育学报.

[171] 曹雪梅. (2010). 幼儿教师教学效能感研究. (硕士学位论文, 华东师范大学).

[172] 曹亚萍. (2008). 上海市幼儿教师职业压力与社会支持研究. (Doctoral dissertation, 华东师范大学).

[173] 陈芳倩. (2005). 员工工作热情之研究—以金融业为例. 台湾国立中山大学人力资源管理研究所硕士学位论文:134–135.

[174] 陈水平 & 应孔建. (2016). 幼儿教师职业韧性与职业承诺的关系研究. 中国成人教育 (20),70–73.

[175] 陈思颖, & 王恒. (2016). 高校青年教师心理韧性结构及影响因素研究——基于 H 大学的调查分析 [J]. 教师教育论坛,29(11):55–62.

[176] 陈文晶, 时勘. (2007). 变革型领导和交易型领导的回顾与展望. 管理评论,19(9): 22–28

[177] 陈玉华. (2014). 教师复原力研究的现状. 全球教育展望, 43(010), 71–82.

[178] 陈则飞. (2018). 幼儿教师心理弹性的结构、特点及作用 (博士学位论文, 福建师范大学).

[179] 陈贞妤. (2007). 派遣员工生涯阻碍与生涯复原力对其工作满意度影响之研究. 国立高雄应用科技大学,(06):54

[180] 陳宜娜 (2010). 幼教師職場復原力與職業倦怠之相關研究. 樹德科技大學兒童與家庭服務研究所,高雄市.

[181] 程秀兰 & 高游. (2019). 幼儿园教师社会支持与工作投入的关系:心理资本的中介作用. 学前教育研究 (12),41–51.

[182] 程正方. (2010). 现代管理心理学 (第 4 版)(新世纪高等学校教材心理学系列教材). 北京师范出版社.

[183] 崔树芸. (2007) 中高龄退休后生涯复原力. 咨商与辅导,(258):19–23.

[184] 樊丽红 & 司琳. (2018). 新入职幼儿教师职业认同度提升研究. 河南教育 (高教), (11):28–32.

[185] 付国庆. (2013). 幼儿园转岗教师职业认同研究 (硕士学位论文, 四川师范大学).

[186] 高萍 & 张宁. (2009). 中小学教师职业压力、社会支持与教学效能感的关系研究. 中国健康心理学杂志,17(6):680–681.

[187] 高永伟. (2009). 新英汉词典. 上海译文出版社.

[188] 国家中长期教育改革和发展规划纲要（2010-2020 年）

[189] 汉语大字典（七）.(1990). 湖北辞书出版社.

[190] 郝露 .(2017). 天津市幼儿园青年教师职业认同现状的调查研究 (硕士学位论文，天津师范大学).

[191] 何灿 & 程琼 .(2016). 幼儿教师心理弹性的影响因素及提升策略 . 中国校外教育，(33):42-43

[192] 胡芳芳，& 桑青松 . (2013). 幼儿教师职业认同、社会支持与工作满意度的关系 . 心理与行为研究 (05), 92-96.

[193] 胡永新 .(2008). 教师人力资源管理 . 浙江大学出版社 (07):09

[194] 黄淑嫆 .(2004). 幼儿园教师工作压力及其因应策略之研究 . 台湾，国立台南师范学院 ,05

[195] 贾普君 .(2011). 幼儿教师心理弹性与社会支持、自我效能感的现状及其关系 . (Doctoral dissertation, 河南大学).

[196] 江志正 .(2008). 学校领导者韧性的思考与实践 . 教育研究与发展期刊 :173-196

[197] 科林斯英语词典 . 商务印书馆 .2008:1356.

[198] Raymond Henry Williams.(2005) 关键词 : 文化与社会的词汇 . 刘建基译 . 北京 : 生活 · 读书 · 新知三联书店 , 37-3.

[199] 李丹 .(2018). 幼儿教师社会支持对其职业韧性的影响 : 教学效能感的中介作用 (硕士学位论文，河南大学).

[200] 李焕荣 & 洪美霞 .(2012). 员工主动性人格与职业生涯成功的关系研究——对职业弹性中介作用的检验 . 中国人力资源开发 (04),9-12+21.

[201] 李莉娜 . (2011). 幼儿教师职业认同研究 . (博士学位论文，广州大学).

[202] 李敏 . (2011). 南京市 G 区幼儿教师工作压力与工作满意度的调查研究 . (硕士学位论文，南京师范大学).

[203] 李琼，& 吴丹丹 . (2013). 如何保持教师持续专业发展的热情与动力 : 国外教师心理韧性研究 . 比较教育研究，035(012), 023-039.

[204] 李琼，裴丽 & 吴丹丹 .(2014). 教师心理韧性的结构与影响因素研究 . 教育学报 (02),70-76.

[205] 李霞，谢晋宇 & 张伶 .(2011). 职业韧性研究述评 . 心理科学进展 . 19(7),1027-1036.

[206] 李霞，张伶 & 谢晋宇 .(2011). 职业弹性对工作绩效和职业满意度影响的实证研究 . 心理科学 (03),680-685.

[207]　李霞 .(2010) 管理者的职业弹性研究—以积极心理学为视角 . 佛山：暨南大学出版社。

[208]　李霞 . (2001). 中小学教师职业承诺问卷的研制 . (博士学位论文 , 华中师范大学).

[209]　李秀娟 , 魏峰 .(2007). 组织公正和交易型领导对组织承诺的影响方式研究 . 南开管理评论 (05),82–88.

[210]　李永占 . (2016). 工作家庭冲突视角下幼儿教师情感耗竭的心理机制 : 情绪智力的作用 . 心理与行为研究 (4), 492–500.(4):492–500

[211]　李宗波 .(2010). 企业员工职业生涯韧性的实证研究 (硕士学位论文 , 河南大学)

[212]　连榕 . (2004). 新手 – 熟手 – 专家型教师心理特征的比较 . 心理学报 ,36(1),44–52

[213]　梁进龙 , 崔新玲 & 孙钰华 .(2017). 国内幼儿教师职业认同研究述评 . 陕西学前师范学院学报 (05),76–83.

[214]　梁奇 , & 彭海蕾 . (2008). 幼儿园混龄班教师自我效能感的调查与分析 . 中北大学学报 (社会科学版)(05), 88–93.

[215]　林伟文 . 中小学教师复原力与创意教学之研究 (Ⅱ). 台北教育大学国民教育学系 .

[216]　凌文辁 , 张治灿 , & 方俐洛 . (2000). 中国职工组织承诺的结构模型研究 . 管理科学学报 ,3(2),76–81

[217]　刘福芳 . (2011) 专业发展视野下幼儿教师教学效能感研究 . (硕士学位论文 , 南京师范大学).

[218]　刘霖芳 , & 柳海民 . (2015). 教育变革背景下幼儿园园长领导力的现状及提升策略 . 现代教育管理 (2), 81–86.

[219]　刘艳珍 , & 马鹰 . (2010). 幼儿园组织与管理 . 北京师范大学出版社 .167

[220]　龙建 , 龙立荣 , & 王南南 . (2002). 431 名护士职业承诺状况的调查分析 . 中华医院管理杂志 , 018(007), 407–408.

[221]　龙立荣 , 方俐洛 , 凌文铨 , & 李晔 . (2000). 职业承诺的理论与测量 . 心理科学进展 , 18(4), 40–46.

[222]　吕欢欢 .(2019). 幼儿教师职业认同与工作投入的关系研究 (硕士学位论文 , 陕西师范大学).

[223]　罗应琼 .(2015). 公办幼儿园非在编教师职业认同的现状及管理对策研究 (硕士学位论文 , 四川师范大学).

[224]　罗正为 (2014). 海口市幼儿教师心理韧性实证研究 . (博士学位论文 , 海南师范

大学).

[225]　毛菊 , 吴凯欣 .(2018). 论克里斯托弗·戴教师复原力思想及启示 . 当代教育与文化 (06),88–93.

[226]　毛智辉 , 眭依凡 .(2018). 高校教师韧性发展的影响因素研究——基于扎根理论的探索性分析 . 江苏高教 ,(08):74–79.

[227]　苗元江 , 吴叔 & 梁小玲 .(2012). 工作热情研究概述 . 企业活力 (01),92–96.

[228]　倪志明 , & 吕斌 .(2012). 论乡村幼儿教师的教育效能感及其培养策略 . 科教文汇 (中旬刊)(04), 73–74.

[229]　彭飞霞 .(2011). 幼儿教师人际信任与知识分享的关系研究 (硕士学位论文 , 西南大学).

[230]　秦奕 .(2008). 幼儿园教师职业认同结构要素与关键主题研究 (博士学位论文 , 南京师范大学)

[231]　任文静 .(2013) 山东省单县农村幼儿教师教学效能感研究 .(硕士学位论文 , 辽宁师范大学).

[232]　三岛知刚 . (2007). 教育实习生实习前后教学形象的改变一以韧性为视角 . 广岛大学大学院教育学研究科纪要 .(1):77–83,

[233]　石雷山 & 高峰强 .(2019). 领导行为对集体效能的影响 : 基于初中班级组织的研究 . 应用心理学 (03),253–261.

[234]　石林 . (2003). 工作压力的研究现状与方向 . 心理科学 , 26(3), 494–497.

[235]　史正果 .(2015). 农村幼儿教师心理复原力研究 (硕士学位论文 , 河北师范大学).

[236]　唐京 , 程正方 , & 应小平 .(1999). 校长领导行为与校长类型 . 心理学探新 (03),43–46+58.

[237]　田国秀 . (1994). 试论判断教师社会地位的标准 . 思想理论教育导刊 (12), 36–39.

[238]　王爱军 . 幼儿教师工作压力现状与应对研究 . 上海 : 华东师范大学 .

[239]　王才康 , 胡中锋 , 刘勇 .(2001). 一般自我效能感量表的信度和效度研究 . 应用心理学 , (1): 37–40.

[240]　王钢 .(2013). 幼儿职业幸福感的特点及其与职业承诺的关系 . 心理发展与教育 (06).

[241]　王隽 , & 余珊珊 .(2004). 农村幼儿园教师教育理念及自我效能感调查 . 幼儿教育 (Z1), 41–42.

[242]　王霞霞 , & 张进辅 .(2007). 国内外职业承诺研究述评 . 心理科学进展 (03), 488–497.

[243] 王祥，罗凯.(2016).西南欠发达地区幼儿教师复原力实证研究.教师教育学报，4，3(2)：27-32.

[244] 王晓莉，& 张世娇.(2018).新手教师韧性发展的个案研究：社会生态系统理论的视角.教育发展研究(06),74-79.

[245] 王延伟.(2006).幼儿教师职业压力及其影响因素研究(硕士学位论文).西南大学.

[246] 魏淑华.(2008)教师职业认同研究.(博士学位论文，西南大学).

[247] 文灵玲.(2015).中国大学英语教师专业身份研究(博士学位论文，华中科技大学).

[248] 吴静吉 & 林合懋.(1998).转型领导量表与交易领导量表的建立.中国测验学会测验年刊.45(2):57-88

[249] 吴国来，王国启.(2002).自我效能感与教学效能感综述.保定师范专科学校学报,15(3):76.

[250] 吴叔.(2012).湖南省公办中小学教师工作热情调查研究.(博士学位论文，南昌大学).

[251] 吴振东.(2010).幼儿教师学习效能感现状及其培养策略研究.福建论坛：社科教育版.

[252] 肖水源.(1994).《社会支持评定量表》的理论基础和研究应用[J].临床精神医学精神杂志,4(2),98-100.

[253] 辛朋涛.(2007).教师工作动机研究.西北师范大学博士学位论文：158.

[254] 辛涛，邱炳武，& 申继亮.(1994).中小学教师工作积极性及影响因素的研究.教育科学研究(03),17-21.

[255] 徐富明,& 申继亮.(2003).教师的职业压力应对策略与教学效能感的关系研究.心理科学(04),745-746.

[256] 徐长江，张施，孙健，& 田学红.(2013).幼儿园教师角色压力与职业倦怠的关系：韧性的调节作用.幼儿教育,9:26-29

[257] 许科，于晓宇，王明辉 & 林云云.(2013).工作激情对进谏行为的影响：员工活力的中介与组织信任的调节.工业工程与管理(05),96-104.

[258] 薛海珊.(2010).新时期的教师韧性的启示.黑龙江教育学院学报.29(1)：90.

[259] 杨华团，罗卫东.(1996).寻找着力点 调动积极性——关于影响教师积极性因素的调查分析.甘肃教育(Z2),18-20.

[260] 杨乐英，袁慧.(2015).农村中小学教师自我效能感现状及提升策略.当代教育科学,22:59-61.

[261] 杨凯 & 马剑虹 .(2010).变革型和交易型领导力研究的归纳与评价.人类工效学 (01),57–60.

[262] 姚 兰 & 阳德华 . (2019).幼儿园组织氛围对青年教师心理韧性的影响研究.幼儿 教育 ,(11):18–22.

[263] 姚佳敏 .(2018).新疆幼儿教师职业认同的研究 (硕士学位论文 , 四川师范大学).

[264] 姚艳虹 & 荆延杰 .(2008).中国文化背景下企业交易型领导的结构研究.湖南大 学学报 (社会科学版)(04),64–68.

[265] 叶欣抬 .(2005).回任人员的生涯复原力、组织承诺以及工作满意度指关系研究.大 同大学 .

[266] 易凌云 .（2014）.幼儿园园长专业标准的构建原则与基本内容.学前教育研究, (5):30–36.

[267] 游茹琴 .(2008).热情因子对员工工作热情及工作绩效之影响研究.台湾国立彰化 师范大学人力资源管理研究所硕士学位论文 : 124–126.

[268] 张华军 & 朱旭东 .(2012).论教师专业精神的内涵.教师教育研究 (03),1–10.

[269] 张军鹰 & 蔡会明 .(2005).浅析家族企业信任问题的成因和对策.商业研究 (11),128–130.

[270] 张丽华 .(2002).改造型领导与组织变革过程互动模型的实证与案例研究 (博士学 位论文 , 大连理工大学).

[271] 张荣霞 . (2008).幼儿教师工作压力源与自我效能感的关系研究 . (硕士学位论文 , 山西大学).

[272] 张燕 .(2018).大理市高中教师工作热情现状及其影响因素分析 (硕士学位论文 , 云南师范大学).

[273] 赵海云 . (2013).幼儿教师工作压力、应对策略与职业倦怠的关系研究 (硕士学位 论文).哈尔滨工程大学 .

[274] 郑伯埙 .(2004).热情 . 商业周刊 ,882,106–114 88.

[275] 郑荣双 , & 李梓琦 , (2011).幼儿教师教学效能感的调查与研究.青岛大学师范学 院学报 , 28(2), 57–64.

[276] 朱森楠 .(2003).青少年复原力的概念 . [DB/OL].http://www.bsjh.hcc.edu.tw/guid3. htm 2003–2–27.

[277] 朱晓颖 .(2017).幼儿教师身份认同与职业倦怠关系研究.南昌师范学院学报 (06),138–140.

[278] 庄可 , & 张红 . (2015).新时期幼儿教师自我效能感的强化策略.安庆师范大学学

报 (社会科学版)(3), 162–165.

[279]   卓子欣 & 蔡文伯 .(2021). 幼儿园园长领导风格对幼儿教师组织承诺和创造力影响的实证研究 . 陕西学前师范学院学报 (03),85–95.

[280]   강병재 , 백영숙 .(2013). 어린이집 교사의 심리적 소진과 교사 – 영유아 상호작용과의 관계에서 교수 창의성과 교수 효능감의 매개효과 . 어린 이미디어연구 , 12(1), 145–168.

[281]   강정희 , 안진경 .(2015). 유아교사의 회복탄력성 및 교수효능감이 조직몰입도에 미치는 영향 . 한국보육학회지 , 15(4), 269–279.

[282]   권수현 (2010). 유치원 교사의 회복탄력성 분석 . 이화여자대학교 대학원 석사학위논문 .

[283]   권수현 , 이승연 (2011). 유치원 교사가 인식하는 역할갈등 및 역할갈등이 역할수행에 미치는 영향 분석 : 회복탄력성 상·하 집단을 중심으로 . 유아교육연구 , 31(2), 311–331.

[284]   권수현 (2015). 유아교사의 회복탄력성에 대한 고찰 : 개념 및 구성요인 , 향상방안을 중심으로 . 육아지원연구 , 10(2). 31–53.

[285]   김규수 , 고경미 , 김경숙 (2014). 유아교사의 근무환경 및 직무만족도 관련변인이 삶의 질에 미치는 영향에 관한 구조모형 분석 . 열린 유아교육연구 , 19(1), 251–268.

[286]   김민영 (2016). 유아교사 개인변인에 따른 심리적소진과 회복탄력성에 관한 연구 . 우석대학교 대학원 유아특수교육학과 석사학위논문 .

[287]   김윤경 .(2011). 유아교사의 정서노동과 자아탄력성과의 관계 . 중앙대학교 대학원석사학위논문 .

[288]   김인숙 .(2009). 교사의 팔로우십 유형에 따른 원장 – 교사 교환관계·자아탄력성·조직문화가 직무만족도에 미치는 영향 . 대구대학교 대학원 박사 학위논문 .

[289]   김창걸 .(1999). 학교장의 변혁적 지도성과 귀인과의 관계 연구 . 교육행정학연구 ,17(12).131–161.

[290]   노종희 .(1996). 교육행정가의 변혁적 리더십의 진단 및 육성방안 연구 . 교육행정학 연구 ,14(4)265–284.

[291]   金田利子 (2008). 영유아 교육기관의 인정제 – 한국 , 일본 , 미국 , 영국 , 호주 . 이화여대 유아교육과 BK21, 삼성복지재단 .

[292]   박비둘 , 김경란 , 오재연 .(2018). 유아교사의 회복탄력성에 영향을 미치는 관

련변인 탐색 . 어린이미디어연구 , 17(1), 1–31.

[293] 박은혜 , 전샛별 (2010). 유치원 교사의 회복탄력성에 영향을 미치는 위험요인과 보호요인 탐색 . 한국교원교육연구 , 27(1), 253–275.

[294] 송미선 , 김동춘 (2008). 유치원 교사의 직무스트레스와 조직효과성과의 관계 . 교육과학연구 , 39(2), 95–111.

[295] 심순애 (2007). 보육교사의 자아탄력성 및 사회적 지지와 심리적 소진의 관계 . 숙명여자대학교대학원 석사학위논문 .

[296] 이소영 (2014). 유아교사의 회복탄력성 조사 연구 . 동국대학교 교육대학원 석사학위논문 .

[297] 이순자 , 김진화 .(2017). 보육교사의 회복탄력성이 교수효능감에 미치는 영향 . 미래유아교육학회지 , 24(2), 49–73.

[298] 이재영 (2012). 유아교육기관 교사의 회복탄력성 , 지각된 사회적 지지와 조직몰입 간의 관계 . 대구 가톨릭대학교 대학원 박사학위논문 .

[299] 이정현 .(2013). 특수학교 교사의 심리적 소진 및 직무만족도와 회복탄력성의 관계 연구 . 일반대학원 박사학위논문 , 단국대학교 .

[300] 이진화 , 유준호 , 김은희 (2010). 유치원 교사의 어려움과 회복력 (resilience) 에 대한 탐색 . 유아교육 · 보육행정연구 , 14(2), 139–164.

[301] 최은영 , 공마리아 , 이영숙 , 전종국 .(2015). 장애전문 어린이집 보육교사의 정서노동이 교사 – 유아 상호작용에 미치는 영향에 있어 회복탄력성의 매개효과 . 특수교육재활과학연구 , 54(1), 473–490.

[302] 허수윤 , 서현아 (2014). 예비유아교사의 교직관 수준에 따른 심리적 안녕감과 자아탄력성의 차이 . 유아교육연구 , 34(4), 413–430.

[303] 황해익 , 강현미 , 탁정화 (2014). 유아교사의 정서지능과 낙관성의 관계에서 회복탄력성의 매개효과 . 유아교육연구 , 34(2), 323–346.

[304] 황해익 , 탁정화 , 강현미 (2014). 보육교사의 회복탄력성 인식수준에 따른 소진과 자아존중감의 관 계 . 열린유아교육연구 , 19(4), 31–52.

[305] 황해익 , 탁정화 , 홍성희 (2013). 유치원 교사의 회복탄력성 , 교사효능감 및 직무만족도가 행복감에 미치는 영향 . 유아교육학논집 , 17(3), 411–432.

附录　调查问卷

尊敬的老师：您好！十分感谢您参与本问卷的填答。此份问卷为学术性问卷，其目的是了解幼儿园教师的职业韧性程度。本问卷采取匿名方式填答，仅用于学术研究，您的填答对本研究的完成十分重要。请您按照您的真实情况作答。由衷地感谢您的帮助和支持，敬祝幸福安康！

第一部分：基本情况

请您点击符合您情况的选项。

您的教龄？　[单选题] *

○0～3年

○4～7年

○8～15年

○16～23年

○24～30年

○31年以上

您的学历？[单选题] *

○专科及以下

○本科

○研究生及以上

您的专业背景？[单选题] *

○学前教育

○非学前的教育类

○非教育类

您目前的职称？[单选题] *

○正高级教师　　○高级教师　　○一级教师　　○二级教师　　○未评级

您承担的工作？[单选题] *

○管理人员　　○主班教师　　○配班教师　　○其他

您的工作时间？[单选题] *

○7小时以下　○7～8小时　○8～9小时　○9～10小时　○10小时以上

您每月加班的次数？[单选题] *

○无加班　　○5次以下　　○5～10次　　○10次以上

您的婚姻状况？[单选题] *

○已婚　　○未婚（请跳至第11题）　　○离异

您有几个孩子？[单选题] *

○暂时没有　　○一个　　○两个　　○三个

您的原生家庭（父母）是否离异？[单选题] *

○是　　　○否　　　○其他

您所在园所性质？[单选题] *

○公办园　　　○民办园

您所在园所级别？[单选题] *

○一级　　○二级　　○三级　　○准办　　○其他

您所带班级为？[单选题] *

○托班　　○小班　　○中班　　○大班　　○学前班　　○未带班

您所带班级的人数？[单选题] *

○10个以下　　○10～20个　　○21～30个　　○30～40个　　○40个以上
○未带班

单位用工性质？[单选题] *

○有编制　　　○无编制

幼儿园所在地？[单选题] *

○市区范围内　　○县城范围内　　○乡镇所在地　　○乡村幼儿园

幼儿园行政关系是？[单选题] *

○市级教育局直属　　○县级教育局直属　　○乡镇中心幼儿园

所在具体园所名称？[填空题] *

问卷一：幼儿教师职业韧性问卷

请您在每一题中选出一个最符合您自身情况的答案。谢谢您的填答！（1="非常不符合"，2="比较不符合"，3="不确定"，4="比较符合"，5="非常符合"）

	非常不符合	比较不符合	不确定	比较符合	非常符合
1. 对于某些爱哭、不愿意与别人交往、不主动举手发言的幼儿，我会花心思去改善他们存在的这种情况。	○	○	○	○	○
2. 当面临工作中的挫败时（如公开课的失败，出现较大的安全事故）低落的心情会持续很长时间。	○	○	○	○	○
3. 我和搭班老师配合默契，有事时能互相担待，互相扶持，共同把班带好。	○	○	○	○	○
4. 家长信任教师，能放心把孩子交给幼儿园。	○	○	○	○	○
5. 当工作比较多时，我能按照事情的重要和先后程度，安排工作行程，尽力兼顾每一项工作。	○	○	○	○	○
6. 面对同事对我的否定性评价，我总是记在心里，耿耿于怀。	○	○	○	○	○
7. 当领导安排的任务超过我的已有能力，我会特别着急且负面情绪特别大。	○	○	○	○	○
8. 幼儿家长支持教师的工作，努力配合我做好幼儿的教育、管理工作。	○	○	○	○	○
9. 幼儿园活动任务重，遇到自己难完成的事情，会让我一直担忧。	○	○	○	○	○
10. 我会根据幼儿的年龄特点安排适宜的，符合幼儿兴趣的教学内容和游戏。	○	○	○	○	○
11. 我们班上的孩子能感受到老师给他们的爱，并且反馈回来。	○	○	○	○	○
12. 教师布置的家庭小作业，家长都能尽心尽力和幼儿一起完成。	○	○	○	○	○

	非常 不符合	比较 不符合	不 确定	比较 符合	非常 符合
13. 在面对教学实践中的困难时，我会阅读一些学前教育类的杂志和书籍寻求解决的办法。	○	○	○	○	○
14. 幼儿园鼓励老教师带新教师，园所环境积极、和谐有助于教师成长。	○	○	○	○	○
15. 当面对不太喜欢的工作任务时，我会有一种努力摆脱的念头从脑中闪过，这种感觉不会在短时间内消失。	○	○	○	○	○
16. 在面对困难和挫折时，园里的领导会体谅我并帮助我实现更好地成长。	○	○	○	○	○
17. 我对自己的能力有充分的信心。	○	○	○	○	○
18. 我们班上的幼儿都很喜欢我。	○	○	○	○	○
19. 感觉被欺负时，除了默默忍受以外不知道该怎么办。	○	○	○	○	○
20. 面对工作和生活中遇到的困难我常常会主动去解决。	○	○	○	○	○
21. 孩子们的可爱或者懂事的举动，会让我感觉欣慰和幸福。	○	○	○	○	○
22. 在遇到意外事件时，家长能体谅教师的工作，而不是一味斥责教师没有看住孩子。	○	○	○	○	○
23. 我会主动去听别的有经验的老师的课，以提升自己。	○	○	○	○	○
24. 当幼儿出现安全事故时，我会先了解情况、及时处理伤口，并能做好家长工作。	○	○	○	○	○
25. 班级事物能有效地分工合作，各司其职。	○	○	○	○	○
26. 在下班后，我有足够的时间和精力"充电"应对越来越高的职业素养要求（如学历）。	○	○	○	○	○
27. 幼儿家长能感知到我的付出，并表达感激之意。	○	○	○	○	○
28. 我能轻易融入新的集体中。	○	○	○	○	○
29. 幼儿园至少每半个月会举行一次集体教研，它是非形式化的，有助于教师成长。	○	○	○	○	○
30. 我的个人问题，我知道怎么解决。	○	○	○	○	○

问卷二：一般自我效能感量表

请您在每一题中选出一个最符合您自身情况的答案。谢谢您的填答！（1=很不符合，2=不太符合，3=部分符合，4=完全符合）

	很不符合	不太符合	部分符合	完全符合
1. 如果我尽力去做的话，我总是能够解决问题的。	○	○	○	○
2. 即使别人反对我，我仍有办法取得我所要的。	○	○	○	○
3. 对我来说，坚持理想和达成目标是轻而易举的。	○	○	○	○
4. 我自信能够应付任何突如其来的事情。	○	○	○	○
5. 以我的才智，我定能应付意料之外的情况。	○	○	○	○
6. 如果我付出必要的努力，我一定能解决大多数的难题。	○	○	○	○
7. 我能冷静地面对困难，因为我信赖自己处理问题的能力。	○	○	○	○
8. 面对一个难题时，我通常能找到几个解决方法。	○	○	○	○
9. 有麻烦的时候，我通常能想到一些应付的方法。	○	○	○	○
10. 无论什么事在我身上发生，我都能够应付自如。	○	○	○	○

问卷三：幼儿教师职业认同问卷

请您在每一题中选出一个最符合您自身情况的答案。谢谢您的填答！
（1="完全不符合"，2="有点不符合"，3="不确定"，4="比较符合"，5="非常符合"）

	完全不符合	有点不符合	不确定	比较符合	非常符合
1. 我为自己是一名幼师而自豪。	○	○	○	○	○
2. 从事幼师职业能够实现我的人生价值。	○	○	○	○	○
3. 在做自我介绍的时候，我乐意提到我是一名幼师。	○	○	○	○	○
4. 我适合做教师工作。	○	○	○	○	○
5. 作为一名幼师，我时常觉得受人尊重。	○	○	○	○	○
6. 当看到或听到颂扬幼师职业的话语时，我会有一种欣慰感。	○	○	○	○	○
7. 我能够按时完成工作任务。	○	○	○	○	○
8. 我能够认真完成教学工作。	○	○	○	○	○
9. 我能认真对待职责范围内的工作。	○	○	○	○	○
10. 为了维护学校的正常教学秩序，我会遵守那些非正式的制度。	○	○	○	○	○
11. 我积极主动地创造和谐的同事关系。	○	○	○	○	○
12. 我认为幼师职业对促进人类个体发展十分重要。	○	○	○	○	○
13. 我认为幼师的工作对促进学生的成长与发展很重要。	○	○	○	○	○
14. 我认为幼师的工作对人类社会发展有重要作用。	○	○	○	○	○
15. 我认为幼师职业是社会分工中最重要的职业之一。	○	○	○	○	○

	完全不符合	有点不符合	不确定	比较符合	非常符合
16. 我关心别人如何看待幼师职业。	○	○	○	○	○
17. 当有人无端指责幼师群体时，我感到自己受到了侮辱。	○	○	○	○	○
18. 我在乎别人如何看待幼师群体。	○	○	○	○	○

问卷四：幼儿教师工作热情问卷

请您在每一题中选出一个最符合您自身情况的答案。谢谢您的填答！（1="完全不符合"，2="有点不符合"，3="中立"，4="比较符合"，5="非常符合"）

	完全不符合	有点不符合	中立	比较符合	非常符合
1. 我在工作上表现得较积极，愿意多做一些分外之事。	○	○	○	○	○
2. 工作是一种自我成就，我愿意为工作牺牲休息时间。	○	○	○	○	○
3. 在做与我工作有关的事时，我会觉得很开心。	○	○	○	○	○
4. 我能承受工作的压力，愿意接受不同工作的挑战。	○	○	○	○	○
5. 我下班后还挂念着工作上的事情。	○	○	○	○	○
6. 我觉得目前的工作有些无趣，没有成就感。	○	○	○	○	○
7. 我会为自己设定目标，并朝目标迈进。	○	○	○	○	○
8. 我愿意和他人沟通，喜欢和他人互动。	○	○	○	○	○
9. 我对目前的工作有憧憬。	○	○	○	○	○
10. 我有内在驱动力，并提醒自己尽最大努力克服困难。	○	○	○	○	○
11. 我做事思考周密，希望能超越别人的期待。	○	○	○	○	○
12. 虽然有压力，我仍会去做一些我认为有意义的事。	○	○	○	○	○
13. 我会找出很好的或最能执行的方法来完成工作。	○	○	○	○	○
14. 我思考角度广泛，会从大方向看工作或学校的发展。	○	○	○	○	○
15. 我会为自己找到一个适合发挥的工作及角色。	○	○	○	○	○

	完全不 符合	有点 不符合	中立	比较 符合	非常 符合
16. 每天早上起来后，我很想去工作。	○	○	○	○	○
17. 工作时，我觉得自己充满活力。	○	○	○	○	○
18. 我的工作能够鼓舞我。	○	○	○	○	○
19. 我对我的工作充满热爱。	○	○	○	○	○
20. 我以我的工作为荣。	○	○	○	○	○
21. 当我在工作时，时间总是过得很快。	○	○	○	○	○
22. 当我在工作时，我总是觉得很兴奋。	○	○	○	○	○
23. 当我认真工作时，我觉得自己很快乐。	○	○	○	○	○

问卷五：园长领导行为问卷

请您在每一题中选出一个最符合您所在园园长的情况。谢谢您的填答！[1.完全不符合]至[5.完全符合]。

	完全不符合	不符合	一般符合	符合	完全符合
1. 园长尊重教师的意见。	○	○	○	○	○
2. 园长接受教师个人的要求。	○	○	○	○	○
3. 园长欣赏教师的人格。	○	○	○	○	○
4. 园长了解教师的苦衷。	○	○	○	○	○
5. 园长信任教师。	○	○	○	○	○
6. 园长为教师之间的信息交换及新信息共有等提供专业性的分享机会。	○	○	○	○	○
7. 园长在与婴幼儿或家长的关系上，强调教师在说话或行动之前要深思熟虑。	○	○	○	○	○
8. 园长通过提供促进自我开发的进修课或培训机会来引导教师自我能力开发。	○	○	○	○	○
9. 园长鼓励教师对教学活动进行自我评价和反思考。	○	○	○	○	○
10. 园长强调教师在幼儿教育现场要带着问题意识灵活变化。	○	○	○	○	○
11. 园长能深入到幼儿园管理的各个领域。	○	○	○	○	○
12. 园长尽最大努力履行自己的职责。	○	○	○	○	○
13. 园长给教师树立榜样。	○	○	○	○	○
14. 园长带头处理幼儿园的难事。	○	○	○	○	○
15. 园长会从多种角度寻求解决问题的方法。	○	○	○	○	○
16. 园长对教师按部就班履行职责也满意。	○	○	○	○	○
17. 比起长远的计划，园长更重视目前问题。	○	○	○	○	○

续表

	完全不符合	不符合	一般符合	符合	完全符合
18. 只要工作进展顺利,园长什么也不想改变。	○	○	○	○	○
19. 园长只向教师说明在履行职务时必须知道的事项。	○	○	○	○	○
20. 当教师出色地履行职责时,园长及时给予补偿。	○	○	○	○	○
21. 园长让教师确信,作为努力的代价,可以得到想要的东西。	○	○	○	○	○
22. 园长根据教师对幼儿园的奉献程度提供相应的补偿。	○	○	○	○	○
23. 园长让教师对能胜任工作就能升职充满期待。	○	○	○	○	○
24. 当教师完成了幼儿园规定的计划目标时,园长提供明确的补偿。	○	○	○	○	○
25. 教师要求进行有关补偿性谈判时,园长会接受。	○	○	○	○	○

问卷六：工作人际信任量表

请您在每一题中选出一个最符合您自身情况的答案。谢谢您的填答！（1=非常不同意，2=中等不同意，3=稍微不同意，4=中立，5=稍微同意，6=中等同意，7=非常同意）

	非常不同意	中等不同意	稍微不同意	中立	稍微同意	中等同意	非常同意
1. 你能够与同事自由地分享想法、感受和希望。	○	○	○	○	○	○	○
2. 你能够与同事自由地谈论你在工作中遇到的困难，并且知道他们愿意倾听。	○	○	○	○	○	○	○
3. 如果你告诉同事你的问题，你知道他们会给你提供建议并向你表示关心。	○	○	○	○	○	○	○
4. 同事倾向于在工作关系中投入大量的感情。	○	○	○	○	○	○	○
5. 同事是认真对待团队工作的人。	○	○	○	○	○	○	○
6. 同事愿意为团队工作做出重要的贡献。	○	○	○	○	○	○	○
7. 你可以信赖同事去做团队中主要部分的工作。	○	○	○	○	○	○	○
8. 同事是能够完成团队工作的人。	○	○	○	○	○	○	○

问卷七：幼儿教师工作压力问卷

请您在每一题中选出一个最符合您自身情况的答案。谢谢您的填答！（1=非常不符合，2=不符合，3=有些不符合，4=有些符合，5=符合，6=非常符合）

	非常不符合	不符合	有些不符	有些符合	符合	非常符合
1. 我与幼儿家长的沟通有困难，造成我的困扰。	○	○	○	○	○	○
2. 同事之间互相竞争，造成压力。	○	○	○	○	○	○
3. 我与同事之间因教学理念不合，相处不愉快而有压力。	○	○	○	○	○	○
4. 我与幼儿无法产生良好互动，造成我的困扰。	○	○	○	○	○	○
5. 我与园长沟通有困难，造成我的压力。	○	○	○	○	○	○
6. 我觉得家长把教育幼儿责任全部推给教师，造成困扰。	○	○	○	○	○	○
7. 同事之间缺乏沟通机会，无法寻求支持，让我困扰。	○	○	○	○	○	○
8. 我觉得园里的工作气氛不佳，影响我的工作情绪。	○	○	○	○	○	○
9. 园方会干涉我的学习规划，让我有压力。	○	○	○	○	○	○
10. 同事会干涉我的教学，让我有压力。	○	○	○	○	○	○
11. 园方会干涉我对幼儿问题的处理方式，让我有压力。	○	○	○	○	○	○
12. 园方会干涉我的教学方法，影响我的专业自主权。	○	○	○	○	○	○
13. 我无法自行决定教学的主题和内容，让我有压力。	○	○	○	○	○	○

续表

	非常不符合	不符合	有些不符	有些符合	符合	非常符合
14. 不容易从园方申请获得教学相关资源，让我有压力。	○	○	○	○	○	○
15. 当轮到我值周或碰上幼儿园不定期的开会，会造成我的压力。	○	○	○	○	○	○
16. 行政或杂务工作影响教学工作，让我有压力。	○	○	○	○	○	○
17. 我觉得幼儿园各种评价及比赛相当多，造成我的压力。	○	○	○	○	○	○
18. 工作无法在上班时间内完成，要加班或带回家做，让我有压力。	○	○	○	○	○	○
19. 主管单位举行的表演活动或观摩活动，造成我的负担。	○	○	○	○	○	○
20. 有些教学活动设计困难，让我有压力。	○	○	○	○	○	○
21. 我觉得家长对我的工作付出缺乏肯定，让我感到受挫折。	○	○	○	○	○	○
22. 我觉得工资待遇低，让我感到压力。	○	○	○	○	○	○
23. 我觉得缺乏进修机会，造成我的困扰。	○	○	○	○	○	○
24. 我觉得幼儿园教师的社会地位不高。	○	○	○	○	○	○

后 记

本书是在我的博士学位论文的基础上增补部分内容而成的。

曾经是幼儿教师的我，对于幼儿教师成长的路径有着切身体会，幼儿园里孩子的嘈杂、事物的烦琐、家长的要求分分钟都有让你辞职的冲动。在回头看自己的成长经历后问自己，是什么支撑了当时的自己坚持在幼儿园教学，是什么动力让自己努力进取，在学前教育专业的领域中探索前进，是自己内心深处对这份事业的热爱？是本身对幼儿教师这个职业的身份认同？是工作过程中同事的支持？还是情绪低落时领导的关怀？带着这些问题思考，着手查阅文献时，幼儿教师职业韧性的相关研究进入了我的视野，时至今日，书已成稿。

看着电脑前面的书稿，需要写这份后记时，研究过程中的点点滴滴一幕幕浮现眼前，心中有太多想要表达的感情。因为在实施研究的过程中，经常会遇到以一己之力无法解决的问题，最终能成稿，一定得到了不少的帮助。

万千感激之情首先敬予对我悉心指导的韩国论文指导老师李昇美（이승미）教授!从博士论文选题到成稿，都倾注了导师李昇美教授的心血。教授为人随和热情，做事却认真仔细，治学更是严谨，在论文撰写和措辞方面坚持以"专业的标准"来要求我。耳濡目染的影响使我对待任何事情都不敢马虎。看到论文，脑子里就会浮现出老师认真跟我探讨论文的场景，就算在寒假回国期间，导师也通过ZOOM连线，远程指导我的论文。每次都给我的研究提出很多建设性的意见和建议，将我无序而凌乱的表述整理清晰，帮助我开拓研究思路。在老师的精心点拨和热忱的鼓励下，才有我今天长足的进步，才能顺利完成博士论文的设计和撰写。

感谢韩国论文研究方法专家李基盛（이기성）教授对本研究数据的审查和指导，让我的数据表达更加规范。

感谢倾心相助的同事石雷山博士，在整个量化研究的过程中，有了石博士对于数据统计分析方法的不吝赐教，才能成全我这份研究结果的呈现。

感谢同门同窗罗丽博士，虽然我们来自不同的学校，我们之前的学习背景也各不相同，一起学习的时间也比不上别人的朝夕相处。但在一起学习的时间里，我们相互帮助，相互支持的感觉让我终生难忘。

感谢一起在韩国啃书的董永利博士、陈美萍博士，我们一起准备晚餐，一起在校园里散步，一起在参礼的市场赶集，还有一起在乡间的小路边拔笋……因为有你们，让我的一日三餐不至于饥一顿饱一顿，我们三人一起的一幕幕画面永远定格在我的脑海。在相处的时光里，交流各自的论文进展情况，相互提醒研究进行时的各项事宜。在韩国的岁月有了你们俩的相伴，我才会觉得留学的生涯也可以很幸福。

感谢所有填写问卷的幼儿园教师，因为有你们不怕麻烦的帮忙填写问卷，才得以顺利完成数据的收集，让我实现研究最关键的步骤。

感谢我单位的领导和同事们，在我读博期间给予极大的理解与支持！

感谢我的父母、丈夫、女儿对我无条件地支持，让我的研究毫无后顾之忧，能腾出更多的时间和精力进行博士论文的研究和撰写。

感谢国家社科基金教育学"十三五"规划国家一般课题"建国70年来学前教育价值取向的变迁研究"（BHA190139）课题组成员的帮助，特别感谢课题负责人宁波大学陶志琼教授的关心与支持。

手捧书稿，深刻地感受到一份研究是多少人支持和帮助的结果。一声"谢谢"，道不尽想表达的情怀！

最后，谢谢努力的我自己！选择并坚定地走上艰苦的学术之路，希望这条路能越走越宽。

周艳芳

2021年4月30日